파기 환송은 없다

파기 환송은 없다

파기 환송은 없다: 이재명 변호인의 민주공화국을 위한 변론

1판 1쇄 인쇄 2026. 4. 10.
1판 1쇄 발행 2026. 4. 17.

지은이 위대훈

발행인 박강휘
편집 심성미 | 디자인 유상현 | 마케팅 이서연 | 홍보 이한솔

발행처 김영사
등록 1979년 5월 17일(제406-2003-036호)
주소 경기도 파주시 문발로 197(문발동) 우편번호 10881
전화 마케팅부 031)955-3100, 편집부 031)955-3200 | 팩스 031)955-3111

값은 뒤표지에 있습니다.
ISBN 979-11-7332-601-1 03300

홈페이지 www.gimmyoung.com   블로그 blog.naver.com/gybook
인스타그램 instagram.com/gimmyoung   이메일 bestbook@gimmyoung.com

좋은 독자가 좋은 책을 만듭니다.
김영사는 독자 여러분의 의견에 항상 귀 기울이고 있습니다.

파기 환송은 없다

이재명 변호인의 민주공화국을 위한 변론

위대훈

김영사

차 례

일러두기
'의뢰인'은 '이재명'을,
'의뢰인 사건'은 '이재명 공직선거법 위반 혐의 사건'을 뜻한다.

머리말

나는 의뢰인의 변호인이다. 2025년 5월 1일 대법원의 전원합의체 판결 선고를 듣고 나서 큰 혼란에 빠졌다. 이 책은 그 혼란으로부터 시작한다.

하늘에 도는 있는가. 사마천의 물음이다. 사법에 도는 있는가. 나의 물음이다. 2025년 5월 1일 대법원은 나에게 그런 의문을 품게 하였다.

우리 사법사에서 가장 부끄러운 사건이 있다. 인혁당 재건위 조작 사건이다. 군법회의 제1심은 1974년 7월 11일 사형을 선고하였고 항소심은 9월 7일 항소를 기각하였다. 대법원은 1975년 4월 8일 상고를 기각하여 사형을 확정하였다. 피해자들은 가족과 이별 인사도 나눌 새 없이 다음 날 형장의 이슬로 사라졌다. 김대중 전 대통령에 대한 내란 음모 조작 사건도 있다. 군법회의 제1심은 1980년 9월 17일 사형을 선고하였고 항소심은 1980년 11월 3일 항소를 기각하였다. 대법원은 2개월 20일이 지난 1981년 1월 23일 상고를 기각하여 사형을 확정하였다.

두 사건에서 인권의 보루는 미망 같은 것이었다. 판결을 거부한 대법관은 없었다. 나중에 법원은 재심에서 무죄를 선고하고 사과하였으나 국민이 이룩한 민주화 덕분에 나온 뒤늦은 사과였다.

우리 헌법은 인간의 존엄과 가치, 행복추구권과 국가의 기본권 보장 의무를 선언하고 있다(제10조). 이어서 평등권(제11조)과 신체의 자유권(제12조)을 언급한다. 제13조부터 각종 자유권과 헌법상 기본권을 선언하고 있다. 자유권은 억압에 대한 저항권이다. 차별과 억압은 인간의 존엄을 해치는 것이므로 자유와 평등은 늘 함께 존재할 수밖에 없다. 자유와 평등은 함께 있을 때만 온전하다. 국가는 국민의 자유와 평등을 보장하기 위해 존재한다.

자유와 평등은 어디에서 기원할까. 나는 문득 칼 세이건의《코스모스》를 떠올렸다. 우주 공간을 떠다니는 물질이 중력으로 뭉쳐 별이 탄생했다고 한다. 태양도 지구도

달도 우리도 그렇게 탄생했다. 인간이든 아니든 우주의 법칙 안에서 아무런 차별이 없다. 그러니 사람과 사람이 자유롭고 평등한 것은 당연한 이치가 아닐까. 엉뚱한 생각만은 아니다. '천부인권天賦人權'에서 '천'은 우주의 다른 이름일 것이다.

그러나 계급 질서가 생겨 차별, 억압, 구속, 착취가 일상화되기 시작했다. 사람들은 자유와 평등을 회복하기 위해 깃발을 들었고 마침내 지금의 세상을 만들었다. 나는 우리 헌법이 선언한 자유와 평등은 사람의 본성이고 정의는 그것이 구현된 상태라고 생각한다.

2025년 5월 1일 법원 청사에 들어서서 가장 먼저 눈에 담은 것도 본관 건물 출입구 위에 굵고 단아하게 새겨져 있던 '자유, 평등, 정의'였다.

항소심 판결 선고일로부터 불과 36일 만에 '무죄를 유죄 취지로 파기'한 대법원은 어느 지점에 있을까. 제21대 대통령 선거를 앞둔 긴박한 시기에 한 사람과 한 정당,

그를 지지하는 국민 일반의 정치적 생명을 끊을 뻔했다. 대법원의 그 판결 선고는 사법사의 어떤 수치스러운 사건보다도 속도가 더 빨랐다. 과거 사건들이 상고를 기각한 것과 달리 이번 사건은 무죄를 유죄로 파기하는 것이었는데도 말이다.

1987년 민주화 운동은 이 땅에 새로운 헌법 질서를 만들었다. 국민은 사법부가 폭력적인 권력 집단에서 독립할 수 있도록 해주었다. 나는 그런 사법부를 향해, 주권자로서 '사법에 도는 있는가?'라고 묻고 싶은 것이다. 그런 물음이 나를 글쓰기로 인도하였다.

나는 항소심에 뒤늦게 변호인단으로 합류하여 할 수 있는 모든 노력을 다하였다. 다행히 무죄를 선고받고 마음을 놓았다. 대법원이 역사상 전례 없는 속도로 심리를 진행할 때도 다소 마음을 놓고 있었다. 그러나 대법원의 전원합의체 심리와 판결 선고, 기록 반환, 항소심의 소환장 송달, 공판 기일 지정은 모두 한 편의 시나리오처럼 착착 진행되었다. 그저 때리는 대로 맞을 수밖에 없었다.

다행히 환송된 항소심에서 공판 기일이 변경되어 마음을 놓았다. 그로부터 일주일, 나는 이 사태를 기록해두어야 한다는 생각에 사로잡혔다. 시간이 흐르면 기억은 흩어지기 때문이다. 바로 작업에 착수하였다. 당황스러웠던 2025년 5월뿐만 아니라 내가 변호사로 참여한 항소심 재판부터 차근차근 돌아보았다. 내가 생각한 검찰 개혁, 법원 개혁의 방향과 필요성, 그리고 개인적인 소회도 담았다.

사법에 도는 있는가? 헌법을 뒤져보아도, 우리의 재판 현실을 되짚어보아도 안개 속이다. '주권자인 국민의 뜻에서 그 도를 찾아야 하지 않을까?' 하는 물음만 반복할 뿐이다.

그래도 한두 가지는 이야기할 수 있다. 2025년 5월 1일 대법원 청사에서 눈에 담은 '자유, 평등, 정의'의 뜻을 묻고 답할 기회이다. 대법원 법정 앞에 서 있던 디케를 통해 오늘날의 재판 현실을 돌아볼 기회이다.

나의 의견에 반대하는 사람도 있을 것이다. 상관없다. 염려하는 것은 우리가 겪은 이 사태에서 어떤 교훈도 얻지 못하는 것이다. 100년, 200년 후 우리 후손은 2025년 5월 1일 대법원에서 일어난 일을 어떻게 기억할 것인가. 사법부는 변곡점을 맞이하고 있다. 이번 사태가 사법부에 약이 되기를 바란다.

2026년 4월

위대훈

I.
의뢰인 사건 대법원 파기 환송

1. 종전 판례에 반한다

: 5월 1일

대법원으로 향하는 길

비가 흩뿌렸고 공기는 조금 차가웠다. 오후 2시 15분 사무실에서 나와 우산을 쓰고 15분 정도 떨어진 대법원으로 향했다. 그때는 아무 의심이 없었다, 판결이 달라질 거라고는. 그때는 꿈에도 생각지 못했다, 판결 후 며칠간 정신을 놓을 것이라고는. 그리고 이 책을 쓰리라고는.

후배 변호사와 나는 대법원 선고 후 법정 밖에서 기자의 질문을 받을 경우 누가 어떤 대답을 할 것인지를 정해두기도 했다. 이쯤 되면 둘 다 법률가로서 예측 능력이 전혀 없다는 말을 들어도 할 말이 없다.

변호사 생활을 꽤 오래 했지만 대법원에서 직접 선고를 들을 일은 없었던 터라 대법원 법정은 처음 방문하는 처지였다. 대법원 청사에 도착해보니 법정 건물이 금방 눈에 들어왔다. 보통 때와 달리 외부 출입문은 통제되고 있었다. 변호사 신분증을 보여주고 바로 잿빛 본관으로 걸어갔다.

본관 앞 검은 조각상을 지나자 출입구 위 굵고 단아하

게 새긴 '자유, 평등, 정의'라는 단어가 눈에 들어왔다. 대법원장과 대법관들이 본관을 출입할 때마다 마음에 새기라는 뜻일 것이다. 본관 뒤쪽 법정동 출입구 근처 무리 지은 기자들과 카메라가 보였다. 몇몇 기자들이 무어라고 질문했으나 평소대로 별다른 대응은 하지 않았다.

법정동으로 들어와 정의의 여신 디케와 눈이 마주쳤다. 한 손에는 치우침 없이 사리를 분별하기 위한 저울을, 다른 한 손에는 인권과 정의의 상징인 법전을 들고 있다. 대법원이 디케처럼 두 눈을 뜨고 현실을 직시한다면 판결은 우리 예상대로 나올 것이라 생각했다.

청사로 들어가 대법원 직원에게 의뢰인의 변호인이라고 알렸다. 출입증을 받고 수색 절차를 밟았다. 법정 출입 시 몸까지 엄격하게 수색당한 경험은 생전 처음이었다. 후배 변호사와 함께 직원의 안내를 따라 법정 안으로 들어갔다. 기자들과 대법원 재판연구관들이 이미 자리하고 있었다. 후배 변호사는 법원에 근무할 때 알고 지내던 재판연구관과 덕담을 주고받았다.

대법원에서 판결을 선고할 때 당사자는 출석할 의무가 없고 변호인도 굳이 법대 아래 변호인석에 앉을 필요가 없으므로, 자연스럽게 방청석 1열에 앉았다. 그때 변호인석에 앉지 않았던 것이 천만다행이었다.

　　　　　　　　　　　　　　　파기환송은 없다

시간은 더디게, 그러나 빨리 흘러갔다. 어느덧 3시, 실내는 조용해졌다. 법정 직원은 착 가라앉은 톤으로 이런저런 주의 사항을 알려주었다. 조용하고 엄숙한 태도를 유지해달라는 말이 귓전을 스쳐 지나갔다.

대법원 법정으로 들어오기까지 지난 시간을 돌아보았다. 2024년 12월 하순 처음 의뢰인과 인사를 나누고 2025년 3월 26일 서울고등법원 302호 법정에서 무죄를 선고받을 때까지 함께했던 날들이 한 컷 한 컷 떠올랐다. 그 마지막 날, 재판장이 판결을 낭독한 지 30분 정도 지났을 때 나는 무죄를 확신하고서 의뢰인의 손등을 살짝 두드렸다. 눈을 감고 있던 의뢰인은 담담하게 눈을 뜨고 나를 잠시 응시하더니 다시 눈을 감았다.

변호사들은 특별한 경우가 아니라면 판결 선고 기일에 법정에 가지 않는다. 자신이 변론한 소송의 결과를 듣기 거북한 탓도 있고, 혹시라도 결과가 나빴을 때 덮치는 낭패감을 현장에서 느끼고 싶지 않기 때문이다. 하물며 사건 당사자는 어떻겠는가. 특히 결과에 따라 당사자의 행로가 완전히 달라지는 형사 재판에서는 긴장감이 높을 수밖에 없다.

다행히도 2025년 3월 26일 서울고등법원에서는 30분 만에 안도의 숨을 내쉴 수 있었다. 건너편에 앉아 있던 검사들은 메모를 멈추고 허공을 응시하거나 고개를 떨구고 있었다. 검사들도 재판장의 판결문 낭독에서 흐름을 읽었던 것 같다. 변호인들이나 검사들 모두 이때 어느 정도 결과를 감지한 셈이다. 그 후로도 1시간이 더 흘러서 주문이 선고되었다. "피고인은 무죄."

재판장이 판결문을 낭독하는 내내 기자들은 기사를 송고하기에 바빴다. 마침 옆 법정에서도 재판장의 판결문 낭독 장면을 실시간으로 중계하고 있었다. 밖에서 재판 결과를 기다리던 사람들은 쉴 새 없이 쏟아지는 속보에 정신이 없었으리라.

재판장이 무죄를 선고하자 의뢰인과 변호인단은 일어서서 재판부에 경의를 표했다. 재판부 퇴정 후에, 우리는 작게 기쁨을 나누었고, 검사들은 불편한 기색을 드러내며 자리를 떴다. 그로부터 36일이 지나 대법원 법정에서 전원합의체 판결을 선고한다니, 당혹스러웠다.

전원합의체 판결이란 대법원장과 대법관 전원이 심리하여 선고하는 것으로, 사회적으로 중요한 의미가 있는 법리적 쟁점을 다루거나 기존 판례를 변경할 때 하는 판결이다. 1년에 몇 건이나 될까 싶을 정도로 매우 드물다. 내가 아는 전원합의체 판결이란, 심리에 관여한 대법원장과 대법관들이 치열하게 토론하여 결론을 끌어내는 것이다. 어떤 사건이 전 국민적 관심을 받는다는 이유로 신속하게 결론이 나야 하더라도 항소심 판결을 파기하려면 상당한 시간이 걸린다. 대법원 선고가 유례없이 빠른 만큼 변호인단과 의뢰인 모두 상고 기각을 예상한 것은 당연했다. 소부小部에서˙ 심리해도 충분할 사건을 전원합의체에서 심리한다는 것은 의뢰인의 신분을 고려하였기 때문일 거라는 생각 외에 다른 생각은 하지 않았다.

대법원장과 11명(중앙선거관리위원장을 겸한 대법관 1인은 재판을 회피하였다. 회피 사유가 성립하는지 지금도 의문이고, 왜 회피해야 했는지 이해할 수 없다)의 대법관이 그 짧은 시간에 기록을 검토하여 결론을 바꾸는 것은 물리적으로 불가능하다고 보았다. 대법원이 전원합의체의 형식으로 검사의 상고를 기각할 것이라고 예상하는 것이 당연했다. 정치적 성향 때문에 의뢰인에게 악의를 품지 않은 한, 일반적이고 상식적인 법률가들이라면 다른 생각을 하기 어려웠을 것이다.

항소심에서 판결이 선고된 바로 다음 날인 3월 27일

---

* 대법원은 대법원장과 대법관 총 13인 구성이나 대법관 1인은 법원행정처장을 맡게 되어 재판을 담당하지 않는다. 따라서 대법원장을 제외한 12인의 대법관 4명씩 1개 부를 구성하는 총 3개 부(소부)가 있다.

검사는 서울고등법원에 상고장을 제출하였다. 그러자 서울고등법원은 3월 28일 대법원에 기록을 보냈다. 의뢰인 사건은 즉시 '배당 전 사건 관리 재판부', 즉 임시 재판부(말 그대로 본격적으로 사건을 심리할 재판부를 정하기 전에 임시로 정해둔 재판부)에 배당되었다가 4월 10일 검사의 상고이유서가 제출되고 4월 21일 변호인의 답변서가 제출되자, 4월 22일 제2부가 사건 담당 재판부로, 박영재 대법관이 주심으로 지정되었다. 곧바로 의뢰인 사건이 전원합의체에 올려졌음을 의미하는 전원 합의 기일이 열렸다. 지금까지 경험하지 못한 신기원이었다.(그러나 대법원 사건 검색 사이트에는 전원 합의 기일 지정이 먼저이고 재판부 배당이 나중이다. 그런 오류가 발생한 이유는 대법원이 정확한 정보를 제공하기 전에는 알 수 없다.)

통상 대법원의 사건 배당과 심리 과정은 다음과 같다.

대법원에 사건이 접수되면 사건 번호를 부여하고 편의상 임시 재판부를 지정해놓는다. 임시 재판부는 사건 기록을 검토하지 않는다. 상고인이 상고이유서를 제출하고 피상고인이 답변서를 제출한 다음에 사건을 처리할 재판부가 정해진다. 그 기간은 짧아도 한 달 남짓이다.

이해를 돕기 위하여 의뢰인 사건과 같은 종류의 대법원 2024도4824[*] 공직선거법 위반 사건(국민의힘 소속 천

    파기 환송은 없다

안시장 사건)을 사례로 들어보겠다. 2022년 지방선거에서 당선된 천안시장에 대한 사건이고, 대법원에서 일부를 파기 환송한 후 다시 항소심, 상고심을 거쳐 당선 무효형이 확정되었다. 대법원이 1차 상고심에서 항소심 판결을 파기 환송할 때까지 걸린 기간은 다음과 같다.

구분	날짜
항소심 선고(유죄)	2024. 3. 26.
대법원 기록 접수	2024. 4. 3.
배당 전 사건 담당 재판부 지정	2024. 4. 4.
주심 대법관과 재판부 배당	2024. 5. 21.
상고 이유 등 법리 검토 개시	2024. 5. 22.
쟁점에 관한 재판부 논의	2024. 8. 26.
판결 선고(일부 파기 환송)	2024. 9. 12.

항소심 판결 선고일은 2024년 3월 26일, 대법원에 기록이 접수된 날은 4월 3일이었다. 임시 재판부가 지정된 날은 4월 4일, 주심 대법관과 재판부(소부)가 정해진 날은 5월 21일이었다. 재판부가 상고 이유 등 법리를 검토

- '2024'는 사건이 접수된 연도이고, '도'는 형사 사건의 상고심 표시이며, '4824'는 사건이 접수된 순서이다. 참고로 형사 사건 제1심을 단독 판사가 담당하면 '고단', 합의부가 담당하면 '고합'이라고 부르고, 항소심은 모두 '노'로 통일하고 있다.

하기 시작한 날은 5월 22일이었다. 항소심 판결 선고일
인 2024년 3월 26일로부터 2개월가량 지난 시점이다. 그
때부터 3개월이 더 지난 8월 26일 소부 논의를 거쳐 9월
12일 항소심 판결 일부를 파기 환송하였다. 항소심 판결
선고일로부터 꼬박 170일, 즉 5개월 17일이 걸렸다.

의뢰인 사건을 통해 우리 국민은 공직선거법 위반 사
건에 대해서는 항소심 판결 선고일부터 3개월 안에 대법
원이 판결을 선고하여야 한다는 사실을 알게 되었다. 그
러나 대법원은 당선자인 천안시장 사건에서 그 기간을
한참 넘겼다. 그런 대법원이 낙선자인 의뢰인 사건에서
는 항소심 판결 선고일로부터 불과 36일 만에 판결을 선
고했다.

천안시장 사건에서 재판부(소부)가 논의한 날은 2024년
8월 26일이다. 만약 이때 재판부의 의견이 일치하지 않았
거나 판례를 변경할 필요가 있다고 판단하였으면 사건을
전원합의체로 넘겼을 것이다. 다시 말해 천안시장 사건
을 전원합의체에서 심리할 필요가 있었다면 대법원의 판
결 선고는 훨씬 늦춰졌을 것이다.

예외를 두어 어떤 사건을 전원합의체에서 바로 심리하
기로 하였다고 가정해보자. 쟁점과 법리를 검토하는 데
까지는 상당한 시간이 걸린다. 4명이 소부에서 심리하

는 것과 대법원장을 포함한 대법관 전원이 심리하는 것이 같을 수는 없지 않은가. 이번에 문제가 된 대법원 파기 환송 판결에서 소수 의견이 신랄하게 비판한 것도 바로 이 대목이다.

이러한 사례만 보더라도 나는 몇만 쪽에 달하는 사건 기록을 검토하는 데 필요한 물리적 시간을 시시콜콜 따질 필요를 느끼지 못하고 있다. 의뢰인 사건에서 대법원은 4월 22일 첫 번째 심리를 하고 바로 2일 후인 4월 24일 두 번째 심리를 하였다고 밝혔다. 대법원 전원합의체에서 논의한 시간은 대법원장과 대법관들만 알고 있을 것이다. 그리 많은 시간을 쓰지는 않았을 것이다.

대법원은 두 번째 심리 기일로부터 불과 5일 후인 4월 29일, 선고 기일을 5월 1일로 지정하고 생중계를 공지하였다. 대법원에서 받은 팩스에는 송달 장소를 내 사무실로, 의뢰인을 대신하여 송달받을 사람을 나로 해달라는 요청이 담겨 있었다. 또 의뢰인이 직접 출석하는지도 물어왔다. 그때만 해도 나는 대법원의 배려에 깊은 감동을 받아 상고 기각을 조금도 의심하지 않았다.

이런 상황에서 누가 '파기 환송'을 상상이나 할 수 있었을까. 그러나 상고 기각에 대한 기대가 산산조각 나는 데에는 몇 분도 걸리지 않았다.

조희대 대법원장과 11명의 대법관들은 차례차례 법정에 입장하였다. 그들이 자리한 법대는 높았고 그들이 앉은 의자는 더 높았다. 낮은 자리에서 고개를 들어 쳐다보아야 했다. 조희대 대법원장은 굳은 표정으로 입을 꾹 다물고 있었다. 다른 대법관들도 별반 다르지 않았다.

조희대 대법원장의 목소리는 건조했다. 나는 1분도 지나지 않아 결론을 짐작하였다. 조희대 대법원장은 의뢰인의 김문기 발언을 '골프 발언 외의 발언'과 '골프 발언'으로 나누어 판결문 요지를 낭독하기 시작하였다. 발언을 나누었다는 것은 결론이 다르다는 뜻이다.

조희대 대법원장은 검사의 공소장과 제1심 판결을 요약한 듯한 판결문을 낭독하였다. 항소심과 다른 결론을 내리게 된 구체적인 근거나 법리는 들리지 않았다. 심장은 요동쳤고 눈앞이 깜깜했다. 조희대 대법원장의 입에서 흘러나오는 말은 조각조각 날카로운 파편이 되어 나를 찔렀다. 간신히 동요를 억누르고 높은 법대 위에 앉아 있는 사람들의 얼굴을 쳐다보았다. 굳은 표정은 변함이 없었다.

대법원의 전원합의체 판결이 하급심인 제1심 판결과 같을 수 있다는 것을 나는 이날 처음 알았다. '의뢰인은 유죄'라는 말 외에 그 어떤 법률적 의견도 들을 수 없었다.

생중계를 하는 대법원 전원합의체 판결이라면 두고두고 다른 사건에 규범으로 적용할 만한 법리를 남길 수 있어야 한다. 고작 '의뢰인은 거짓말한 나쁜 사람'이라는 점을 선언하기 위하여 생중계를 허용하고 바쁜 사람들을 TV 앞에 모여들게 한 것일까. 그렇게까지 한 이유가 궁금하다. 판결이 선고된 직후인 오후 4시에 한덕수 국무총리가 기자회견을 열어 제21대 대통령 선거 출마를 공식화한 것도 이상하기 짝이 없다. 모두 우연이라고 생각하고 싶다.

대법원에서 나오는 길

조희대 대법원장과 대법관들은 바로 퇴정하였고 법정 안은 약간의 소음과 한숨, 머뭇거림이 버무려져 있었다. 나는 후배 변호사와 조용히 일어나 법정 밖으로 빠져나왔다. 내 눈에만 그렇게 보였을까. 디케의 눈은 흐리멍텅했고 저울의 추는 빠졌으며 법전은 찢겨 있었다.

여전히 비가 내리고 있었다. 더 쓸쓸하게 내리고 있었다. 두 사람 다 아무 말이 없었다. 기자들은 마이크를 들이댔고 카메라는 돌아갔다. 의뢰인에게 끔찍한 결론이 나온 마당에 변호인으로서 무슨 할 말이 있었을까. "모두 이해할 수 없다. 종전 판례에 반한다"라는 말만 겨우 내뱉었다.

기자들과 짧은 대화를 마치고 대법원 청사를 나오는 길에 뒤돌아본 본관 정문 출입구 위 '자유, 평등, 정의'라는 우람한 글자에서는 빗물인지 눈물인지 모를 무언가가 흘러내리고 있었다.

대법원을 나서는 발걸음은 무거웠다. 무엇을 어떻게

해야 하는지 갈피조차 잡을 수 없었다. 서초역 지하도를 건너 사무실 쪽으로 이동했다. 지지자들의 한탄과 반대자들의 환호가 들렸던 것 같다.

사무실 직원들도 침통한 표정이었다. 직원들은 내가 의뢰인 사건을 수행하는 내내 힘든 일을 감내해야 했다. 수시로 사건을 검색하고, 법원을 오가며 서류를 접수하고, 변호인단이 자료를 공유할 수 있도록 도와주고, 검사가 제출한 서류를 여기저기 보내느라 정신이 없었다. 힘들다는 내색을 한 번도 하지 않았던 이들이다.

그사이 판결문이 떴다(대법원이 기자들에게 공유해준 '비실명 판결문'이었고, 내 사무실에서 판결문을 받아본 것은 일주일이 더 지나서였다). 변호인도 받지 못한 판결문이 버젓이 세상을 떠돌고 있었다. 읽고 싶지 않았으나 읽어야 했다. 제1심 판결문을, 검사의 상고이유서를 아주 짤막하게 요약한 것에서 조금도 벗어나지 않았다. 우리 변호인단이 애써 주장한 것, 항소심이 많은 대법원 판례를 인용하여 판단한 것 모두 그 판결문 어디에도 들어가 있지 않았다.

대법원이 파기한 이유는 판결문 10쪽에서 34쪽까지 담겨 있었는데, 대부분은 대법원이 평소라면 판단하지 않을 '사실'에 관한 것이었다. 오히려 2명의 대법관이 밝힌 반대 의견이 훨씬 풍부했다.

반대 의견은 35쪽에서 75쪽까지, 다수 의견이 대법원의 기존 판례에 반한다는 점을 조목조목 지적하였고, 무엇보다도 졸속 재판을 정면으로 비판하였다. 다수 의견을 지지하는 대법관 5명은 기록을 충실하게 검토하였다며 신속한 재판의 필요성을 역설하는 보충 의견을 달았다. 그 내용은 솔직히 읽기 민망한 수준이었다. 여기에 다시 그것을 비판하는 2명의 반대 의견이 달렸다. 대법관 5명은 자신들의 의견이 장차 어떤 사태를 불러일으킬 줄은 전혀 예상하지 못하였으리라.

전원이 일치하여 결론을 내리면 반대 의견이란 있을 수 없다. 다만 그런 때라도 다수 의견을 보충하고 싶은 대법관은 보충 의견을 달 수 있다. 의견이 나뉘면 반대 의견을 내는 대법관은 판결문에 그 이유를 밝힌다. 그 반대 의견에 대하여 다수 의견이 반박할 필요가 있으면 보충 의견을 달 수 있고, 반대 의견을 낸 대법관들도 다시 보충 의견을 달 수 있다. 대법원이 결론을 내리는 과정을 보여주는 방식이다.

판결문에는 정제된 표현만이 담기므로 대법관들 사이에 어떤 논의가 있었는지는 구체적으로 알기 어렵다. 2명의 대법관이 밝힌 반대 의견에는 누구나 쉽게 이해할 수 있는 내용이 담겨 있어서 대법원에서 어떤 충돌이 있었

　　　　　　　　　　　　　　　파기 환송은 없다

는지 대강은 짐작할 수 있었다.

오후 4시쯤 사무실 내 방으로 들어가 몇 시간 꼼짝하지 않았다. 의자에 앉아 여기저기 전화를 걸고 받았다. 나중에는 지쳐서 멍하게 허공만 쳐다보았다. 비실명 판결문을 본 후에는 아무것도 손에 잡히지 않았다. 그렇게 시간은 흘러 밤 10시가 되었다. 6시간은 억겁처럼 길었고 찰나처럼 짧았다. 그날 저녁을 먹었는지, 누구와 대화를 했는지 좀처럼 기억이 나지 않는다. 그 순간만큼은 이것도 아니고 저것도 아닌, 어쩌면 둘 모두가 존재하는 양자역학의 모호한 세계에 있었는지도 모르겠다.

귀가하는 10분 동안 비가 내렸다. 아니다, 비는 없었다. 아니다, 비가 내린 것 같다. 가족들은 침통한 표정으로 나를 맞았다. 체질에 맞지 않아 근 10년간 거의 입에 대지 않았던 술을 아들과 함께 두세 잔 마셨다. 다른 때 같았으면 바로 취하여 잠자리에 들었을 터인데 정신은 혼탁하면서도 말똥말똥하였다. 눈을 떠보니 아침이었다.

2. 초고속 배달·배당·송달

: 5월 2일

사건 기록의 급속한 배달

5월 2일 금요일은 마침 아무 일이 없었다. 몸과 마음이 지칠 대로 지쳐서 늦게 사무실에 나왔다. 전날 받아본 비실명 판결문을 다시 읽어보아도 생경하긴 마찬가지였다. 3월 26일의 환호가 비명으로 바뀌어버린 것이다.

공식 판결문을 받아보고 싶어서 직원을 시켜 곧장 대법원에 연락했다. 서울고등법원에 기록을 보내야 하니 나중에 복사하라는 답을 받았다. 비실명 판결문을 널리 공지한 대법원이 변호인에게 공식 판결문을 복사해줄 시간조차 없다는 것인가. 목구멍에서 비린내 같은 것이 스멀스멀 치밀어 올랐다.

직원은 직접 대법원에 가서 신청서를 접수하려 하였으나, 대법원 직원은 판결문은 물론이고 그 무엇도 복사해줄 수 없다고 하였다. 그 이유는 얼마 가지 않아 밝혀졌다. 대법원은 기록을 서울고등법원으로 바로 되돌려보냈다. 대법원이 항소심 판결을 파기 환송하면 사건 기록을 항소심 법원으로 돌려보내야 하고, 항소심 법원은 새로 사건 번호를 부여하여 새 재판부에 사건을 배당한다. 대법원은 그 시간을 단축하려고 변호인의 판결문 복사 신청도 매몰차게 거절한 것이다. 판결문을 복사하는 그 몇 분의 시간도 아까웠던 것일까.

내가 공식 판결문을 받아본 날은 서울고등법원 제7형사부가 의뢰인 사건의 공판 기일을 변경한다고 공지한 날의 이튿날인 5월 8일이었다.

기록이나 판결을 복사하여 건네주는 사무는 법원의 일반 직원이 담당한다. 변호사 사무실 직원이 복사를 신청하면 바로 응하는 편이다. 그런데 의뢰인 사건만 모든 것이 예외였다. 대법원 직원이 일부러 그러지는 않았을 것이다. 누구로부터든 지시를 받지 않았다면 그렇게 할 이유가 없다. 도대체 누가 그런 부당한 지시를 하였을까.

파기 환송은 없다

사건의 즉시 배당과 소환장 송달

대법원에서 서울고등법원으로 기록이 넘어간 때는 알수 없다. 추측하기로, 점심 무렵을 넘기지는 않았을 것 같다. 종일 대법원 사건 검색 사이트를 열어놓고 지켜보았다. 오후 5시 무렵 재판부(제7형사부), 공판 기일(2025년 5월 15일 오후 2시), 법정(서관 403호)이 정해졌다. 의뢰인의 사무실과 주소지 두 군데를 대상으로 집행관에게 송달을 맡겼다는 내용이 뜨더니 얼마 후에는 다시 두 군데로 보통 송달을 하였다는 표시가 떴다. 일사천리였다.

대법원에서 판결을 선고한 다음 날, 기록이 서울고등법원으로 넘어갔고, 즉시 새 재판부가 지정되었고, 새 재판부는 기다렸다는 듯이 재판 날짜를 잡아 이중의 방법으로 소환장을 보냈다. 그런 경우는 의뢰인 사건이 처음이지 않았을까 싶다. 대법원이 지난 수십 년에 걸쳐 사건을 처리한 경과를 확인해주면 될 일이다. 장담하지만 의뢰인 사건처럼 대법원이 고등법원에 사건 기록을 급속하게 배달한 사례는 찾아볼 수 없을 것이다. 다른 사건은

뇌두고 같은 공직선거법 위반 사건인 천안시장 사건의
파기 환송 후 일정을 보자.

구분	날짜
제1차 대법원 파기 환송(2024도4824)	2024. 9. 12.
제2차 항소심 접수(대전고법 2024노504)	2024. 9. 23.
재판부 배당	2024. 9. 24.
제1회 기일	2024. 10. 23.
제2회 기일	2024. 11. 20.
제3회 기일	2024. 12. 18.
제2차 항소심 유죄 선고	2025. 1. 17.
제2차 대법원 접수(2025도1518)	2025. 1. 31.
임시 재판부 지정	2025. 2. 3.
제2차 대법원 선고(무변론 상고 기각)	2025. 4. 24.

대법원에서 서울고등법원과 대전고등법원으로 사건
기록을 보내는 데 그다지 시간 차이가 나지 않는다. 천안
시장 사건에서 대법원이 대전고등법원에 사건을 보낸 것
은 판결을 선고하고 나서 11일 후이다. 거리를 생각해서
하루를 뺀다고 해도 의뢰인 사건과는 10일이나 차이가
난다. 의뢰인 사건에서 대법원은 맹렬한 속도로 사건 기
록을 서울고등법원에 보냈고, 서울고등법원은 즉시 재판
부를 지정하였으며, 새 재판부는 13일 후로 공판 기일을

정하였다.

천안시장 사건은 당선자에 대한 사건이고 의뢰인 사건은 낙선자에 대한 사건이다. 대법원은 천안시장 같은 당선자에 대한 사건에서 구구할 정도로 빠른 재판을 강조하였고, 그 방법을 고민했을 것이다. 당선자의 지위를 빼앗든 그렇지 않든 신속하게 재판을 진행하는 것이 공직선거법의 취지에 부합한다. 그러나 잃을 지위가 없는 낙선자에 대한 재판은 다르다. 천안시장 사건과 의뢰인 사건을 비교하면, 어떤 사건에 대한 재판을 더 신속하게 진행하여야 할지 답이 뻔하다.

그런데 실제는 어떠한가. 당선자인 천안시장에 대한 사건에서 대법원은 2024년 9월 12일 판결을 선고하였다. 제1심에서 피고인에 대하여 전부 무죄가 선고되었으나 항소심에서 무죄가 유죄로 변경되었다. 대법원은 유죄 일부를 확정하고 일부를 파기 환송하였다. 2024년 9월 23일 사건을 되돌려 받은 대전고등법원은 9월 25일 보통 송달을, 10월 4일 두 번째로 집행관 송달과 보통 송달을 하였다. 그런 다음 재판부는 10월 23일 제1회 공판 기일을 열었고, 4주 간격으로 재판을 진행한 끝에 2025년 1월 17일 대법원이 파기 환송한 범위 내에서 판결을 선고하였다. 피고인과 검사는 모두 상고하였고, 사건 기록은 1월 31일 대법원에 넘어갔다. 두 번째 상고심 단계에서 사건 기록이 대법원에 넘어가기까지 14일이나 걸렸다. 대법원은 2월 3일 임시 재판부에 사건을 배당하였다가 4월 24일 변론 없이 상고를 기각하였다. 4월 24일은 의뢰인 사건에 대한 제1회 전원 합의 기일이 열린 날이기도 하다.

그러니까 대법원은 당선자인 천안시장에 대한 두 번째 상고심에서도 두 번째 항소심 판결 선고일로부터 3개월이 지나 판결을 선고하였다. 낙선자인 의뢰인에 대한 사건에서 대법원이 첫 번째 항소심 판결 선고일로부터 불과 36일 만에 판결을 선고한 것과 너무도 선명하게 대비되지 않는가. 모두 2025년 4월과 5월에 발생한 일이다.

이것을 어떻게 이해하여야 옳을까. 나는 대법원이 누구나 납득할 만한 해명을 해야 한다고 생각한다. 그렇지 않으면 대법원은 재판의 공정성과 중립성을 위반하여 제21대 대통령 선거에 개입하였다는 의혹에서 벗어나기가 어렵다. 지금도 재판의 공정성과 중립성을 최고의 덕목으로 삼아 묵묵히 일하고 있는 일반 법관들에게 최고 법원은 무슨 말을 할 것인가.

천안시장 사건의 첫 번째 항소심 선고일은 2024년 3월 26일, 의뢰인 사건의 첫 번째 항소심 선고일은 2025년

3월 26일이다. 우연히도 1년의 간격이 있다.

2023년 12월 8일 국회의 동의를 받아 임명된 조희대 대법원장은 공직선거법 위반 사건의 신속한 처리를 법원의 중요한 사명이라고 여러 번 천명하였다.

당선자인 천안시장 사건의 첫 번째 상고심과 두 번째 상고심 모두 조희대 대법원장의 대법원에서 진행되었다. 천안시장 사건의 첫 번째 상고심 판결은 2024년 9월 12일, 두 번째 항소심 판결은 2025년 1월 17일, 두 번째 상고심 판결은 2025년 4월 24일에 각각 선고되었다.

의뢰인 사건은 어떠한가. 첫 번째 항소심 판결은 정확하게 천안시장 사건 1년 후인 2025년 3월 26일 선고되었다. 천안시장 사건의 판결 날짜를 단순하게 적용하면 의뢰인 사건의 상고심 판결은 2025년 9월 12일쯤, 두 번째 항소심 판결은 2026년 1월 17일쯤, 두 번째 상고심 판결은 2026년 4월 24일쯤 선고되어야 할 것이다. 하지만 실제로는 지나치게 빨랐다.

다수 의견에 대한 대법관 5명의 보충 의견은 판결문 76, 77쪽에서 그 이유를 다음과 같이 밝혔다.

가. 지연된 정의는 정의가 아니다. 우리 헌법과 법률은 신속한 재판을 받을 권리를 보장하고 있다. 대법관 후보자들에 대한 청문회 과정에서 사법 불신의 원인이 재판 지연에 있다는 지적과 이에 대한 후보자의 생각을 묻는 질문은 빠지는 적이 없고, 대법관들은 취임사에서 지연된 정의의 해소를 위하여 노력하겠다고 다짐한다. 특히 사회 정치적으로 갈등이 심하고 분열을 조장하여 신속한 해결이 필요한 사건, 공직선거 사건 등 입법자가 적시에 처리하라고 기한까지 정하여 놓은 사건에 대한 처리는 사법부에 대한 불신의 주요한 원인이 되었다. 대법원도 예외는 아니었다. 원심에서 국회의원직 상실 사유에 해당하는 형을 선고받고 상고한 사건 등에서 대법원이 원심을 그대로 수긍하는 판결을 선고하면서도 처리가 상당히 지연되어 사실상 국회의원 잔여 임기를 거의 마칠 수 있게 된 사례가 있었음을 부인할 수 없다. 그때마다 재판 지연에 대한 국민의 따가운 시선과 비판을 피하기 어려웠다.

나. 이 사건은 대통령 선거 후보자가 피고인인 공직선거법 위반 사건이다. 공직선거법 제270조는 '선거범의 재판 기간에 관한 강행 규정'이라는 표제 아래, 제1심은 공소 제기

일부터 6개월 이내, 제2심 및 제3심은 전심 판결 선고일부터 각각 3개월 이내에 판결을 선고하도록 규정하면서, 선거범의 재판은 다른 재판에 우선하여 신속히 하도록 규정하고 있다. 그런데 제1심은 공소 제기일로부터 약 2년 2개월, 제2심은 제1심 판결 선고일부터 약 4개월 후에 판결을 선고하였다. 그 결과 대법원에 이 사건이 접수되었을 때에는 이미 제21대 대통령 선거 후보자 등록이 가까운 시기에 이르게 되었다. 더구나 제1심과 원심(항소심)의 결론도 정반대였다. 이러한 절차 지연과 엇갈린 실체 판단으로 인한 혼란과 사법 불신의 강도가 유례없다는 인식 아래, 철저히 중립적이면서도 신속한 절차 진행이 필요하다는 공감대가 대다수 대법관 사이에 형성되었다. 이 사건에 관한 대법원의 신속한 절차 진행 시도와 노력은 적시 처리가 필요한 유사 사건을 다투고 있는 여러 법원에도 뚜렷한 메시지와 긍정적인 영향을 줄 수 있다고 본다.

다수 의견은 헌법과 법률은 신속한 재판을 받을 권리를 보장하고 있다고 말한다. 그러나 신속한 재판을 받을 권리는 국민의 권리이지 법원의 권리가 아니다. 지연된 정의는 정의가 아니라는 이유로 의뢰인에 대한 사건을 사법 역사상 전례 없는 속도로 처리한 대법원이 의뢰인의 권리인 신속한 재판청구권을 의뢰인에게 불리한 판결에 덧붙인 것은 언어의 어색한 동거이고 형용모순이다. 다수 의견의 논리를 따라가자면 의뢰인이 대법원에 신속한 재판을 요구하여야 했는데 의뢰인은 공직선거법이 정한 기간을 훨씬 앞당겨 판결을 선고해달라고 요청한 적이 없다. 의뢰인의 반대 정파에서 전례 없이 신속하게 유죄를 선고해달라고 하였을 뿐이다.

다수 의견은 "사회·정치적으로 갈등이 심하고 분열을 조장하며 신속한 해결이 필요한 사건, 공직선거 사건 등" 처리 기한이 정해진 사건에 대한 처리 지연이 사법 불신의 원인이 되었다고 말한다. 그래서 의뢰인 사건만 빛의 속도로 처리하였다는 말인가. 의뢰인 사건을 서둘러 처리하면 다른 재판 지연으로 생긴 사법 불신이 모두 사라지기라도 한다는 것인가. 2025년 10월 열린 국정감사에서 대법원은 국민이 신속한 재판을 받을 권리를 근거로 의뢰인 사건에 대한 급속한 처리가 정당했다고 주장했다.

다시 헌법을 살펴보았다. 헌법 제27조 제3항은 모든 국민은 신속한 재판을 받을 권리를 가지며, 형사 피고인은 즉시 공개 재판을 받을 권리를 가진다고 정하고 있다.

파기 환송은 없다

아무리 생각해보아도 대법원의 다수 의견은 이해되지 않는다. 헌법은 신속한 재판이 국민의 권리라고 말한다. 그 권리가 어떻게 의뢰인에 대한 재판을 역사상 유례없는 속도로 진행하여 항소심의 무죄 판결을 파기한 것을 정당화하는 근거가 된다는 말인가.

하급심에서 국회의원직 상실 사유에 해당하는 형을 선고받고 상고한 사건에서, 대법원이 하급심의 판단을 수긍했는데도 처리가 지연되어 국회의원이 임기를 마친 적이 있다. 다수 의견은 이것을 사례로 들고 있다. 당선자에 대하여 당선 무효형이 선고된 사건과 낙선자에 대하여 무죄가 선고된 의뢰인 사건을 같은 선상에 놓았던 것이다. 다수 의견이 졸속 심리를 지적하는 반대 의견에 맞서다 보니 논리적인 모순에 빠졌다고 볼 수밖에 없다.

멀리 볼 것도 없이 천안시장 사건에서 대법원은 두 번이나 기간을 어겼다. 대법원은 두 번째 상고심에서도 항소심 판결 선고일인 2025년 1월 17일부터 3개월이 지난 2025년 4월 24일 무변론으로 상고를 기각하였다. 무변론이란, 첫 번째 상고심에서 모든 쟁점을 다루었으므로 두 번째 상고심에서 사안을 더 자세히 들여다볼 필요가 없다는 것을 의미한다. 대법원은 제2회 전원 합의 기일이 열린 4월 24일 당시에도 당선자에 대한 재판 기간을 스스로 어기고 있었다. 그러나 낙선자인 의뢰인의 사건은 3개월은 고사하고 고작 36일 만에 처리하였다.

대법원은 다수 의견에서 제1심 재판이 2년 2개월, 항소심 재판이 4개월 걸렸으므로 사건 처리가 지연되었다고 강변한다. 그러나 당선자에 대한 사건인 천안시장 사건도 제1심 재판 기간이 6개월을 훌쩍 넘어갔다. 그런 사례는 부지기수이다. 의뢰인 사건에서 검사가 의뢰인에 대한 공소를 제기한 날은 2022년 9월 8일로, 공소시효를 단 하루 앞둔 날이다.

의뢰인의 제1심 변호인단이 신청한 증인은 4명, 검사가 신청한 증인은 43명이었다. 시간이 소요될 수밖에 없었다. 검사와 변호인단은 수많은 의견서를 주고받았고, 검사의 증거 신청에 따라 제1심은 많은 증거를 조사하였다. 그런 끝에 검사는 2024년 6월 11일 공소 사실을 변경하였다. 검사가 공소 사실을 변경한 이유는 처음 기소한 공소 사실에 문제가 있었기 때문이다. 따라서 2022년 9월 8일부터 2024년 6월 11일까지 1년 9개월간 재판이 길어진 것은 법원과 검사의 책임이라고 보아야 옳다.

공소 사실이 변경되면 법원은 '변경된 공소 사실'이 범죄가 되는지를 판단해야 하므로, 2년 2개월의 재판 기간 중 1년 9개월은 의뢰인에게 책임이 없다. 대법원이 말한

   파기 환송은 없다

대로 항소심 재판은 4개월 정도 걸렸다. 그러나 천안시장 사건의 첫 번째 항소심은 6개월 18일이 걸렸다. 대법원이 그런 사정을 모를 리 없는데도 재판 기간이 늘어난 책임을 의뢰인에게 전가하는 듯했다. 그러고는 제21대 대통령 선거 후보자 등록이 가까워졌다고 말하였다. 의뢰인은 더불어민주당의 후보자로 이미 선출된 후였고, 다가오는 5월 11일까지 후보자 등록을 해야 하는 상황이었다. 대법원의 다수 의견은 등록 전에 더불어민주당 후보자를 바꾸면 된다는 암시를 주고 있었다.

대법원의 다수 의견은 스스로 정치적 중립성을 해치고 있다는 의심을 받아도 할 말이 없다. 대법원이 유독 의뢰인 사건에만 엄격한 잣대를 들이댄 이유는 무엇인가. 대법원은 제1심과 항소심의 결론이 정반대여서 혼란과 사법 불신의 강도가 유례없이 강하다는 인식이 있었다고 말한다. 즉 의뢰인에게 무죄를 선고한 항소심의 결론을 질타하는 것이었다.

대법원의 논리대로라면, 다른 사건도 제1심과 항소심의 결론이 다르면 혼란과 사법 불신이 초래된다는 말인가. 그런 논리라면, 우리 사법 체계가 3심제를 택할 이유가 무엇이란 말인가. 모든 사건의 결론이 항상 같아야 한다는 말인가. 대법원은 여기에 답을 해야 한다.

대법원은 판결문 77쪽에서 의뢰인 사건의 주요 쟁점이 크게 복잡하지 않다면서 "제1심과 원심은 동일한 사실 관계에 대하여 치밀하게 법리를 전개·적용하였고 이를 판결서에도 상세하게 설시하였으므로, 대법원으로서는 그중 어느 쪽을 채택할 것인지를 결정하면 충분한 사건이기도 하다"라고 말했다.

대법원이 복잡하지 않았다고 말한 의뢰인 사건에서 제1심은 2년 2개월간 재판하였고, 검찰은 공소 제기일부터 1년 9개월이 지나서 공소 사실을 변경하였다. 항소심은 다른 사건은 배당받지 않은 채 의뢰인 사건에만 전념하면서 2025년 2월 26일까지 변론을 5회 열었고 1개월이 지난 3월 26일 판결을 선고하였다. 대법원의 표현대로라면 제1심과 항소심은 쟁점이 복잡하지도 않은 사건에 시간을 낭비하였다.

대법원은 제1심과 항소심이 인정한 사실 관계에 큰 차이가 없어서 사실 인정에 어려움이 없다고 했다. 그러나 '사실 인정'은 대법원의 판단 대상이 아니므로, 대법원 스스로 법률심임을 포기한 표현이다. 대법원이 제대로 기록을 보았다면, 제1심과 항소심의 증거 조사, 사실 심리, 그리고 판결에 나타난 사실 인정에 큰 차이가 있다는 것을 알았을 텐데, 무슨 이유로 제1심과 항소심이 인정한 사실 관계에 큰 차이가 없다고 하였는지 이해할 수 없다.

대법원의 논리는 제1심 판결과 항소심 판결을 대등한 판결로 보고, 그중 하나를 채택하면 된다는 것이다. 결정적인 실수이다. 그것으로 제1심 판결과 항소심 판결이 졸지에 대법원 재판연구관의 보고서 신세가 되고 말았다.

우리 사법 체계는 제1심의 판단이 잘못되었으면 항소심에서 바로잡고 상고심은 법률심으로서 항소심 판결이 타당한지 판단하게 되어 있다. 제1심 판결과 항소심 판결이 다를 경우에 둘 중에서 하나를 선택해도 된다면, 3심제를 채택하고 있는 우리 사법 체계를 부정하는 것이다. 대법원이 지금까지 그런 논리로 항소심 판결을 파기한 경우를 본 기억이 없다.

법원조직법 제8조에 "상급법원 재판에서의 판단은 해당 사건에 관하여 하급심을 기속한다"라는 규정이 있다. 사람들은 의뢰인 사건이 파기 환송된 이상 새로운 항소심은 대법원의 판단에 따라야만 한다고 알고 있다. 그러나 이 조항을 잘 살펴보면, 의뢰인 사건의 항소심 법원은 제1심 법원의 상급법원이므로 항소심 법원의 판단이 제1심 법원의 판단에 우선한다는 것을 알 수 있다. 제1심 판결과 항소심 판결의 무게는 같지 않다.

대법원은 제1심과 항소심의 결론이 정반대여서 사법

불신의 강도가 높아졌다고 강변하면서도 누구의 사법 불신이 높아졌다는 것인지는 말하지 않는다. 의뢰인을 반대하는 정파의 불신이 높아졌을지언정 의뢰인을 지지하는 사람들의 불신이 높아졌을 리는 없다. 두 눈을 뜬 디케가 아니라 한쪽 눈만 뜬 디케이다.

결국, 제1심과 항소심의 결론이 정반대여서 "혼란과 사법 불신의 강도가 유례가 없었다"라는 대법원의 표현은 실상은 무죄를 선고한 항소심 판결 때문에 혼란과 사법 불신이 높아졌다는 말로 들리지 않는가. "철저히 중립적이면서 신속한 절차 진행이 필요하다는 공감대가 형성되었다"라는 대법원의 강변은 공허하기만 하다. '철저히'라는 표현은 그 공허함을 더 공허하게 만든다.

대법원 다수 의견은 3쪽에 불과한 보충 의견에 왜 이런 표현을 담았을까. 졸속 심리를 지적하는 반대 의견이 뼈아파서였을까, 아니면 반대 의견을 어떻게든 반박하고 싶어서였을까. 의뢰인 사건을 빛의 속도로 처리한 것도 모자라 또 빛의 속도로 사건 기록을 서울고등법원으로 되돌려 보내야 하는 필요가 있었던 것은 아닐까.

더 기가 막힌 부분은 의뢰인 사건에 관한 대법원의 신속한 절차 진행 시도와 노력이 적시 처리가 필요한 유사 사건을 다투고 있는 여러 법원에 뚜렷한 메시지와 긍정적인 영향을 줄 수 있다고 강조한 대목이다. 그러나 정작 대법원은 이미 제1차 상고심에서 모든 판단이 끝난 천안 시장 사건의 제2차 상고심에서 3개월을 넘기더니 의뢰인 사건 제2회 전원 합의 기일이 열린 4월 24일에서야 무변 론으로 상고를 기각하였다. 대법원의 뚜렷한 메시지와 긍정적인 영향은 하급 법원에만 미쳐야 하고 대법원 자 신에는 해당하지 않는 모양이다.

서울고등법원은 5월 2일 사건 기록이 접수되자마자 기다렸다는 듯이 바로 제7형사부로 사건을 배당하였고, 제7형사부는 즉시 의뢰인의 집과 사무실로 소환장을 보 내기 위하여 집행관 송달과 보통 송달을 하였으며, 공판 기일을 5월 15일 오후 2시로 지정하였다.

제7형사부의 재판 요일은 수요일과 금요일, 법정은 404호이다. 그런데도 공판 기일을 목요일인 15일로, 법 정을 다른 재판부가 사용하는 403호로 지정하였다. 5월 3일부터 6일까지의 연휴가 없었다면 공판 기일을 첫 번 째 주로 지정했을지도 모른다. 변호인단은 대법원과 서 울고등법원의 유례없는 속도를 따라갈 재간이 없었다.

3. 공판 기일 변경 신청
: 5월 3일~6일

글쓰기 감옥에 갇힌 3일

5월 3일, 아무 생각이 없었다. 생각이 너무 많아서 생각이 없었다고 해야 정확한 표현이다. 이제 대법원은 머리에서 지워야 했다. 서울고등법원 제7형사부는 5월 15일 재판을 강행하겠다는 의지를 드러냈다. 우리에겐 아무런 대책이 없었다. 항소심에서 무죄를 선고받은 사건이 대법원에서 유죄 취지로 파기 환송되면 변호사는 의지를 잃고 만다. 그 충격에서 헤어나오는 데에도 상당한 시간이 걸린다. 그러나 이미 일정은 정해졌다.

변호인단은 물론이고 친구나 주변 선후배와 많은 대화를 나누었다. 모두가 이 어이없는 사태에 말문이 막혔다. 각자 떠올린 해결책은 달랐지만 법원에 '공판 기일 변경 신청서'를 제출하자는 데는 합의하고 초안은 내가 작성하기로 하였다. 그것이 첫날 고통과 번민 속에서 유일하게 결정한 것이었다.

5월 4일 점심시간이 조금 지나 사무실에 도착했다. 연휴였고 혼자였다. 컴퓨터 전원을 켰다. 문서 창을 열고

‘공판 기일 변경 신청서’라는 제목을 달았다. 평소라면 쓰는 데 5분도 걸리지 않았을 글이, 제목에서 더 나아가지 못했다. 처음 겪는 일이었다. 법률가로서 반평생 이상을 살아온 내가 사무실 직원 누구라도 금방 쓸 수 있는 문서 하나를 작성하는 데 이렇게 애먹을 줄이야.

처음 2쪽을 쓰는 데 대략 2시간이 걸렸다. 저녁 무렵 겨우 13쪽 정도 완성하였다. 이 글을 변호인단, 친구, 선후배에게 보여주면서 조건을 걸었다. 첨삭하지 말 것, 오탈자도 건드리지 말 것. 피드백까지 고려하면서 고치다 보면 다시 생각이 엉키고, 단어와 단어, 문장과 문장이 충돌해서 신청서를 완성할 수 없을 것이라는 두려움 때문이었다. 내가 바라는 것은 종합적인 의견이었다. 어떤 내용이 더 포함되면 좋겠다거나 어떤 내용은 삭제하면 좋겠다는 의견. 반응은 나쁘지 않았다. 배려였을 것이다. 조금은 위로가 되었다. 그날 하루는 그렇게 지나갔다.

5월 5일 점심 무렵 사무실에 도착했다. 문장력을 탓하며 머리를 쥐어뜯었다. 여러 의견을 참고하여 글을 거듭 가다듬었다.

당시 서울고등법원이 어떤 방법으로든지 의뢰인에 대한 송달을 마치자마자 공판 기일을 열고 곧바로 재판을 종결해 즉일 선고를 한다거나, 의뢰인이 대법원에 상고

　　　　　　　　　　　　　파기 환송은 없다

하더라도 대법원이 상고이유서 제출 기한인 20일을 기다리지 않고 선거일 전에 상고를 기각할 것이라는 등 엄청난 공포가 급속하게 퍼지고 있었다. 대법원장과 대법관들이 기록을 제대로 보았는지를 확인하기 위해 로그 기록을 공개하라는 압박도 거셌다.

무엇 때문이겠는가. 대법원이 유례없는 속도로 항소심 판결을 파기 환송하였고 사건을 돌려받은 서울고등법원도 역시 초광속으로 재판을 강행하려 한다는 의혹 때문이었다. 상식적인 법률가들도 마찬가지 생각이었을 것이다.

법원의 소송 절차는 실제 내용만큼이나 겉으로 드러난 과정도 중요한 법이다. 오얏나무 아래에서는 갓끈도 고쳐매지 말라고 했다. 일상에서도 의도를 제아무리 잘 설명한들 일단 행위로 의심을 사면 그 의심을 해소하기 어렵다. 하물며 한 사람의 인생을 좌우하고 많은 국민에게 직접적인 영향을 미치는 재판이야 말할 것이 있겠는가.

5월 5일 저녁 비로소 글을 완성하였다. 최종본의 밑거름이 된 글의 요지를 옮긴다.

1. 헌법적 근거

헌법과 법관의 관계

○ 대한민국은 민주공화국이고, 대한민국의 주권은 국민에게 있으며, 모든 권력은 국민에게서 나옵니다(제1조 제1항, 제2항).

○ 헌법 제103조는 "법관은 헌법과 법률에 의하여 그 양심에 따라 독립하여 심판한다"라고 규정하고 있습니다. 법관의 재판권은 국민이 위임한 권력이고, 법관은 국민 전체에 대한 봉사자로서 국민에게 책임지는 지위에서 재판권을 행사하여야 하므로, 헌법 제103조는 법관의 헌법적 책무를 우선한 것이고, 법관의 권한은 그러한 책무의 범위 내에 있을 뿐입니다.

○ 국민 전체의 의지를 담은 헌법이 법관을 헌법 기관으로 삼은 이유가 법관에 대한 막연한 신뢰 이전에 법관이 담당하는 막중한 책무 때문임을 한시도 잊어서는 안 됩니다. 따라서 법관이 헌법상 책무를 다하여야 비로소 그 권한 행사에 정당성이 부여된다는 것은 주권자인 국민의 순백하고 지엄한 헌법적 명령이요, 누구도 부정할 수 없는 정언 명령입니다.

헌법이 구현하고 보장하는 선거 제도

○ 헌법 제116조의 "균등하고 자유로운 선거 제도"의 출발점을 헌법 제1조가 선언한 민주공화제와 국민 주권주의에서 찾겠습니다. 제21대 대통령 선거 운동 기간은 2025년 5월 12일부터 6월 3일까지 23일에 불과합니다. 적어도 이 기간만큼은 "균등하고 자유로운 선거 운동"이 헌법적으로 보장되어야 합니다.

○ "균등하고 자유로운 선거 제도"에 녹아 있는 후보자의 권리, 전국 방방곡곡에 흩어져 사는 유권자들의 소중한 권리는 바로 헌법이 보장한 기본권입니다. 따라서 법관은 선거 운동에 참여하는 후보자와 유권자의 기본권 보장을 위하여 균등한 선거 운동을 방해하는 모든 행위를 저지할 책무가 있습니다. 법관이 그러한 방해 행위에 조금이라도 힘을 보탠다면, 그 오명을 돌이킬 방법이 없습니다.

공직선거법상 "공무원의 선거 관여 금지"

○ 공직선거법 제11조가 정한 후보자 등의 "불체포 특권 등"은 헌법 제116조가 천명한 "균등하고 자유로운 선거 제도"를 실천하기 위한 것입니다. 공직선거법 제9조, 제85조 제1항은 공무원의 정치적 중립성과 선거에 대한 개입 금

지를 분명하게 규정하고 있습니다.

○ 법관을 포함한 공무원이 직무 집행 과정에서 일반적인 경우와 달리 매우 이례적인 방법으로 직무를 수행하였다면, 아무리 형식을 지켰다고 강변하더라도 실질적 위법성을 지적하는 유권자들의 비난을 피할 수 없습니다. 그리하여 과거부터 현재까지 법원은 형사 재판을 받는 후보자들에 대한 재판을 선거 후로 변경해주는 경우가 일반적이었는데, 이는 헌법 제116조가 정한 "균등하고 자유로운 선거 제도"를 실천하는 태도였습니다.

○ "선거 운동 기간에 후보자에 대한 형사 재판이 진행되는 과정"은 참담합니다. 경쟁 후보자들과의 경쟁은 매우 불공정하게 됩니다. 의뢰인의 법정 출석 장면이 전 국민에게 실시간 방송되어 경쟁 후보자들에게 압도적으로 유리한 선거 분위기를 조장하게 됩니다.

○ 그것은 대한민국 헌법을 제정한 국민의 뜻이 아닙니다. 의뢰인을 지지하든 그렇지 않든, 저 참혹한 겨울을 이겨낸 대한국민의 헌법적 의사에 반합니다. 대한국민의 지엄하고 순백한 위임을 받은 공무원이라면 결코 그렇게 해서는 안 됩니다.

미국 트럼프 사례

○ 미국 판사는 법원의 역할이 무엇인지를 설명하는 가운데, 재판 진행이 선거에 영향을 미치려고 하는 것처럼 보이는 것도 피해야 한다고 선언하였습니다. 그가 트럼프를 지지하였는지는 모르겠으나, 민주당 소속 검사가 수용한 것으로 보아 미국 사회가 선거의 자유와 공정을 얼마나 중요한 가치로 여기는지 알게 되었습니다.

기본권으로서 공판 기일 변경 신청권

○ 변호인단의 이 사건 공판 기일 변경 신청은 헌법 제1조, 제27조, 제116조, 공직선거법 제9조, 제11조, 제85조 제1항에 근거한 헌법상 기본권의 행사입니다. 법관은 국민의 기본권을 보장할 책무가 있습니다. 이는 법관의 일반적 소송 지휘권과 비교할 수 없는 "국민에 대한 헌법상 책임"입니다.

2. 대법원 판결이 추종한 "일반 선거인의 관점"

○ 대법원은 오로지 "일반 선거인의 관점"을 강조하였습니다. 그러나 일반 선거인은 대법관들과 같은 높은 위치에

있는 사람들이 아니라 보통의 시민들입니다. 제1심 법관들과 제1차 항소심 법관들의 판단이 다른 것을 보더라도, 법관들에 따라 얼마든지 관점이 달라질 수 있다는 것을 짐작할 뿐입니다.

○ 대법원은 실시간 생중계로 의뢰인을 유죄로 본다는 취지로 제1심 판결을 지지하였습니다. 의뢰인에 대한 생생한 '재판 정보', 그것도 '불리한 정보'가 제공되었습니다. 그렇다면, 일반 선거인은 '의뢰인의 발언'이 무엇인지, 법원이 이를 어떻게 판단하였는지를 모두 알고서 투표할 것이니, 그 결과가 나오면 "일반 선거인의 관점 총량"을 알게 될 것입니다.

○ 만약 선거 결과가 달리 나오면, 대법원이 그렇게 소중하게 여겼던 일반 선거인의 관점과 대법원의 관점이 정면으로 충돌하게 될 것입니다. 이러한 상황에서 새로운 항소심을 서둘러 재판할 무슨 합리적 이유가 있는지, 누구라도 고개를 끄덕거릴 만한 이유를 설명해주시기를 바랍니다.

3. 신속한 재판은 누구의 권리인가?

○ 헌법 제27조 제3항에 따르면 신속하고 공정한 재판은

     파기 환송은 없다

이 글을 포함하여 16~17쪽에 달하도록 의견서 초안을 수정하였다. 공판 기일 변경 신청서를 이때처럼 치열하게 쓴 적은 없다. 유령처럼 떠도는 여러 소문과 두려움을 극복하고 차분히 쓰려고 애썼다.

밤 8시쯤 평소에 다니던 산책로를 걸었다. 하루종일 모니터 앞에 앉아 글을 쓰다 보니 이미 몸은 파김치가 되었고 머리도 전혀 작동하지 않았다. 재판 날짜를 다른 날로 변경해달라는 신청서를 쓰기 위해서 논리를 세우는 작업은 생각보다 어려웠다. 하나의 글이 재판부를 조금이라도 움직여 자유롭고 공정한 선거의 길을 열어주기를 간절히 바라는 마음으로 설득력을 높여야 했다.

산책을 시작한 지 30분쯤 지났을까. 평소에 친분이 두텁고 충고와 격려를 마다하지 않으셨던 김종훈 변호사로부터 연락이 왔다. 그는 이용훈 대법원장 시절에 비서실장을 맡았던 분으로, 문장력이 좋다. 김종훈 변호사는 글의 체제를 달리 잡아보자고 하시면서 제목 순서를 보내주셨다. 다시 정리하려면 보통 일이 아니었다.

변호인단에 속하는 김종근 변호사에게 여쭈어보았다. 그는 의뢰인과는 사법연수원 동기이자 친구로, 서울고등법원에서 부장판사로 퇴직하신 분이다. 나에게는 대학 1년 선배이다. 의뢰인에게 닥친 수많은 사건을 처리하느라고 지난 6년간 많은 고생을 하였다. 가까운 친구라 하더라도 고등법원 부장판사 출신 변호사가 정치인의 사건에 이렇게 매달리는 것은 쉽지 않다. 변호사들은 웬만해서는 정치인의 사건을 맡으려 하지도 않는다. 그런 점에서 그는 변호사로서도, 한 인간으로서도 훌륭한 분이다.

나는 김종근 변호사와 의논한 다음 밤 9시쯤에 김종훈 변호사에게 전화를 했다. "체제와 문장을 다듬어주십시오, 기왕 도와주시는 김에." 다짜고짜 내일 오전까지 작업을 마쳐달라고 일방적으로 요청드렸다. 그분의 성품으로 보아 반드시 해주실 것이라고 믿었다. 승낙을 받은 다음 조금은 가벼운 마음으로 집으로 돌아갔다.

5월 6일 아침 일찍 눈을 떴다. 새벽 5시쯤 파일이 도착해 있었다. 점심 무렵에 전화를 드렸다. 맙소사, 김종훈 변호사는 밤 10시부터 새벽 5시까지 사무실에서 밤을 꼬박 새우셨다고 한다. 그 마음 씀씀이에 어떻게 고마움을 표시해야 할지.

　김종훈 변호사가 수정한 글을 읽고 또 읽었다. 내 글과 대조하여 빠뜨린 것은 없는지 거듭 점검했다. 글을 완성하면서 비문을 잡아내고 표현은 정중하되 분명하게 가다듬었다.

공판 기일 변경 신청서

다음은 5월 4일부터 6일까지 72시간 동안 주변의 많은 도움을 받아 한 자 한 자 쓰면서 생각을 가다듬은 결과이다.

1. 환송 판결 및 환송 후
당심(항소심) 기일 지정에 관한 피고인의 입장

○ 2025년 5월 1일 자 환송 판결을 둘러싼 국가 사회적 논란은 사법의 근간을 흔들고 있습니다. 특히 반대 의견과 반대 의견에 대한 다수 의견 보충 의견이 환송 판결 심리 과정에 대하여 정반대 의견을 표명하고 극단적으로 대립함으로써 가져온 절차적 시비는 전례를 찾을 수 없습니다. "대법원 전원합의체의 요체는 서로 다른 경험과 가치관을 갖는 대법관들 상호 간의 설득과 숙고에 있다. 재판의 신속은 절대적인 가치는 아니다"라는 것이 반대 의견이었습

니다. 다수 의견의 보충 의견은 "지연된 정의는 정의가 아니다. 달력상 날짜의 총량만이 충실한 심리를 반영하는 것이 아니다"라고 반박하였습니다. 그러나 이 의견은 환송 판결의 심리 과정에 나타난 외형에 비추어, 수긍하기 어렵습니다.

○ 환송 전 당심(최초 항소심) 판결 선고 후, 이례적으로 재빠른 검찰의 상고와 이례적으로 신속한 환송 전 당심의 대법원에 대한 소송 기록 송부를 차치하고라도, 대법원장의 전원합의체 회부 당일인 2025년 4월 22일 오전 합의 기일 지정 및 오후 합의, 그 이틀 후인 4월 24일 최종 합의, 업무 일수로 3일 만인 4월 29일 오후의 갑작스러운 선고 기일 지정 및 5월 1일 선고는 우리 사법 역사상 초유의 일입니다.

○ 대법원은 환송 판결 선고 다음 날인 2025년 5월 2일 환송 법원인 서울고등법원에 소송 기록을 송부하였고, 소송 기록 송부 당일 곧바로 귀 재판부에 사건이 배당되었습니다. 귀 재판부는 즉각 공판 기일을 5월 15일로 지정하여 공판 기일 통지를 하였습니다. 피고인에게는 주소지와 사무실 소재지를 대상으로 집행관 송달이라는 매우 특별한 송달 방법과 일반 송달 방법을 동시에 실시하였습니다.

○ 제1심이 피고인에게 징역형의 집행유예를 선고하리라고
는 아무도 예상하지 못했습니다. 피고인은 무죄를 확신하
고 있었고, 반대 정파조차도 피고인에게 유죄가 선고되더
라도, 피선거권을 박탈하지 않는 형이 선고될 것으로 예
상하였습니다. 다행히 환송 전 당심이 2025년 3월 26일
피고인에 대하여 무죄를 선고함으로써 피고인은 사법 정
의가 실현되었다고 안도하였으나, 그 이후의 과정은 청천
벽력 그 자체였습니다.

○ 대한민국 국민의 일원으로서, 그것도 최고 지도자를 꿈꾸
는 피고인으로서는 마땅히 사법부의 판단을 존중하고 따
르는 것이 도리입니다. 하지만 위와 같은 초광속 진행 과
정은 "사법부는 정의를 행할 뿐만 아니라 정의를 행하는
것으로 보여야 한다"라는 관점에 반한다는 비난에서 자유
롭기 어렵게 되었습니다.

따라서 피고인이 이 신청서에서 드리는 말씀이 다소 불편
하더라도 너그럽게 양해하면서 숙고하여주실 것을 부탁
드립니다.

2. 선거 운동 기간에 속하는 공판 기일 지정의 부당성(위헌·위법성)

가. 민주공화국 대한민국 헌법의 핵심 원리

○ 대한민국은 민주공화국입니다. 헌법 제1조 제1항은 "대한민국은 민주공화국이다", 제2항은 "대한민국의 주권은 국민에게 있고, 모든 권력은 국민으로부터 나온다"라고 규정하고 있습니다. 국민 주권 선언입니다.

○ 민주공화국은 대의민주제를 바탕으로 하고 있습니다. 국민이 국가 의사를 직접 결정하지 않고 대표자를 선출하여 결정하게 하고 있습니다. 대의민주제 실현을 위해서는 선거가 필수적입니다. 선거에 의하여 선출되는 대통령, 국회의원, 지방자치단체장, 지방의회의원 등은 민주공화국의 꽃인 선거 제도가 맺은 열매입니다.

나. 헌법상 선거권과 공무담임권(피선거권)

○ 헌법 제24조는 "모든 국민은 법률이 정하는 바에 따라 선거권을 가진다"라고 규정하고 있습니다. 국민의 기본권입니다. 선거권은 피선거권과 함께 대의민주제를 작동시키는 필수 요소입니다. 헌법이 제114조에서 선거와 국민투

표의 공정한 관리를 위하여 헌법 기관인 선거관리위원회를 둔다고 규정하고 있고, 제116조가 선거 운동은 균등한 기회가 보장되어야 한다고 선언하고 있는 것은 기본권인 선거권을 보장하기 위한 것입니다. 국가는 국민의 선거권을 제도적으로뿐만 아니라 실질적으로 보장하여야 합니다. 공정한 선거 관리와 공정한 선거 운동의 자유와 기회, 그리고 선택의 자유와 기회가 보장되지 않는 선거는 국민의 기본권인 선거권 침해이자 민주주의의 꽃인 선거 제도의 본질을 침해하는 것입니다.

○ 헌법 제25조는 "모든 국민은 법률이 정하는 바에 따라 공무담임권을 가진다"라고 규정하고 있습니다. 공무담임권은 국민 주권의 실현 방법으로 국가의 공적인 업무에 참여하고 수행하는 기본권입니다. 헌법이 인정하는 임명직과 선거직의 공직에 취임할 수 있는 기본권입니다. 선거직의 공무를 담당하기 위하여서는 선거직에 선출될 수 있는 권리가 필연적으로 보장되어야 합니다. 선거직에 입후보하고 선거권자에 의하여 선출되어 그 직에 취임할 수 있는 권리를 피선거권이라고 합니다. 피선거권 역시 국민의 기본권입니다. 그런 점에서 헌법 제114조, 제116조가 규정하고 있는 공정한 선거 관리와 공정한 선거 운동

기회 보장은 피선거권을 보장하는 것이기도 하므로, 이를 침해하는 조치는 기본권인 피선거권을 침해하는 것입니다.

다. 헌법 및 공직선거법상 공무원의 정치적 중립 의무

○ 헌법 제7조 제1항은 "공무원은 국민 전체에 대한 봉사자이며, 국민에 대하여 책임을 진다", 제2항은 "공무원의 신분과 정치적 중립성은 법률이 정하는 바에 의하여 보장된다"라고 규정하고 있습니다. 공직선거법 제9조(공무원의 중립 의무 등) 제1항은 "공무원 기타 정치적 중립을 지켜야 하는 자(기관·단체를 포함한다)는 선거에 대한 부당한 영향력의 행사 기타 선거 결과에 영향을 미치는 행위를 하여서는 아니 된다"라고 규정하고 있습니다. 공직선거법 제85조(공무원의 선거 관여 등 금지)는 "공무원 등 법령에 따라 정치적 중립을 지켜야 하는 자는 직무와 관련하여 또는 지위를 이용하여 선거에 부당한 영향력을 행사하는 등 선거에 영향을 미치는 행위를 할 수 없다"라고 규정하고 있습니다.

○ 공무원의 선거 개입은 국민의 선거권과 피선거권을 침해하여 민주공화국을 훼손·전도하는 행위입니다. 헌법과

공직선거법의 규정들은 이를 막기 위한 필수적인 제도적
장치입니다.

라. 공직선거법상 후보자 등의 신분 보장

○ 공직선거법 제11조(후보자 등의 신분 보장)는 후보자 등에
게 불체포, 불구속, 병역 소집 유예 등의 특권을 부여하고
있습니다. 이러한 후보자 등에 대한 신분 보장 규정은 단
지 후보자의 신분을 보장하는 데 그치지 않고, 국민 선택
의 자유, 즉 선거권을 보장하기 위한 규정입니다. 따라서
그 취지와 정신은 선거 기간 동안 각종의 법규를 해석하
거나 운영하는 모든 기관의 조치나 행위에 반드시 반영되
어야만 합니다.

마. 공직선거법상 재판 기간 규정의 성격

○ 공직선거법 제270조(선거범의 재판 기간에 관한 강행 규정)는
"선거범과 그 공범에 관한 재판은 다른 재판에 우선하여
신속히 하여야 하며, 그 판결의 선고는 제1심에서는 공소
가 제기된 날부터 6월 이내에, 제2심 및 제3심에서는 전심
의 판결의 선고가 있은 날부터 각각 3월 이내에 반드시 하
여야 한다"라고 규정하고 있습니다. 환송 판결이나 귀 재

판부의 기일 지정은 이 조항에 근거한 것으로 보입니다.

○ 환송 판결의 다수 의견(보충 의견)은 "제1심은 공소 제기일부터 약 2년 2개월, 제2심은 제1심 판결 선고일부터 약 4개월 후에 판결을 선고하였다. 그 결과 대법원에 이 사건이 접수되었을 때는 이미 제21대 대통령 선거 후보자 등록이 가까운 시기에 이르게 되었다"라면서 위 규정의 준수를 강조하고 있습니다.

○ 그러나 제1심 재판이 2년 2개월이나 걸린 것은 피고인의 책임이 아닙니다. 검사가 공소를 제기한 날은 2022년 9월 8일이나, 그 후 검사는 많은 증거 조사 끝에 2024년 6월 11일 비로소 공소장을 변경하였습니다. 제1심은 변경된 공소 사실을 기초로 그로부터 5개월 지난 2024년 11월 15일 판결을 선고하였습니다. 환송 전 당심에서 검사는 또다시 2025년 2월 19일 공소장을 변경하였습니다. 환송 전 당심은 2025년 2월 26일 변론을 종결하고, 2025년 3월 26일 판결을 선고하였습니다. 재판 지연의 책임은 검사에게 있지, 피고인에게 있지 않습니다.

○ 공직선거법 제270조는 6개월의 단기 공소시효 규정과 함께 신속한 수사와 재판을 통하여 당해 선거로 당선된 자가 수사와 재판 지연으로 임기를 마치기 전에 신속하게

선출직에서 물러나게 하는 데 입법 목적이 있습니다. 피고인과 같이 당해 선거에서 낙선한 사람에게 엄격하게 적용할 규정이 아닙니다. 대법원은 20년 전부터 이 규정을 당선자에게 엄격하게 적용하여야 한다는 점을 논의해왔고, 일선 법원에도 이를 강조해왔습니다.

○ 그런데도 대법원이나 하급심 법원이 최근까지도 당선자에 대한 공직선거법 위반 사건에서 공직선거법 제270조를 제대로 준수한 사례를 찾아보기 힘들다는 비난도 있습니다(법률신문 2025년 5월 7일 기사 참조).

○ 공직선거법 제270조를 법문 그대로 강행 규정이라고 한다면, 피고인의 잘못이 아닌 다른 사유로 법원이 재판 기간을 지키지 못한 경우, 그 재판의 효력을 고민해볼 필요도 있습니다. 공직선거법상 법정 재판 기간을 지나서 선고된 판결에 대한 유·무효 논란이 야기될 수도 있는 것입니다. 예컨대 재판 기간 내에 검사가 유죄를 증명하지 못하면, 법원은 사건을 어떻게 처리하여야 하는지 같은 논란이 일어날 수 있습니다.

○ 헌법 제27조 제3항은 "모든 국민은 신속한 재판을 받을 권리를 가진다"라고 규정하고 있습니다. 즉 신속한 재판은 국민의 권리이고, 법원은 이를 따를 책무만 있을 뿐입

　　　　　　　　　　　　　　　　　　　파기 환송은 없다

니다. 법원에 신속한 재판을 할 헌법상 권한이 있는 것이 아닙니다. 비록 공직선거법 제270조가 선거 범죄에 대한 재판을 신속하게 진행하여야 한다는 취지에서 재판 기간을 정하기는 하였지만, 이것은 매우 극단적으로 예외적인 제도입니다. 당연히 이 규정을 이유로 공정하게 재판을 받을 국민의 헌법상 기본권과 선거 운동의 자유와 권리를 침해할 수는 없습니다. 그런데도 법원이 마치 신속한 재판권을 처음부터 원천적으로 가지고 있는 것처럼 재판을 진행하여 형사 피고인의 정당한 기본권을 침해한다면, 이는 헌법 제27조 제4항이 규정한 무죄 추정의 원칙을 스스로 저버렸다는 비난을 모면하기 어렵습니다.

○ "재판의 신속은 절대적인 가치는 아니다. 재판의 신속은 권리 구제의 신속을 위한 수단이지 그 자체가 목적은 아니기 때문이다. 그 결과 신속한 권리 구제를 위하여 재판의 진행을 서두르다 보면, 놓칠 수 있는 것이 있다. 그것은 충실한 심리를 통하여 달성하게 되는 실체적 진실의 발견과 구체적 타당성의 실현을 통한 정의의 구현이라는 목표이다. 이러한 점에서 신속한 재판의 이념은 충실한 재판의 이념과 상호 긴장 관계에 놓인다. 이러한 긴장 관계가 바람직한 평형점을 이루지 못하고 어느 한쪽으로

기울어질 때가 있다. 신속한 재판이 지나쳐 충실한 재판의 이념이 무너지거나 충실한 재판을 너무 강조하여 재판의 신속성이 저해되는 경우 모두, 법원과 재판의 공정성에 대한 국민의 신뢰를 유지하기 어려울 것이다"라는 환송 판결 반대 의견의 절규가 귓전을 때립니다.

○ 마지막으로 환송 판결의 다수 의견(보충 의견)은 공직선거 사건의 신속한 재판을 강조하면서 미국 사례를 들고 있습니다. 구태여 미국 사례를 거론하는 것 자체가 적절한가 하는 점을 떠나서 그 사례를 이 사건과 비교할 수 없다는 점을 지적하지 않을 수 없습니다.

○ 환송 판결의 다수 의견(보충 의견)은 "공직선거에 관한 신속 재판 사례는 외국에서도 쉽게 찾아볼 수 있다. 미국 연방대법원은 2000년 부시와 고어가 경쟁한 대통령 선거 직후 재검표를 둘러싸고 극심한 혼란이 벌어지는 상황에서, 재검표를 명한 플로리다주 대법원 재판에 대한 불복 신청이 연방대법원에 접수된 후 불과 3~4일 만에 재검표 중단을 명하는 종국재판을 내려 혼란을 종식하였다"라고 들고 있습니다. 그러나 이 사례는, 선거가 모두 종료되어 부시가 당선자로 확정된 후 극히 일부 지역에서 재검표 소동이 일어나자, 연방대법원이 신속하게 마무리하여 국

정 혼란을 가라앉히는 데 목적을 둔 사례입니다.

○ 이에 반하여 환송 판결은 지금 우리가 지켜보는 바와 같이 국정 혼란을 가라앉히는 것이 아니라 오히려 극심한 혼란을 불러일으키고 있습니다. 환송 판결이 혼란을 부추기기 위한 것은 아니라고 하더라도, 초고속으로 무죄인 항소심 판결을 뒤집고 파기 환송을 한다면, 누구라도 극심한 혼란이 발생할 것이라고 예상할 수 있었습니다. 그런데도 혼란 방지를 목적으로 하는 25년 전의 미국 사례를 든 것은, 오히려 새로운 논란을 제공하고 말았습니다.

○ 그보다 대법원은, 2024년 트럼프가 배심원 만장일치로 유죄 평결을 받아 형량 선고만 남겨둔 상태에서, 뉴욕 맨해튼 형사법원의 머천MERCHAN 판사가 9월 6일 트럼프에 대한 형량 선고 기일을 선거일(2024년 11월 5일) 전인 10월 18일에서 선거일 후인 11월 26일로 연기하고, 민주당 소속 기소 검사 앨빈 브래그가 이를 기꺼이 수용하였던 사례에서 영감을 받아야 했습니다. 판사는 결정문에서 "피고인이 후보자로 출마한, 다가오는 대통령 선거로 인해 형 선고가 영향을 받았다거나, 반대로 형 선고가 대통령 선거에 영향을 주었다는 외양을 갖는 것을 피하여야 한다"라는 이유와 함께 "법원은 공정하고 불편부당하며

비정치적인 기관"이라는 의지를 천명하였습니다(머천 판사 결정문 참조).

바. 소결

○ 대한민국 제21대 대통령 선거는 2025년 5월 20일부터 25일까지 재외 투표, 5월 26일부터 29일까지 선상 투표, 5월 29일부터 30일까지 사전 투표, 6월 3일 본 투표를 통해서 당선자를 확정하게 됩니다. 후보자들은 2025년 5월 11일까지 후보자 등록을 마치고 6월 2일까지 선거 운동을 합니다. 귀 재판부가 지정한 공판 기일은 선거 운동 기간 중인 5월 15일입니다. 피고인은 이 사건뿐만 아니라 다른 형사 사건에서도 여러 날 공판 기일을 지정받았습니다.

○ 피고인은 제1당인 더불어민주당에서 90퍼센트에 가까운 절대다수의 지지로 후보자로 선출되었고, 후보자 등록을 앞두고 있습니다. 피고인은 각종 여론조사에서 절대적이건 상대적이건 지지율 1위 후보입니다.

○ 누가 대통령이 되느냐는 피고인뿐만 아니라 대한민국과 국민, 피고인이 속한 정당의 운명이 걸린 일입니다. 그런 상황에서 피고인이 귀 재판부 등이 선거 운동 기간에 정한 공판 기일에 출석하여 재판받아야 하고, 그런 상황이

실시간으로 노출되는 상황은 실질적으로는 '낙선 운동'과 다르지 않습니다. 나아가서 이는 헌법상 기본권인 피고인의 피선거권과 공무담임권을 침해하는 것이고, 후보자 선택 기회를 왜곡시켜 국민의 선거권을 본질적으로 침해하는 것일 수 있습니다.

○ 따라서 헌법과 공직선거법 등의 규정과 정신에 비추어, 피고인이 이 사건을 포함하여 대통령 후보로 등록된 이후 선거일까지 지정되어 있는 각종 형사 사건의 공판 기일을 변경하여 달라는 것은, "추가적 심리"의 필요성 여부를 떠나 헌법상 기본권으로 체화되고 승화된 정당한 요청입니다.

3. 환송 판결 다수 의견의 "일반 선거인의 관점"에서 본 공판 기일 변경의 필요성

○ 환송 판결의 다수 의견이 피고인에 대하여 유죄 판단의 근거로 삼고 있는 일반 선거인의 관점에서 살펴보겠습니다.

○ 지난 대한민국 제20대 대통령 선거 이후 피고인과 가족, 주변 인물에 대하여 수많은 수사와 기소, 재판이 이루어

졌습니다. 피고인으로서는 모두가 피고인의 정치 생명을 끊어서 피고인이 향후 대선에서 출마하지 못하도록 하기 위한 것이었습니다. 그 중심에 서 있는 것이 바로 이 사건입니다.

○ 그러나 피고인에 대한 이른바 '사법 리스크' 위협에도 불구하고 지난 대선 이후 각종 여론조사에서 피고인은 차기 대통령 지지율 1위의 지위를 빼앗긴 적이 없습니다. 이것이 대법원 다수 의견 표현에 따르면 일반 선거인, 다시 말해서 국민과 국민 배심원단의 관점입니다. 국민 다수는 이 사건에 더하여 피고인에 대하여 대통령 피선거권이나 대통령직 상실에 이를 수 있는 수많은 수사나 재판이 진행됨에도 피고인에 대한 지지를 거두지 않았습니다. 유죄를 선고한 원심(제1심) 판결 이전은 물론, 이후도 마찬가지입니다. 비록 원심 판결 이후에 일어난 일이지만 12·3 비상계엄, 대통령 탄핵, 현재 진행 중인 제21대 대통령 선거 국면에 이르러 더욱 꾸준히 지지율이 상승하였고 지금도 그 추세가 이어지고 있습니다.

○ 국민, 즉 환송 판결 다수 의견의 표현에 따른 일반 선거인은, 이 사건 공소 사실이 유죄라는 판단을 받는 경우라도 피고인의 피선거권을 박탈하지 않는 쪽으로 판단하고

있는 것입니다. 이것이 국민, 일반 선거인 다수의 의사입니다.

- 그럼에도 이번 대통령 선거일 이전에 피고인의 피선거권을 박탈하는 형이 선고되어 국민이 피고인에게 투표할 기회를 빼앗거나 국민이 피고인을 선택하는 데 영향을 미치는 경우는 물론, 피고인이 그러한 난관을 뚫고 대통령에 당선된 이후 자격 시비를 일으키는 경우가 발생한다면, 향후 대한민국은 극심한 혼란에 빠지고 말 것입니다. 너무나 자명한 예상입니다.

- 피고인에 대한 국민 다수의 판단은 피고인에 대하여 대통령 피선거권을 박탈하거나 대통령직을 상실하게 하지 말아야 한다는 것입니다. 이것이 일반 선거인의 관점입니다. 환송 판결 다수 의견의 논리대로라면 법원은 국민의 공정한 판단을 확인하여야 하고, 그 확인된 국민의 의사에 따라야 합니다. 2025년 6월 3일 국민의 최종 판단을 지켜보는 것이 국민, 즉 일반 선거인에 대한 도리입니다.

4. 충실한 추가 심리의 필요성

○ 이 사건에서 추가로 심리·판단하여야 할 쟁점은 차고 넘 칩니다. 그 이유는 환송 판결이 환송 전 원심의 무죄 판 결에 대한 검사의 상고 이유만을 판단하였기 때문입니 다. 피고인은 유죄인 원심 판결에 대하여 항소하였고, 환 송 전 당심은 피고인이 내세운 쟁점 중 일부(표현의 해석) 에 터 잡아 무죄를 선고하였기 때문에 피고인으로서는 나 머지 항소 이유도 세심하게 주장·입증할 기회, 즉 실질적 방어권을 가져야 합니다. 여기에 더하여 일반 선거인의 관점에서 양형 심리도 다시 할 필요성이 있습니다.

○ 구체적인 사유는 향후 다른 의견서로 말씀드리겠지만. 환 송 판결이 있었다고 해서 헌법이 보장한 자유롭고 공정한 선거 제도의 본질과 피고인의 피선거권, 공무담임권, 일 반 선거인의 선거권을 침해하면서까지 초광속으로 공판 기일을 진행하여 다급하게 판결을 선고할 사안이 아니라 는 점만큼은 분명합니다.

5. 결론

○ 이상의 이유로 피고인은 공판 기일 변경을 신청하게 되었으니, 2025년 5월 15일로 지정된 공판 기일을 대한민국 제21대 대통령 선거일인 6월 3일 후로 지정하여 주실 것을 바랍니다. 가능하다면, 대통령 선거 운동이 개시되는 날이 5월 12일인 점을 고려하여 적절한 시기에 결정을 내려주시기를 바랍니다.

○ 대한민국, 대한국민의 운명이 귀 재판부의 판단에 달려 있고, 결정은 귀 재판부의 숙명입니다.

최종본은 김종훈 변호사의 도움에 내 나름의 판단과 손질을 보탠 것이다. 논리적 근거에 바탕을 두어 법원을 설득하는 데 부족함이 없도록 하되, 열정과 긴장을 녹여 표현하기로 하였다. 나는 단어 하나하나와 문장 하나하나를 정리하면서 기도하였다, 노구의 몸으로 밤을 샌 김종훈 변호사의 고생이 보답받기를.

이렇게 정리하고 보니 신속한 재판을 강조한 대법원에 묻고 싶은 것이 하나 있다. 공직선거법 제270조 재판 기간에 관한 규정이다.

대법원 다수 의견은, 공직선거법 제270조는 "선거범의 재판 기간에 관한 강행 규정"이라는 표제 아래 6개월(제1심), 3개월(항소심), 3개월(상고심) 이내에 판결을 선고하도록 규정하여 선거범의 재판은 다른 재판에 우선하여 신속히 하도록 규정하고 있다고 밝혔다. 강행 규정이란, 그 규정을 위반하는 행위를 무효로 하는 규정이다. 그렇다면 법원이 이 규정에서 정한 기간을 준수하지 못하더라도 재판은 유효한가.

대법원은 이 규정을 훈시 규정으로 운용하고 있다. 그 기간을 지키지 않아도 무효가 아니다. 그러나 분명히 공직선거법은 해당 규정을 강행 규정이라고 명시하고 있다. 그런데도 훈시 규정처럼 취급할 수 있을까. 그동안 법원의 관행적인 재판 진행 방식에는 근본적인 결함이 없었을까.

심지어 나는 이런 생각도 하였다. 만약 법률이 정한 기간 내에 법원이 재판을 마치지 못하면 재판 무효를 선언해야 하는 것은 아닐까. 그렇다면 의뢰인 사건은 제1심부터 무효가 된다. 대법원이 이번에 그 기간을 반드시 지켜야 한다고 강조하는 바람에 나는 저절로 이런 생각까지 하게 되었다.

한 가지 더, '대한국민'은 헌법 전문前門 첫 문장에 나

   파기 환송은 없다

오는 단어이다. 헌법재판소는 윤석열 전 대통령(다음부터
는 이름만 표기하기로 한다)에 대한 탄핵 결정문에 이 단어
를 담았다. 대한국민은 바로 주권자이다. 내가 공판 기일
변경 신청서에 이 단어를 쓴 것은 대법원이 기준으로 삼
은 일반 선거인과 대한국민이 일체임을 말하고 싶었기
때문이다.

4. 공판 기일 변경 결정

: 5월 7일

공판 기일 변경

이제 모든 준비는 끝났다. 신청서 제출만 남겨둔 상황에서 연락이 왔다. 다른 사건을 담당한 변호사들이 공판 기일 변경 신청서도 때맞춰 제출할 수 있게 이 사건의 공판 기일 변경 신청서 제출 시간을 정해달라는 것이었다. 오전 10시 30분으로 정했다. 마지막 점검에 조금 더 시간이 필요했다. 다시 오전 11시로 정해 제출했고, 다른 신청서도 제출되었다.

나는 초조하지 않았다. 법원이 우리가 치밀하게 쌓아 올린 논리와 사회 각계각층의 여론을 무시할 순 없을 거라 믿었다. 점심 직전에 속보가 떴다. 재판부가 의뢰인 사건의 공판 기일을 6월 18일 오전 10시로 변경하였다는 것이다. 비로소 한숨을 돌렸다.

재판부가 중간에 마음을 바꾼 것은 고마운 일이었다. 대법원의 무리한 판결 선고와 기록 반환, 새 항소심의 재판 진행이 그나마 멈춘 것은 국민과 법원을 위해서 다행이었다.

변호인단은 공판 기일 변경 신청 외에도 몇 가지 준비
하고 있었다. 우리는 서울고등법원의 공판 기일 지정이
헌법상 선거 운동의 자유와 평등 원칙 위반이라고 판단
하였다. 5월 15일 예정대로 재판이 열린다고 하더라도
재판에 참여할 수 없다고 생각하였다. 변호인단 스스로
이 재판이 헌법 위반이라고 주장하는 마당에 법정에 출
석하는 것은 자기모순이기 때문이었다. 나는 여기저기에
그런 뜻을 공개적으로 밝혔다. 나의 뜻이 재판부 귀에 들
어갔으면 하는 것이 솔직한 바람이었다.

후배 이인석 변호사, 이옥형 변호사의 도움도 잊을 수
없다. 두 사람은 대법원 파기 환송 재판에 대한 헌법소원
을 준비하고 있었다. 그런 상황에서 서울고등법원 제7형
사부가 공판 기일을 지정하는 급박한 사태가 발생하였
다. 부랴부랴 '공판 기일 지정'에 대한 헌법소원을 검토
하기로 하였다. 두 사람은 밤낮을 가리지 않고 고생해주
었다.

* 변경은 법정에 가지 않고도 법원이 재판 날짜를 바꾸어주는 것,
  연기는 법정에서 변론을 하지 않고 재판 날짜를 미루는 것을 말
  한다. 보통은 '재판 연기'라고 말하는데 '변경'이 정확한 표현이다.
  이것으로 법원에 제출한 문서의 제목이 왜 '공판 기일 변경 신청
  서'인지 이해하시리라.

파기 환송은 없다

두 사람이 작성해준 문서는 공판 기일 지정 처분의 효력을 다투는 헌법소원 심판 청구서와 가처분 신청서였다. 헌법 제111조 제1항 제5호는 "법률이 정하는 헌법소원에 관한 심판"만을 규정하고 있을 뿐, 그 범위를 제한하거나 '재판'을 헌법소원의 대상에서 배제하지 않고 있다. 그러나 헌법재판소법 제68조 제1항은 "공권력의 행사 또는 불행사로 인하여 헌법상 보장된 기본권을 침해받은 자는 법원의 재판을 제외하고는 헌법재판소에 헌법소원 심판을 청구할 수 있다"라고 규정하여 재판소원을 금지하고 있다. 재판소원을 허용하면 3심제가 아닌 4심제가 될 가능성을 우려한 탓이다.

그러나 재판 결과가 아닌 재판 절차 중에 생기는 기본권 침해에 대해서까지 헌법소원을 전면 금지하는 것은 문제라는 인식을 공유하였다. 즉, 판결은 3심제를 그대로 유지하더라도 재판 절차 중에 생기는 기본권 침해에 대한 헌법적 구제 수단은 있어야 한다고 보았다. 의뢰인 사건에서 공판 기일이 그대로 진행될 경우 권리 침해를 회복할 수 없게 된다. 그때는 헌법소원을 허용하는 것이 헌법의 기본권 보장 이념에 충실하다고 보아야 하지 않을까 싶었다.

법원에서는 소송 지휘권 침해라고 반대할 수 있다. 그

러나 재판도 엄연히 공권력의 행사에 속하고, 법관에게 소송 지휘에 관한 광범위한 재량이 주어져 있어서 법관 자신도 의식하지 못하는 사이에 재판 당사자의 기본권을 침해할 가능성이 있다. 재판 당사자에게 헌법적 구제 수단을 마련해주는 것이 맞는다고 본다. 그러한 절차가 마련된다고 해서 그것이 곧 법관의 권위를 실추하거나 법관의 재판을 침해하는 일은 아니다. 더 중요한 건 소송 당사자의 헌법상 권리 침해를 막는 것이다.

재판부가 공판 기일을 바로 변경해준 덕에 두 변호사의 수고로움은 빛을 보지 못하였다. 하지만 그들은 내가 의지할 수 있는 빛이 되어주었다. 고맙고 미안하다.

전원합의체 판결의 경우

지난 10년간 대법원 전원합의체 판결에 걸린 평균 기간은 994일이다. 최근 5년으로 국한하면 3.3년이라는 자료도 있다. 의뢰인 사건은 대법원에 접수된 3월 28일부터 판결이 선고된 5월 1일까지 불과 34일 걸렸다. 이번 대법원 전원합의체 판결에서 다수 의견은 "지연된 정의는 정의가 아니다"라면서 매우 충실하게 심리하였다고 거듭 강조하였다. 그렇다면 '994일'이나 '3.3년'은 엄청나게 지연된 정의여서 정의가 아니라는 말이 되고, 대법원 스스로 정의를 저버렸다는 뜻이 된다.

이제부터 대법원은 의뢰인 사건을 계기로 전원합의체든 소부든 평균 34일을 전후하여 판결을 선고해야 국민이 납득할 수 있을 것이다. 그래야 사법부의 독립성과 중립성을 믿을 것이고, 대법원은 제21대 대통령 선거 개입 의혹에서 벗어날 수 있지 않겠는가. 또 국민 앞에서 당당하게 재판의 독립을 주장할 수 있지 않을까. 나는 대법원이 그런 의문에 실천으로 응답해야 한다고 본다.

부디 자신들이 맡은 모든 사건을 "지연된 정의는 정의가 아니다"라는 신념으로 신속하게 처리하여 의뢰인 사건에서 받은 '오해'를 풀기를 바란다. 어느 사건이든 평균 34일을 지켜주기를, 그것이 어렵다면 최소한 그 2배는 넘지 말기를 바란다. 그 시간을 지키지 못한다면 하필 의뢰인 사건만 처리 기간이 34일이었는지 이유를 밝혀주기를 바란다. 나는 그것이 의혹을 가진 국민에 대한 최소한의 도리라고 생각한다.

의뢰인 사건만 예외에 예외를 더한 빠른 속도로 처리한 것은 누구도 설득할 수 없다. 그것은 '정의의 지연'을 막기 위한 것이 아니라 '선택적 정의'를 세우기 위한 것에 불과하다. 선택적 정의는 단순한 '부정의'가 아니라 항상 어디에서나 '불의'하다.

어지간한 법조인이라면 모두 알고 있다시피, 대법원에는 대법관들에게 전속된 재판연구관들과 어려운 사건을 심층적으로 연구하는 공동 재판연구관들이 있다. 통상적으로는 재판연구관들이 대법관들의 지시를 받아 기록을 검토하여 대법관들에게 보고서로 검토 결과를 보고한다. 대법관들은 제1심 판결문, 항소심 판결문, 당사자의 상고이유서와 답변서 등을 기초로 재판연구관들의 보고서를 검토한다. 필요하면 대법관들이 기록을 직접 확인해서

 파기 환송은 없다

쟁점을 검토한다.

의뢰인 사건이라고 특별히 다를 이유가 없다. 재판연구관들이 기록을 전부 검토한 후 모든 대법관에게 보고서를 제출하였을 것이다. 전자 기록을 보았다면, 재판연구관들과 대법관들의 로그 기록이 있을 것이다. 종이 기록을 보았다면, 기록을 언제 전부 복사하였는지를 확인해주는 방법도 있다.

대법원에 사건 기록이 접수되면 임시 재판부가 정해지고, 상고인이 상고이유서를 제출하고, 피상고인이 답변서를 제출하면 그제야 사건을 심리할 재판부가 정해진다. 오늘날 대법원이 강조하는 '무작위 배당' 방식에 의한 것이다. 전원합의체도 당사자가 상고이유서와 답변서를 제출한 후에 정해진다. 일반적으로는 사건을 심리할 소부가 무작위로 배당되고 전원합의체 회부는 그 후에 이루어진다. 이러한 사정을 알아야 전체 타임라인을 이해할 수 있다.

우리 변호인단이 답변서를 제출한 날은 4월 21일과 22일이었다. 대법원은 4월 22일 소부인 2부에 의뢰인 사건을 무작위 배당하였다가 바로 전원합의체로 사건을 넘겼다. 그렇다면 4월 22일부터 기록을 검토하였다고 보는 것이 상식이다. 그때부터 소부 대법관들은 사건 기록을 검토하고, 소부 연구관들도 사건 기록을 검토한 결과를 대법관들에게 보고하였다고 보는 것이 상식이다. 사건이 전원합의체로 갔더라도 그 과정은 같다.

'내란 전담 재판부'에 관한 이야기가 떠들썩했다. 대법원은 무작위 배당에 반하는 재판부 임명은 위헌이라고 지적하였다. 같은 논리대로라면, 심리 재판부가 지정되기 전에 다른 누구도 의뢰인 사건을 검토할 수 없다. 그런데 어떻게 4월 22일에 '소부 배당, 전원합의체 회부'를 거쳐 바로 1차 전원 합의를 할 수 있었다는 말인가. 어떤 연구관들이 보고서를 작성하여 대법관들에게 제출하였으며, 대법관들은 언제 사건 기록과 연구관들의 보고서를 검토하고 합의하였다는 것인가.

의뢰인 사건을 심리할 재판부가 정식으로 정해진 4월 22일 전에 누군가 먼저 사건 기록을 보고 어떤 방향으로 결론을 정해놓았다면, 대법원은 내란 전담 재판부의 위헌성을 적극적으로 이야기할 수 있을까. 대법원의 논리를 그대로 따르면, 의뢰인 사건에 대한 대법원 재판은 위헌이고 무효라는 비판에 직면할 것이다.

대법원의 재판 절차에 대한 의문을 해소하는 길은 생각보다 간단하다. 재판연구관들의 보고서 내용이나 대법관들의 합의 내용을 공개할 필요는 없다. 그러나 재판연

파기 환송은 없다

구관들이 언제 사건 기록에 접근하였는지, 보고서를 언제 작성하여 대법관들에게 제출하였는지 그 타임라인 정도는 공개할 수 있을 것이다.

법원에서 주재하는 소송에서도 타임라인이 사건의 중요한 쟁점이 되는 경우, 법원은 재판 당사자들에게 적극적으로 그 과정을 밝히라고 요구한다. 대법원이라고 예외는 아니다. 그것은 사법부의 재판 독립과도 관계없다. 아니, 사법부가 재판 독립을 주장하려면 더 명명백백하게 그 과정을 해명해야 한다.

특히 대법원장이 전원합의체 회부를 결정한 후에 재판연구관들이 언제 기록을 검토하여 대법관들에게 보고서를 제출하였는지 타임라인을 상세하게 공개하여야 한다. 대법원 다수 의견은 보충 의견에서 손수 기록을 신중하게 검토하였다고 밝혔으므로, 대법관들의 타임라인도 공개하여야 한다. 그 타임라인을 보면 과연 대법원이 4월 22일부터 최종 합의일인 4월 24일까지 기록을 검토하고 합의하는 데 얼마의 시간을 썼는지 대강이나마 짐작할 수 있을 것이다.

대법원은 4월 22일 재판부 배당과 함께 1차 전원 합의를 하였고, 4월 24일 2차 전원 합의를 한 후 더 이상 심리하지 않고 5월 1일 선고를 하였다. 이 말인즉, 4월 22일

1차 합의일로부터 불과 2일 후인 24일 2차 합의에서 결론이 정해졌다는 것이다. 그렇다면 1차, 2차 합의 각각에서 연구관들의 기록 검토와 보고서 제출에 관한 타임라인, 대법관 본인들의 기록 검토에 관한 타임라인과 1차 합의에 걸린 시간, 2차 합의에 걸린 시간 등을 공개하여야 한다.

2025년 10월 국정감사장에서 대법원은 전원합의체 심리가 원칙이라면서 대법원 전산 시스템 등록은 형식이고, 실제로는 처음부터 전원합의체 방식으로 심리하였다는 취지로 해명하였다. 아마도 법원조직법 제7조 제1항 때문이리라. 법원조직법 제7조 제1항은 대법원의 심판권은 대법관 전원의 3분의 2 이상의 합의체에서 행사하며, 대법원장이 재판장이 된다고 규정하면서도 대법관 3명 이상으로 구성된 부에서 먼저 사건을 심리하여 의견이 일치하면 그 부에서 재판할 수 있다는 단서 조항을 두고 있다.

다시 말하여 대법원 재판 방식은 전원합의체와 소부 심리를 병행하고 있다. 전원합의체 심리가 원칙이고, 소부 심리가 예외라고 말할 수 없다. 소부에서 먼저 사건을 심리하여 의견이 일치하면 그 부에서 재판할 수 있다는 것이므로, 소부 심리가 원칙이라고 해도 된다.

실제로는 어떻게 운영되고 있을까. 대법원장별로 6년 구간을 두고 통계 자료를 확인해보니 전원합의체 사건의 수는 윤관 대법원장 시절에 104건, 최종영 대법원장 시절에 65건, 이용훈 대법원장 시절에 97건, 양승태 대법원장 시절에 116건, 김명수 대법원장 시절에 116건이었다.

조희대 대법원장은 재임 기간이 짧아 이 기간의 통계는 무의미하다. 양승태, 김명수 대법원장 시절 전원합의체 사건은 연간 20건에 미치지 못했다. 조희대 대법원장이 재직하는 현재도 그 범위에서 크게 벗어나지 않을 것이다.

반면에 연간 대법원에 접수되는 사건 수는 본안 사건만도 4만 건을 넘어선다. 4만 건을 기준으로 하면 고작 0.05퍼센트 정도가 전원합의체에 넘겨진다. 이는 대법원 재판이 실제로는 소부 심리로 진행되고 있다는 현실을 보여준다. 즉 실제 운용은 소부 심리가 원칙이고, 전원합의체 심리는 극단적인 예외이다.

대법원의 전원합의체 심리가 원칙이라는 해명은, 실제 시스템과 맞지 않지만, 일단은 그대로 믿어주자. 그렇다면 조희대 대법원장은 의뢰인 사건이 대법원에 접수되자마자 바로 전원합의체에 올렸다는 것인가. 그런데 대법원 사이트에는 무슨 이유로 임시 재판부가 버젓이 등록되어 있는가. 그것은 거짓이라는 말인가.

상고이유서도 답변서도 올라오지 않았는데, 대법원이 먼저 전원합의체 회부를 결정하고, 대법관들이 사건 기록을 검토하였다는 것인가. 중앙선거관리위원회 위원장을 겸하고 있는 노태악 대법관은 언제 재판을 회피하였는가. 노태악 대법관의 재판 회피 사실이 알려진 날은 4월 22일이다.

대법원의 설명이 맞는다면 노태악 대법관은 의뢰인 사건이 대법원에 접수될 당시에 재판을 회피했어야 한다. 노태악 대법관이 4월 22일에 재판을 회피하였다면, 재판 도중에 재판을 회피하였다는 것이므로 앞뒤가 맞지 않다. 노태악 대법관이 재판을 회피한 날과 대법원장이 의뢰인 사건을 전원합의체에 올린 날은 같은가, 다른가. 대법원은 여기에도 대답할 책임이 있다. 대법관 한 사람이 재판을 회피한 사실은 재판을 받는 국민에게 매우 중대한 일이다.

노태악 대법관이 4월 22일 전에 재판을 회피하였는데도 대법원이 그 사실을 밝히지 않았다면, 법관으로부터 재판받을 의뢰인의 헌법상 권리를 침해한 것이다. 의뢰인과 변호인단은 의뢰인 사건이 4월 22일 전원합의체에 올라갔고, 그날 노태악 대법관이 재판을 회피하였다고 알고 있는데, 만약 모든 일이 그전에 이루어졌다면, 어떻게 정당성을 부여하겠다는 것인가.

대법원은 "대법원 전원합의체의 심리절차에 관한 내규"를 두고 있다. 이것은 대법원이 스스로 제정한 규칙이다. 우리는 대법원이 스스로 정한 규칙을 잘 지키리라는 믿음이 있다.

제1조(목적)

이 내규는 대법원 전원합의체의 심리 절차를 정함을 목적으로 한다.

제2조(전원 합의 기일에 심리할 사건의 지정)

① 대법원장은 대법관들의 의견을 들어 전원합의체의 심리를 위한 합의 기일(이하 '전원 합의 기일'이라 한다)에서 심리할 사건을 적어도 그 합의 기일의 10일 전까지 지정하여야 한다. 다만, 신속한 심리를 위하여 필요한 경우에는 바로 지정할 수 있다.

② 대법관은 전원합의체의 심리가 필요한 사건에 대하여 대법원장에게 제1항의 전원 합의 기일의 지정을 요청할 수

있다.

제3조의2(전원 합의 사건의 회피 등)

① 대법관의 배우자 등 친족(민법 제777조에 따른 친족을 말한
다. 이하 '친족'이라 한다)이 변호사로 근무하는 변호사법
제40조에 따른 법무법인, 같은 법 제58조의2에 따른 법
무법인(유한), 같은 법 제58조의18에 따른 법무조합, 같은
법 제89조의6 제3항에 따른 법률사무소(이하 '법무법인 등'
이라 한다)가 전원 합의 사건을 수임한 경우, 해당 대법관
은 친족인 변호사와의 촌수와 친밀도, 사건의 성격, 소송
의 결과에 따라 친족인 변호사가 얻는 경제적 이익, 친족
인 변호사의 실질적 사건 관여 가능성, 친족인 변호사의
해당 법무법인 등에서의 지위 등을 종합적으로 고려하여
해당 전원 합의 사건을 회피할 수 있다.

② 대법원은 회피 여부에 관하여 전원 합의 기일에서 논의할
수 있다.

③ 본조의 규정은 전원 합의 사건의 회피가 문제 되는 다른
경우에 준용할 수 있다.

제5조(전원 합의 사건 등 관리)

① 수석재판연구관은 매월 전원합의체의 전원 합의 사건, 변론 사건, 선고 사건 등의 목록을 작성한다.

② 전원 합의 사건에 관하여는 그 심리의 절차 진행에 관한 사항을 법원 전산 시스템에 등록한다.

제6조(기일의 지정 등)

① 전원 합의 기일은 매월 세 번째 목요일(다만, 해당일이 15일인 경우에는 22일)에 진행함을 원칙으로 하되, 대법원장이 지정하는 바에 따라 그 기일을 변경하거나 추가하여 진행할 수 있다. 변론 기일과 선고 기일은 전원 합의 기일과 다른 날로 지정할 수 있다.

② 제1항의 날짜는 미리 정하여 공개한다. 변경된 때에도 같다.

제7조(기일의 준비 등)

① 수석재판연구관은 매월 1회 이상 제2조에 따른 전원 합의 기일 지정을 위하여 필요한 사항을 대법원장과 대법관에게 보고한다.

② 재판연구관은 전원 합의 사건에 관하여 조사·연구한 결

과를 기일 전에 미리 보고한다.

③ 전원 합의 사건에 관하여 전원합의체에서 정하여진 절차, 기일 등 추후 진행 사항에 따라 재판연구관은 해당 기일에 맞추어 후속 업무를 수행한다.

내규에 따르면 대법원장은 대법관들의 의견을 들어 전원합의체의 심리를 위한 합의 기일에서 심리할 사건을 적어도 그 합의 기일의 10일 전까지 지정하는 것을 원칙으로 한다. 다만 신속한 심리를 위하여 필요한 경우에는 바로 지정할 수 있다. 대법원장은 원칙적으로 합의 기일의 10일 전까지 전원합의체에서 심리할 사건을 지정하여야 한다. 의뢰인 사건은 4월 22일이 제1회 합의 기일이었으므로, 적어도 4월 12일 전에 전원합의체 사건으로 지정했어야 한다. 그러나 노태악 대법관이 재판을 회피했다는 사실이 알려진 날은 4월 22일이다.

만약 대법원의 주장대로 그 전 어느 시점에 의뢰인 사건을 전원합의체에 넘겼다면, 그때 노태악 대법관도 재판을 회피하였다는 이야기가 된다. 그렇다면 대법원은 바로 그 시점에 그 사실을 공개하였어야 한다. 그렇지 않고 시간을 끌었다면, 의뢰인의 재판받을 권리를 침해한 결과가 되고 헌법이 보장한 재판 공개의 원칙에 반한다.

노태악 대법관이 중앙선거관리위원장을 겸직하는 것은 내규 제3조의2에서 정한 회피 사유에 해당하지 않는다. 노태악 대법관의 친족 중 누구도 의뢰인 사건을 담당한 법무법인이나 법률사무소에 속해 있지 않기 때문이다. 그런데도 노태악 대법관은 전원합의체 심리를 회피하였다.

회피 사유가 없는 대법관이 의뢰인 사건을 회피하였다면, 대법원 재판의 무효 사유에 해당하지 않는가. 노태악 대법관이 스스로 재판을 회피하였다고 해도 회피 사유에 근거가 없다면 그가 빠진 전원합의체 재판에는 정당성이 없지 않을까.

전원합의체 판결이 다수결로 정해진다고 해도, 노태악 대법관이 토론에 참여하였다면, 서로 설득하는 과정에서 다른 대법관의 생각이 달라졌을지 모른다. 내규 제3조의2 제2항에 따르면 대법관의 회피 여부는 전원 합의 기일에서 논할 수 있다.

대법원은 의뢰인 사건에서 노태악 대법관의 회피가 정당한지를 논의하였을까. 그런 논의가 없었다면, 그리고 노태악 대법관의 회피 사유가 정당하지 않았다면, 대법원의 전원합의체 구성은 애초부터 중대한 결함이 있는 셈이다. 판결을 무효로 만들 수도 있는 결함이다.

내규 제5조를 보자. 제1항대로라면 수석재판연구관은 매월 전원합의체의 전원 합의 사건, 변론 사건, 선고 사건 등의 목록을 작성하여야 한다. 언제 의뢰인 사건이 전원 합의 사건이라는 목록을 작성하였을까. 또 제2항대로라면 전원 합의 사건은 그 심리의 절차 진행에 관한 사항을 법원 전산 시스템에 등록하여야 한다. 4월 22일이 아니라 그보다 이른 날에 의뢰인 사건을 전원 합의 사건으로 지정하였다면 그때 전산 시스템에 등록해야 한다. 대법원이 전산 시스템 등록을 형식적인 절차라고 해명한 것은 내규 위반이다. 대법원의 재판에서 실제 진행 현황과 전산 시스템 등록 내용이 다르다면 무엇 때문에 많은 돈을 들여 전산 시스템을 만들었는가. 대법원의 성실한 답변이 필요하다. 국민의 혈세로 전산 시스템을 갖춘 것에 대한 도리이다.

궁금하다. 만약 대법원이 사건이 접수된 3월 28일 직후 전원합의체를 결정하였다면 그때 전산 시스템에 등록하지 않은 이유는 무엇인가. 사건을 소부에서 심리하는지, 아니면 전원합의체에서 심리하는지는 재판을 받는 당사자인 의뢰인에게 매우 중요한 사항이다.

만약 대법원이 검사의 상고이유서나 변호인의 답변서

가 제출되기 전에 전원합의체 심리를 결정하고서도 전산 시스템에 사건을 임시 재판부에 배당하였다고 등록하였다면, 그것은 명백히 거짓이다. 의뢰인이 어떤 법관으로부터 언제 재판을 받는지에 대한 정보를 적극적으로 숨긴 것이기 때문이다. 가볍게 넘어갈 수 없는 문제이다. 대법원의 해명대로라면 우리 국민은 대법원을 어떻게 신뢰할 수 있겠는가.

내규 제6조 제1항은 전원 합의 기일을 매월 세 번째 목요일로 정하면서 해당일이 15일이면 날짜를 22일로 변경하도록 정하고 있다. 물론 예외적으로 대법원장이 전원 합의 기일을 변경하거나 추가할 수는 있다.

대법원 홈페이지에서 2025년 10월까지 전원합의체 사건의 진행 경과를 찾아보니 다음 표와 같았다. 합의 기일에 심리한 사건의 번호를 보면 대법원에 사건이 접수된 연도를 알 수 있다. 같은 번호를 추적해 얼마의 간격을 두고 합의를 속행하는지도 알 수 있다.

무엇을 확인할 수 있는가.

우선, 대법원 전원합의체가 2025년 10월까지 심리한 사건 중에 2025년도 접수 사건은 의뢰인 사건이 유일하다. 다음으로, 전원합의체에 올라간 사건, 즉 신건을 추적해보면 최근 사건은 2024년 사건이고, 심지어 2019년

진행 일자	사건 번호	단계	비고
25. 10. 23.	2018다296229	속행	2018년 사건
	2024도163	속행	-
	2024모730	신건	2024년 행정 사건
25. 9. 18.	2024도163	신건	2024년 형사 사건
	2022다214040	속행	-
	2023다285162	속행	-
25. 9. 18.	2019도14363	속행	2019~2022년 형사 사건
	2021도15611	속행	
	2022도13370	속행	
25. 7. 24.	2022다214040	신건	2022년 민사 사건
	2019도14363	신건	2019, 2022년 형사 사건
	2022도13370	신건	
	2021다252977	속행	-
	2020다265969	속행	-
	2023다285162	속행	-
	2021도15611	속행	-
	2021두59908	속행	-
25. 6. 19.	2023도3673	속행	-
	2021다308108	속행	-
	2023다285162	속행	-
	2023다221885	속행	-
25. 5. 22.	2021두59908	속행	-
	2023도3673	속행	-
	2021다308108	속행	-
	2021마6542	속행	-
	2023다240299	속행	-
25. 4. 24.	2025도4697	속행	의뢰인 사건
25. 4. 22.	2025도4697	신건	

파기 환송은 없다

	2023다285162	속행	-
	2023다221885	속행	-
25. 4. 16.	2020다265969	속행	-
	2021다252977	속행	-
	2021다308108	신건	2021년 민사 사건
	2021두59908	속행	-
25. 3. 20.	2023다221885	속행	-
	2021마6542	속행	-
	2023다240299	속행	-
25. 3. 20.	2023도3673	신건	2023년 사건
	2023다285162	신건	
	2023도10405	속행	-
	2021마6542	속행	-
	2023다240299	속행	-
	2018다296229	속행	-
25. 1. 16.	2020다265969	속행	-
	2021다252977	속행	-
	2021두59908	신건	2021년 행정 사건
	2023다221885	신건	2023년 민사 사건
	2021다245542	신건	2021년 민사 사건

사건도 있다.

전체적으로 보자면 대법원 전원합의체가 심리한 사건 대부분이 2023년 이전 사건이다. 형사 사건 중에는 2018년 접수 사건도 있다. 이런 사건이야말로 대법원 다수 의견이 표현한 "지연된 정의는 정의가 아니다"라는 비판이 가능하지 않을까.

신건으로 표시된 2019년 형사 사건은 무엇을 의미하는가. 오랫동안 소부에서 심리하다가 2025년에 전원합의체로 올려 신건이라고 표기된 사건이다. 이 표기는 소부에서 수년간 사건을 심리하다가 전원합의체에 넘기는 것이 보통이라는 사실을 알려준다. 신건에 대한 심리 속행 기일은 짧아도 최소한 4주 간격을 유지하지만 대부분은 그 기간을 훌쩍 넘고 있다. 대법관들은 자신들이 속한 소부에서 처리하는 사건이 엄청나게 많다. 전원합의체 사건이 적체되는 것은 당연하다.

그러나 오직 단 하나의 예외 사건이 있다. 바로 의뢰인 사건이다. 유일한 2025년 사건이고, 대법원에 접수된 날은 3월 28일이었다. 전원합의체에서 '신건'으로 심리된 첫날은 4월 22일, 다음 속행 기일은 4월 24일이었다. 다른 때는 매월 1회 전원 합의 기일이 열렸는데, 4월에만 16일, 22일, 24일 전원 합의 기일이 열렸다. 16일에는 5건을 심리하였다. 아마도 대법관들은 전원합의체에서 5건을 심리하는 데에도 상당한 시간이 필요했을 것이고, 각각의 소부에서 심리하는 사건도 엄청나게 많았을 것이다.

그런데도 대법원은 4월 22일 전원합의체에서 의뢰인 사건을 처음 심리하였고, 24일을 속행 기일로 잡은 다음

　　　　　　　　　　　　　파기 환송은 없다

곧바로 심리를 마쳤다. 결론적으로 대법원은 4월 16일 이미 전원합의체 사건 5건을 심리하고서도 22일 의뢰인 사건을 신건으로 심리하고, 24일 두 번째 심리와 함께 합의를 마치는 강행군을 하였다. 예외에 예외를 더하고 이례에 이례를 더한 사건 처리이다. 결단코 대법원 역사상 이런 사건 처리는 없었다고 장담한다.

내규 제7조를 살펴보자. 제1항대로라면 수석재판연구관은 매월 1회 이상 전원 합의 기일 지정을 위하여 필요한 사항을 대법원장과 대법관에게 보고하여야 한다. 여기에서 말하는 보고는 단순히 합의 기일 지정을 위한 것이다. 그렇다면 의뢰인 사건에서도 수석재판연구관의 보고가 먼저 있었어야 하고 보고서도 존재하여야 한다. 대법원은 그 보고서의 존재와 작성 및 보고 날짜를 왜 밝히지 않는가.

내규 제2항에 따르면 재판연구관은 전원 합의 사건에 대한 조사·연구 결과를 기일 전에 미리 보고하여야 한다. 대법원이 보고서 내용은 공개하지는 않더라도 의뢰인 사건을 처리한 프로세스, 즉 타임라인을 공개해야 하는 이유는 뚜렷해졌다.

의문점을 정리하면 이렇다.

① 대법원의 전산 시스템 등록은 실제대로인가, 아닌가? 아니라면 그 이유는 무엇이며, 대법원이 국민 혈세로 마련한 전산 시스템은 신뢰받을 수 있는가?

② 전산 시스템 등록이 실제와 다르다면, 일부러 그랬다는 것인데, 그 책임은 누구에게 있는가?

③ 대법원이 처음부터 전원합의체 등록을 하지 않고 임시 재판부 배당을 등록한 이유는 무엇인가? 대법원 사이트를 보는 사람들은 당연히 임시 재판부 배당을 거쳐 심리 재판부에 배당될 것이라고 이해하는데, 그런 이해가 잘못되었는가?

④ 노태악 대법관은 언제 재판을 회피하였는가? 대외적으로는 4월 22일 회피하였다고 알려졌는데, 그전에 회피하였다면 그것을 공개하지 않은 이유는 무엇인가? 전원재판부 구성에 관한 사항은 재판 당사자에게 중요한 정보인데 이를 숨길 이유가 있었는가?

⑤ 수석재판연구관은 언제 의뢰인 사건을 전원합의체 사건으로 하는 전원 합의 사건 목록을 작성하였는가?

⑥ 수석재판연구관은 언제 전원 합의 기일 지정을 위한 보고를 하였는가?

⑦ 재판연구관들은 제1회 기일(22일), 제2회 기일(24일) 전

다수 의견은 반대 의견을 반박하는 보충 의견에서 "구체적인 절차 진행도 형사소송법령 등 관련 규정을 지키면서 이루어졌고, 절차를 주재하는 대법원장이 일일이 대법관들의 의견을 확인한 다음 후속 절차로 나아갔다"라고 강변하였다. 판결문 78쪽에 유독 강조되어 있는 내용이다. 그렇다면 절차를 주재한 조희대 대법원장은 위의 의문점들을 해소해주어야 하지 않을까.

재판의 합의 내용이나 재판연구관들의 보고서 내용을 공개할 필요는 없더라도 절차가 진행된 과정, 즉 타임라인은 충분히 공개할 수 있지 않은가. 의뢰인 사건이 사법 역사상 유례없는 속도로 진행되어 많은 국민이 의문을 품고 있고, 대법원이 전산 시스템과 실제는 다르다고 말했다면, 더 정확하게 해명해야 할 책임이 있다. 사법부의 독립 운운할 일이 아니다.

사법부의 독립은, 재판의 독립은 만능열쇠가 될 수 없다. 국민의 합리적 의문에 답하는 일은 국가 기관의 책임이다. 책임을 저버리면 사법부 스스로 국민 주권 밖에 성역을 구축한 것과 같다.

대법관 두 사람이 재판 도중에 해외 출장을 다녀왔다는 사실도 밝혀졌다. 한 사람은 3월 29일부터 4월 10일까지, 다른 한 사람은 4월 7일부터 19일까지 자리를 비웠다. 이미 잡힌 일정이라서 어쩔 수 없었다고 했다. 또 한 사람은 대통령 권한대행이 임명을 미루다가 4월 4일 윤석열에 대한 탄핵 선고가 내려진 후인 8일 대법관으로 임명되어 9일 취임식을 했다.

정리하면, 다수 의견에 찬성한 대법원장과 9명의 대법관 중 보충 의견을 통해 신속하고 충실하게 심리하였다고 강조한 대법관은 5명이었다. 그러나 한 사람은 4월 7일부터 19일까지 해외를 다녀왔고, 또 한 사람은 4월 9일 대법관에 취임했다. 검사가 상고이유서를 제출한 날은 4월 10일, 변호인단이 답변서를 제출한 날은 4월 21일과 22일이다.

대법원은 도대체 언제 의뢰인 사건을 전원합의체에 올렸고, 대법관들은 언제부터 기록을 충실하게 검토하여 결론을 내릴 수 있었으며, 자신 있게 보충 의견에 자신의 이름을 올릴 수 있었을까. 모든 것이 의문이다.

헌법재판소가 진행한 탄핵 심판 절차는 매번 중계되어 모든 국민이 그 내용을 샅샅이 알게 되었다. 또한 헌법재판관들 사이에 수도 없이 많은 협의가 있었다는 사실도 공보관을 통해 널리 알려졌다. 대법원인들 그렇게 하지 않을 이유가 없다. 대법원은 국민의 알 권리를 존중하는 판례를 축적해왔다. 그렇다면 대법원 스스로 의혹의 대상이 되어버린 의뢰인 사건에서, 국민의 알 권리는 어떻게 충족해야 하는가. 타임라인을 공개하는 것이 국민 주권을 존중하는 태도일 것이다.

궁금한 것이 더 있다. 항소심이 판결을 선고한 날은 3월 26일, 검사가 상고를 제기한 날은 다음 날인 27일이었는데, 서울고등법원은 하루 만인 28일 대법원에 기록을 보냈다. 지금까지 이런 사례는 없었다. 내 주장이 아니라 서울고등법원장이 국정감사장에서 직접 밝힌 것이다. 소송 기록은 재판부에 소속된 실무관이 일일이 시간 순서, 접수 순서에 맞추어 모든 서류를 정리하고 서류에 이상이 없으면 마지막으로 쪽수를 매겨 완성한다.

의뢰인 사건의 항소심 기록은 분량이 적지 않았다. 그것을 소송 기록으로 완성하려면 상당한 시간이 필요했을 것이다. 실무관은 얼마나 이 작업에 매달렸는가. 혹시 다른 사건과 다르게 의뢰인 사건은 다른 재판부 소속 실무관의 도움을 받아가며 완성했는가. 이런 일을 실무관 스스로 알아서 하였는가, 아니면 다른 누군가의 독촉이 있었는가.

형사소송법 제361조와 제377조를 보면, 피고인이나 검사가 항소 또는 상고를 하면 법원은 14일 이내에 소송 기록과 증거물을 상급심 법원에 송부하게 되어 있다. 기록을 점검하여 완성하는 데 그만큼 시간이 필요하기 때문이다. 하루 만에 기록을 보내는 경우는 없다고 해도 틀린 말이 아니다.

보통 재판부는 실무관의 소송 기록 완성 시간에 크게 신경 쓰지 않는다. 도대체 누구의 어떤 힘이 작용하여 의뢰인 사건만 전례가 없는 속도로 소송 기록이 완성되어 대법원으로 옮겨졌는가. 그리고 대법원 직원도 판결 선고 다음 날인 5월 2일 변호인의 판결문 복사 신청을 거부한 채 다급하게 기록을 완성하여 서울고등법원에 보낸 경위를 밝혀주었으면 한다. 누군가의 개입 없이 이런 일이 자연스럽게 이루어졌다고 볼 수 없다. 극단적으로 이례적인 일에는 반드시 해명이 필요하다.

나는 마침내 하나의 물리 법칙을 생각하지 않을 수 없었다. 그것은 대법원에서 흐르는 시간과 대법원 밖에서 흐르는 시간이 다르다는 것이다. 시간과 공간이 휘어져 시간이 어느 때와 어느 장소에서는 느리게 흐르며, 어느 때와 어느 장소에서는 빠르게 흐른다는 우주의 법칙

　　　　　　　　　　파기 환송은 없다

을 나는 의뢰인 사건을 통해 몸소 느꼈다. 이 법칙 말고
는 의문을 풀 방도가 없다. 아인슈타인의 상대성 이론에
걸맞게 의뢰인 사건에 한정해서만 대법원의 시간은 급속
도로 천천히 흘렀고 나머지 사건에서 대법원은 일상으로
돌아왔다. 내 생전에 이런 물리 법칙을 깨달을 줄이야.

II.
의뢰인 사건 항소심

무죄 판결

항소심에서 무죄 판결을 받을 때까지 긴박했던 순간들을 되돌아보겠다.

가장 바빴던 때는 2025년 1월부터 3월 26일 판결 선고일까지였고, 4월은 의뢰인 사건이 대법원에 올라가 있어서 비교적 잠잠했던 때이다. 1월 23일 항소심 첫 공판 기일이 열린 다음 2월 26일 마지막 공판 기일을 마치고 3월 26일 신고를 받을 때까지 단 하루도 편한 날이 없었고, 늘 긴장 속에서 하루하루를 보내야 했다.

형사 재판을 해보면 공판 기일에서 구술로 변론하는 것이 그리 쉽지만은 않다. 법정 영화에서 볼 수 있는 극적인 장면은 없지만, 준비가 철저하지 않으면 구술 변론은 매우 고된 노동이 되고 만다. 구술 변론을 위하여 의견서를 미리 작성하거나 법정에서 변론할 내용과 방향을 준비하는 것부터가 어렵다. 준비가 소홀하면 법정에서 실수가 생긴다. 준비가 잘되어 있으면 여유가 생기고 임기응변도 가능하다.

지금부터의 이야기는 변호인단이 의뢰인과 함께 보냈던 항소심 기간에 겪은 일이다.

1. 변호인단 구성과 준비

의뢰인은 제1심에서 예상하지 못한 판결을 선고받았
다. 무려 2년 2개월이나 변론 활동을 하였던 제1심 변호
인단은 이미 맥이 풀려 있었다. 형사 사건 변호사들은 자
신의 의뢰인에게 좋지 못한 결과가 나오면 힘이 빠진다.
장기간의 재판 기간 내내 치열하게 변론하여 좋은 성과
를 기대하였는데, 결과가 정반대이면 누구라도 적지 않
은 충격을 받게 된다. 변호사와 의뢰인이 사건 전부터 친
분을 쌓아온 관계라면 더 말할 것도 없다. 트라우마가 생
기기도 한다.

제1심 변론을 주도하였던 김종근 변호사가 딱 그러했
다. 김종근 변호사는 시각을 달리할 변호사가 필요하다
며 내게 합류를 권유하였다. 그래서 나와 친구인 이찬진
변호사, 후배 변호사가 먼저 선임되었다. 김종근 변호사
를 비롯하여 제1심에서 활동한 변호사들은 나중에 합류
하기로 했다. 의뢰인 사건에서 잠시나마 벗어나 휴식이
필요한 상태였다.

세간에서는 의뢰인이 고의로 변호인을 늦게 선임하여 재판을 늦추려 한다는 악의적인 비난을 하였고, 일부 언론은 이를 받아쓰기 바빴다. 그러나 그것은 형사 피고인의 처지를 모르고 한 말이거나 고의로 왜곡한 것이다.

새 변호인단은 2024년 12월 말을 전후하여 선임되었다. 그 무렵부터 부랴부랴 기록을 보기 시작하였는데, 아무래도 제1심 변호인단의 노력에 많이 의지할 수밖에 없었다. 항소이유서에 '항소 이유'가 될 만한 사유를 모두 주장해놓으면 근거는 나중에 얼마든지 보충할 수 있으므로, 법리에 관한 것이든 사실에 관한 것이든, 쟁점을 모두 담자고 하였다.

나와 이찬진 변호사는 2025년 1월 6일, 후배 변호사는 1월 7일 항소이유서를 완성하여 법원에 제출하였다. 형사 사건에서는 피고인이나 변호인에게 항소심 법원이 소송 기록을 받았다는 통지서를 발송한다. 통지서가 도착한 날부터 20일 이내에 항소이유서를 내지 않으면 항소가 기각된다. 그래서 반드시 기한을 지켜야 한다.

제1심 판결이 선고된 2024년 11월 15일부터 항소심 법원에 사건 기록이 접수된 2월 6일까지 '법원의 시간'을 놓고 의뢰인에게 재판 지연 운운하는 것은 정당하지 못하다. 이때만 해도 사건 기록은 정상 속도로 항소심 법원에 넘어갔다. 이후 사건 기록이 대법원에 갔다가 다시 서울고등법원으로 돌아온 속도와 선명하게 대비된다.

항소심 법원이 의뢰인에게 발송한 '소송 기록 접수 통지서'는 2024년 12월 18일 의뢰인에게 도착하였다. 12월 6일부터 12일 후이므로, 보통 형사 사건에 비해 늦었다고도 할 수 없다. 의뢰인의 집에는 부부만 거주하는 데다 낮 시간 동안 부재 중일 때가 많아 집으로는 송달되지 않았다. 흔한 상황이다. 항소심 법원은 의뢰인의 사무실이 있는 국회의원회관으로 신속하게 집행관 송달을 하였다.

의뢰인이 항소이유서를 제출할 기한은 2024년 12월 19일부터 20일째가 되는 2025년 1월 7일까지로 정해졌다. 의뢰인의 반대 정파나 일부 언론은 이제는 항소이유서를 늦게 제출하여 시간을 벌 것이라고 야단이었다. 형사 피고인에게 보장된 기간을 한껏 활용하는 게 무슨 문제인가. 형사 사건은 기한에 딱 맞추어 항소이유서를 제출하는 것이 관례이다. 민사 사건도 마찬가지이다. 최대한 숙고하고 검토하기 위해서이다.

새 변호인단이 의뢰인 쪽으로부터 제1심 기록을 받은 날은 2024년 12월 20일 직후로, 우리 앞엔 방대한 기록을 복사하고 분류하는 벅찬 일이 기다리고 있었다. 그것을 이해할 시간도 빠듯한데 분량 자체가 어마어마하게 많아서 읽는 것 자체도 고역이었다. 제1심 판결문, 제1심 변호인단이 제1심 법원에 제출한 24건의 의견서와 검사들이 제1심에 제출한 44건의 의견서가 그것들이었다. 검사가 제1심 재판을 시작하는 단계에서 제출한 증거 기록도 11,000쪽 안팎이었고 제1심 재판 기록의 분량 역시 그에 못지않았다. 검사가 신청한 증인 43명에다 증언 분량이 인당 100장 안팎인 경우가 허다했으니 그 밖의 기록까지 더하면 오죽했겠는가.

단 며칠 만에 제1심 기록을 다 파악하는 건 물리적으로 불가능했다. 도움이 되는 기록이 무엇인지 판단해야만 했다. 제1심 변호인단이 제출한 의견서 중에서 가장 충실한 것들을 모태로 삼고 제1심 판결문에 나타난 논리적 모순을 집중적으로 파고들기로 하였다. 그다음에 의견서를 통해 주장을 보완해가기로 하였다.

변호인단은 최선을 다하여 각기 항소이유서를 작성해서 제출했다. 모두 200쪽이 넘었다. 검사들은 검사들대로 항소이유서를 2개로 나누어 제출하였는데, 우리 변호인단이 제출한 것보다 분량이 많았다. 그것을 읽어보고 반박할 틈이 나지 않아 재판 중에 하기로 미루었다.

항소심 재판부는 항소이유서 제출 기간 마지막 날인 2025년 1월 7일에 첫 공판 기일을 1월 23일로 지정, 통지했다. 사건 기록이 항소심 법원에 넘어간 날은 2024년 12월 6일이므로 항소심 법원은 가장 신속하게 기일을 지정한 셈이다.

재판부는 변호인단과 검사들에게 증거 신청 등 재판 진행에 필요한 준비를 해서 그에 관한 의견서를 1월 22일까지 제출하라는 명령을 내려보냈다. 상대방의 의견에 반박하는 의견서 제출까지, 총 15일의 기간이 주어졌다. 절대적으로 부족한 시간이었다. 재판부가 처음부터 신속하게 재판을 진행하겠다는 의지를 드러낸 것이었다. 우리 변호인단에서 한 팀이 부득이하게 사임하면서 손을 더 보태야 하는 마당에 손이 부족한 상황이 되었다.

변호인단으로서는 재판부에 조금이라도 시간을 달라고 하고 싶었으나 세간의 오해를 받고 싶지는 않았다. 이때는 이미 윤석열에 대한 탄핵 절차가 착수된 후로, 체포 여부를 다투느라 온 나라가 들썩이고 있었다. 그와 동시에 의뢰인에 대한 항소심 재판을 신속하게 진행하라는 목소리는 의뢰인에게 비우호적인 언론을 타고 흘렀다. 변호인단은 그런 상황까지 고려해야만 했다.

나와 이찬진 변호사는 추후 합류하기로 한 다른 변호사들의 도움을 받아가며 어떤 증거를 신청할 것인지부터 검토하였다. 누구를 증인으로 신청할 것이며 어떤 서류를 증거로 신청할 것인지를 정해야 하는데, 모두 만만치 않았다. 바쁜 의뢰인과 시간을 쪼개 만나면서 아이디어를 모았다.

형사 재판에서 가장 중요한 것은 의뢰인의 의사이다. 그에 맞춰 변론 방법을 찾고 실행하는 것이 변호사의 본분이다. 의뢰인과의 회의는 4시간을 넘기는 것이 예사였다. 그만큼 의뢰인은 충실하게 임했다. 변호인단도 의뢰인의 의견을 경청하면서 항소심에서 어떤 쟁점을 부각할 것인지, 변론을 어떤 방향으로 진행할지를 두고 갑론을 박하였다.

가장 필요한 증거를 추려 법원에 의견서를 여럿 제출하였다. 검사의 의견서에 대한 반박 의견서, 우리가 꼭 필요하다고 생각하는 증거가 무엇인지 설명하는 의견서도 있었다.

첫 공판 기일에서 항소 이유를 구술할 전략을 여러 방향으로 검토하였다. 결론은 PPT. 재판부가 우리의 주장을 쉽게 이해하게 할 방법을 시급하게 찾아야 했다. 다른 변호사에게 PPT에 들어가야 할 내용을 입체적으로 정리해달라고 부탁하는 수밖에 없었다. 간결하면서도 논점이 빠지지 않아야 했다. 의뢰인도 의견을 보탰다. 몇 번이나 수정하였는지 모른다. 첫 공판 기일에 공개할 작품이라

파기 환송은 없다

고 생각하고 모두 최선을 다하였다.

　재판을 하루 앞둔 날, 예전부터 잡혀 있던 저녁 식사 자리에 나갔다. 둘도 없이 가까운 친구와 후배에게 의뢰인 사건을 맡게 된 사실을 자연스럽게, 그러나 확신에 찬 어조로 알렸다, 제1심 판결을 논리적으로 접근해보니 무죄가 확실하다고. 변호사는 어지간해서는 그런 장담을 하지 않는다. 하지만 나는 장담할 수 있었다. 제1심 판결을 읽어보고 내가 알고 있는 판례와 법리를 적용해보니 도저히 범죄가 성립할 수 없다는 결론에 이르렀기 때문이다.

　다만, 한 가지가 걱정이었다. 재판부가 사건 기록을 충분히 검토할 시간이 부족할 것 같았다. 제1심 판결을 뒤집으려면 재판부가 사건의 핵심을 제대로 이해할 시간을 확보해주어야 한다. 재판부는 의뢰인 사건을 재판하는 동안에는 다른 사건을 맡지 않겠다고 하였으나 걱정은 사그라들지 않았다. 나는 재판부가 매주 재판을 진행하여 2월 안에 재판을 마치고 3월 중에 선고하리라고 예상하면서도 마음이 놓이지 않았다. 식사를 마치고 귀가하여 조용히 호흡을 가다듬었다.

2. 의뢰인의 발언들

공판 과정을 설명하기 전에 재판 대상이 된 의뢰인의 '문제적' 발언을 먼저 짚어보자.

김문기 관련 발언 4건

1. SBS '주영진의 뉴스브리핑'(2021년 12월 22일)

진행자(이하 Q): 김문기 공사 처장이 어젯밤에 극단적인 선택을 했는데, 이재명 후보의 생각은 어떻습니까?

피고인(이하 A): 안타깝고, 가족들에게 위로 말씀을 드립니다.

Q: 김문기 처장을 개인적으로 시장 재직 때 좀 아셨습니까?

A: 제가 시장 재직 때는 몰랐고요. 하위 직원이었으니까요. 제가 김문기를 알게 된 것은 도지사가 된 다음에 "개발이익 5,500억을 확보했다는 말이 거짓말이다"라는 기소로 재판을 받을 때 김문기가 세부 내용을 주로 알려주어서 그때 김문기의 존재를 알게 됐고 전화도 꽤 많이 했습

니다.

Q: 대장동 도시개발사업의 핵심을 잘 알고 있는?

A: 예, 세부적 내용을 가장 잘 아는 사람이어서 당시에 통화를 했는데, 왜 이런 일이 벌어졌는지 정말로 납득이 안 됩니다. 제가 알기로는 상당히 성실하고 업무 처리도 잘하는 그런 직원이었던 것 같습니다.

2. CBS '김현정의 뉴스쇼'(2021년 12월 24일)

Q: 대장동 개발사업을 이끌었던 성남도시개발공사의 김문기 처장이 그제 숨진 채 발견됐습니다. 어제 부검을 했는데 스스로 목숨을 끊은 것 같아요. 그런 소견이 나왔습니다. 당시 성남시 수장으로서 마음이 많이 착잡하시지요?

A: 안타깝죠. 이분은, 말씀드렸습니다만, 일부에서는 "시 산하 직원이고 해외 출장도 같이 갔는데 어떻게 모를 수 있냐?" 그러지만 제가 실제로 하위 직원이라서 기억이 안 나고요.

Q: 잠깐만요. 그 얘기를 먼저 하셨으니까 그 부분 질문을 드릴게요. 그제 SBS 인터뷰에서 김문기 처장을 성남시장 시절에는 몰랐다고 하셨는데요.

A: 예, 인지를 못 했다 그 뜻이죠.

Q: 호주 여행을 11일이나 같이 갔다 오셨는데 어떻게 모를 수 있느냐라는 게 논란이 됐어요.

A: 그렇습니다. 그런데 우리가 놀러 간 게 아니고 공무상 출장을, 트램 때문에 그 사업을 하는 게 도시공사라서 같이 간 거죠. 같이 간 하위 직원이기 때문에 뭐 그 사람들은 당연히 저를 다 기억하겠죠. 저는 기억에 남아 있지 않은 사람이었는데 제가 검찰에 기소되어서, 대장동에 5,500억을 벌었다고 했더니 가짜라고 기소당했지 않습니까? 허위 사실 공표로.

Q: 기소당하셨죠.

A: 그런데 제가 대장동 개발 사업의 구체적 내용을 잘 몰라서 내용 파악을 하느라고 제일 잘 아는 사람을 연결해달라고 해서 그때 연결된 사람이 이분이었어요.

Q: 그건 나중에 알게 됐다는 말씀이군요.

A: 통화를 제가 그때는 상당히 많이 했죠. 설명을 그 사람한테 다 들었으니까. 그렇게 알게 됐는데 그전에는 제가 존재 자체를 인지하지 못했습니다.

Q: 그런데 2015년이면 오래되지 않았고 일행도 11명밖에 없다 보니까 이재명 후보처럼 기억력 좋으신 분이 어떻게 모를 수가 있느냐? 뭐가 불리해서 모른 척하는 거 아

니냐? 막 이런 얘기도 나왔어요.

A: 그게, 직원이라는 사실은 명백하고 또 제가 재판 때 가장 잘 아는 사람이어서, 제가, 그 사람한테 여러 차례 전화로 다 물어봤던 사람이라고 얘기했는데 그거를 뭘 부인하겠어요. 기억에 있냐 없냐보다는 그 당시 실무자라는 사실, 또 그 업무를 맡은 가장 잘 아는 사람이라는 사실은 제가 제 입으로 얘기한 거잖아요.

Q: 그거는 나중에 알게 되신 거예요. 시장 때 몰랐다는 건 여전히 인지하지 못했다는 거는 지금도 뭐.

A: 누군지 제가 제 전화번호부에 입력은 돼 있는데 그때 통화를 여러 차례 했기 때문에. 그런데 그 사람이 그 사람인지는 연결이 안 됩니다.

Q: 그렇습니까? 뭐 그럼 기억의 혼선? 기억의 착오? 이렇게 보면 되나요?

A: 저는 기억에 없어요. 굳이 부인할 필요도 없고 직원이라는 사실. 그거야 명백한 팩트인데 어떻게 그걸 부인하겠습니까?

3. KBS '한밤의 시사토크 더 라이브'(2021년 12월 27일)

Q: 후보님은 시장 시절에 모른다고 이렇게 말씀을 하셨어

  파기 환송은 없다

요. 그리고 나서 국민의힘 측에서 표창장을 수여한 건도 새롭게 문제 제기를 했었고요. 그리고 해외 출장도 또 같이 가셨더라고요. 이거는 사실 거짓말처럼 보일 가능성이 높습니다.

A: 제가 첫 인터뷰 때 이걸 물어봐서 "김문기가 대장동에 관한 실무 책임자였다. 실무팀장이었던 것 같다. 그래서 김문기가 이 내용은 워낙 잘 알기 때문에 내가 재판에 기소된 후에 전화로 여러 차례 통화하면서 이것 물어봤던 사건 담당자다" 이렇게 말했잖아요.

그런데 김문기를 제가 시장 때 만난 기억은 없는 거예요, 제 기억에. 왜냐하면 하급 실무관이었으니까. 제가 그것을 숨기는 게 무슨 의미가 있습니까? 이미 이 일에 핵심 실무 책임자이고 전화로 다 일일이 여러 차례 물어봤던 사람이라고 말씀드렸는데.

Q: 왜냐하면 성남시장 시절에 대장동 개발이 이뤄졌으니까 그때 내가 몰랐다면 만약에 김문기가 뭔가 특혜를 줬던 책임자라면 나와의 선을 그을 수 있는 것 아니겠습니까?

A: 그때 제가 전화로 물어봤을 때 담당 실무, 실무팀장이었다고 제가 들었고요. 전화로만 통화해서 얼굴도 모르고. 그런데 저는 실제로 기억에 없어요. 나중에 김문기가 같

이 갔다는데 뭐 같이 갔을 수 있겠지요.

그런데 하위 실무자였기 때문에 제가 김문기를 기억을 못 한다는 사실을, 표창도 수백 명을 줬을 텐데 그것을 어떻게 다 기억하겠습니까? 아무튼 제가 분명히 인정하는 것, "김문기가 이 일의 핵심 책임자, 실무자였다. 제가 전화로 수없이 물어봤다" 그 얘기를 한 거예요.

4. 채널A '이재명의 프로포즈 청년과의 대화'(2021년 12월 29일)

Q: 일단 대장동 관련해서 최근에 두 분이 좀 극단적인 선택을 하는 굉장히 안타까운 사건이 벌어졌습니다.

이와 관련해서 일단 최근에 그 사건에 대해서는 이제 이재명 후보께서 '모른다'라고 말씀을 하셨고 제가 이제 상식적으로 생각했을 때는 그분께서 극단적으로 선택을 할 만큼의 책임이 있었을까.

그 당시에 최종 결정권자는 지금 후보님이셨고 그분께서 한 거에 대해서 극단적인 선택을 하신 것에 대한 책임이 과연 어디까지인가에 대해서 일단 두 가지를 질문을 드리고 싶은데, 만약에 모른다는 것이 사실이라고 하면 그분의 책임을 어느 정도까지 후보께서 가져가실 수 있을

   파기 환송은 없다

것인가. 아니면 두 번째, 만약에 모른다고 했던 게 임기응변이나 거짓이라고 했을 경우에 이런 의혹을 갖고 있는 사람들을 어떻게 설득하실 수 있을지 두 가지 질문을 드리고 싶습니다.

A: 이 사람을 내가 모른다, 안다, 이 문제는 한번 여러분도 생각해보십시오. 제가 분명히 얘기했어요. "내가 재판을 받으면서 가장 핵심적인 실무자가 누구냐 물어보니, 이분이라 그래서 내가 이분하고 통화를 많이 했다"고 제가 얘기했죠. "핵심 실무자다. 이분하고 내가 통화를 많이 했다. 그런데 시장 할 때는 이 사람의 존재를 몰랐다"고.

그런데 이 사람이 어디 여행을 가는데 같이 갔더라. 출장을 가는데, 하위직 실무자인데, 같이 갔으면 그 사람이 얼굴이야 제가 봤겠지만 그 사람이 이 사람인지를 여러분은 어떻게 압니까? 표창을 수백 명을 주는데 "그 사람을 왜 특정하게 기억을 못하냐"고 하면 그게 적정한 지적일까요? 그리고 국민의힘에서 4명 사진을 찍어가지고 마치 제가 골프를 친 것처럼 사진을 공개했던데, 제가 확인을 해보니까 전체 우리 일행, 단체 사진 중의 일부를 떼내가지고 이렇게 보여줬더군요. 조작한 거죠.

그런데 제가 그 안에도, 지금도 보니까 절반은 제가 누군지 기억을 못 하겠더라고요. 그거는 일반적으로 그럴 수 있지만, 제가 예를 들면 "그 사람, 그분에 대해서 내용을 가장 잘 아는 핵심 실무자였고 내가 수차례 통화했던 그 사람이다. 근데 그 사람을 시장 당시에는 기억하지 못했다"고 얘기한 건데 그걸 왜 의심을 하지요? 제가 그걸 숨길 이유가 뭐가 있습니까?

백현동 관련 발언

문진석 의원의 질의: 지사님, 백현동 사업에 특혜를 줬다고 생각하십니까? 백현동 개발 사업에 지사님께서 성남시장 시절에 특혜를 줬다고 생각하시냐는 것을 제가 묻고 있습니다.

의뢰인의 답변

① 전혀 사실이 아닙니다. 그것은 국토교통부가 요청해서 한 일이고 공공 기관 이전 특별법에 따라서 저희가 응할 수밖에 없는 그런 상황입니다. 좀 자세히 설명드려도 될까요?

② 이 식품연구원은 공공 기관 이전 5개 대상지 중의 하나였

습니다. 당시 정부 방침은 뭐였느냐 하면 똑같습니다. 이것을 민간이 매각해서 민간이 주상복합을 지어서 분양 사업을 할 수 있게 해주자는 게 당시 정부의 입장이었고 저희한테도 공문이 왔습니다. 앞으로 5개 공공 기관 부지에 대해서는 정부가 요청하면 다 바꿔줘라, 주상복합을 지을 수 있도록.

③ 그래서 당시에 제가 기자회견을 했습니다. 뭐라고 했느냐 하면 "토지 용도 변경을 해가지고 분양 수익을 수천억 원씩 취득하는 것은 성남시로서는 허용할 수 없다. 반드시 성남시는 일정한 수익을 우리가 확보하고 주거 단지가 아니라 업무 시설을 유치하겠다" 이렇게 발표했습니다.

④ 그런데 국토부에서 저희한테 다시 이런 식으로 압박이 왔는데 "공공 기관 이전 특별법에 보면 제43조 제6항이 있다, (패널을 들어 보이며) 국토부장관이 도시관리계획 이것 변경 요구하면 지방자치단체장은 반영해야 된다" 의무 조항을 만들어놨습니다. 만약 안 해주면 직무 유기 뭐 이런 것을 문제 삼겠다고 협박을 해서.

⑤ 제가 그때 낸 아이디어가 뭐냐 하면 "반영을 해주는데 다 해주라는 말은 없으니까 조금만 반영해주겠다" 이렇게 기자회견을 해서 "이것 사셔도 건축허가가 안 해줍니다, 요

만큼만 해줍니다, 요만큼만 바꿔줍니다” 해서 사실은 성
남시 공공 기관 이전 부지 5곳 매각이 몇 년 동안 불발됐
던 거예요.

⑥ 그래서 결론은 도로공사는 제2판교테크노밸리로 개발했
고 LH 부지는 서울대가 500억 싸게 인수해서 의·생명
단지를 만들어서 지역경제에 도움이 되고 있고.

⑦ 나머지 백현 이 부분은 그냥 아파트 분양하겠다고 해서
저희가 해주지 말라고 버티다가 결국 다시 또 국토부가
식품연구원에 대해서만 별도의 공문을 보냈습니다. 뭐라
고 보냈느냐 하면 “종전 부동산 활용 용도 제한 등으로 매
각에 어려움이 있다. 그러니까 애로사항 해소를 위해서
적극 참여해라. 도시계획 규제를 해제하고 발굴해라” 이
런 지시 공문이 다시 와서 저희가 “불가피하게 용도는 바
꿔주는데 그냥은 못 해주겠다, 공공 기여를 할 것을 내놓
으라” 해서 저희가 약 8,000평 정도의 연구·개발 부지를
취득했습니다.

⑧ 이것을 매각한 것은, 성남시 소유지가 아니고, 공공 기관
식품연구원 자체가 판 것이고, 용도를 바꿔준 것은 국토
부의 법률에 의한 요구에 따라 어쩔 수 없이 한 것이고,
대신 분양을 임대로 바꿔달라는 것은 식품연구원이 요청

을 했는데 그 이유는 매각 조건에 용도를 바꿔주고 인가를 도와준다는 부대 조건이 있어서 식품연구원이 저희한테 요청했던 것이고, 이것 역시 법률에 의한 요구이기 때문에 저희가 바꿔주고, 대신에 현재 시세로 최하 1,000억, 1,500억 정도 되는 성남시 공공 용지를 확보했다는 말씀을 드립니다.

3. 제1회 공판 기일

: 1월 23일 오후 3시

2025년 1월 23일, 제1회 공판 기일. 변호인단에서는 나와 이찬진 변호사 단 두 사람만 참석하였다. 의뢰인은 나와 이찬진 변호사 사이에 착석하였다. 방청석은 이미 기자단으로 꽉 찼다. 일반인 방청은 엄두도 낼 수 없었다. 법정이 작기도 했다.

검사는 7명이 나와 있었다. 제1심에서는 12명까지 출석하였다고 하니 그에 비하면 적은 수이다. 나중에 대법원 다수 의견은 의뢰인 사건이 쟁점이 복잡하지 않아 신속하게 결론을 내릴 수 있다고 하였는데, 그런 사건에 이토록 많은 검사가 법정에 출석하였다는 것인가.

이유는 간단하다. 많은 검사가 수사와 재판에 관여해 단순한 사건을 복잡하게 만들었거나, 아니면 사건의 쟁점이 복잡해서 많은 검사가 법정에 나와서 재판부를 설득하려 하였거나 둘 중의 하나이다. 즉 의뢰인 사건이 대법원에 올라갔을 때는 이미 쟁점과 내용이 꼬일 대로 꼬였다는 것이다. 그러니 그 실타래를 풀려면 상당한 시간에 걸쳐 토론과 검증이 필요할 수밖에 없었다.

3명의 판사가 법정에 들어온다는 안내에 따라 변호인단과 의뢰인은 자리에서 일어났다.*

서울고등법원 제6-2형사부는 3인의 대등한 고등법원 판사로 구성되어 있다. 대등 재판부란 부장판사 1인과 배석판사 2인이 구성하는 재판부가 아니라 각기 대등한 지위에 있는 판사 3인으로 구성된 재판부이다. 재판부는 사건에 따라 재판장과 주심이 달라진다. 이 사건에서는 A 판사가 재판장, B 판사가 주심, C 판사는 단순 구성원, 저 사건에서는 B 판사가 재판장, C 판사가 주심, A 판사는 단순 구성원 등으로 정해진다. 반면에 부장판사 1인과 배석판사 2인으로 구성된 재판부는 부장판사가 항상 재판장이고 배석판사 2인은 번갈아가며 주심 판사가 된다.

재판장은 먼저 의뢰인에게 진술 거부권을 알린 후 인정 신문을 하였다. 인정 신문은 이름과 주민등록번호 등

---

* 법관과 판사의 차이를 말해두고자 한다. 헌법은 사법권은 법관으로 구성된 법원에 있다고 정하면서 법관을 대법원장, 대법관, 법관으로 나누고 있지만, 법원조직법은 대법원장과 대법관이 아닌 법관을 판사로 부르고 있다. 굳이 이런 차이를 두어야 하는지는 모르겠다. 헌법이 표현한 대로 따르는 것이 맞는다고 보는데, 재판 실무에서는 법원조직법을 따르고 있다. 따라서 앞으로는 제1심이나 항소심 재판 과정을 설명할 때는 판사라고 부르고, 헌법 문제를 설명할 때는 법관이라고 부르기로 하자.

인적 사항을 확인하는 절차를 말한다. 형사 피고인이 누구인지를 분명히 하기 위한 법적 절차이므로 반드시 당사자가 직접 대답하여야 한다. 널리 알려진 고위 공직자나 명사라고 하더라도 대답을 피할 수 없다. 2025년 4월 14일 '12·3 내란 사건' 제1회 공판 기일에서 재판장이 형사 피고인인 윤석열을 대신하여 자문자답하였다는 이유로 비난을 받았다. 비난은 마땅하다. 재판 절차를 원칙대로 꼼꼼하게 따르면 결론도 객관적 진실에 접근할 가능성이 높다. 절차를 준수하는 것은 재판부가 품었을지도 모를 편견이나 선입견을 배제하여 객관적 실체에 다가가기 위해서이다. 절차상의 규칙을 위반하면 결론의 타당성을 떠나 공정성과 정당성을 확보하기 어렵다.

재판장은 인정 신문을 한 후에 형사소송법과 형사소송규칙이 정한 대로 절차를 진행하였다. 변호인단과 검사들에게 공평하게 시간을 배분하여 서로의 주장이나 증거 신청에 대한 의견을 물었고, 앞으로의 진행 방향도 차근차근 설명해주었다. 재판부를 구성하는 판사 3인이 충분히 숙의하지 않으면 재판장이 원활하게 재판을 진행하기는 어렵다. 재판장은 재판부가 사전에 충분히 합의를 해와서 재판을 진행한다고 분명하게 밝혔는데, 재판장의 말 한마디 한마디가 그것을 증명하기에 충분했다. 이날의 백미였던 쌍방의 공방을 소개하겠다.

검사들이 PPT 자료를 띄워놓고 설명하였다. 디자인이나 구성 배열이 좋았다. 상당히 공을 들였겠구나 싶었다. 검찰 내부에는 PPT 자료만 전문적으로 만드는 팀이 있다고 들었는데, 듣던 대로 상당한 실력이었다.

젊은 검사들은 역할을 나누어 PPT 자료를 설명하였다. 그러나 개중에는 의뢰인의 말을 자의적으로 해석할 뿐만 아니라 감정적이고 적대적인 표현을 숨기지 않는 검사도 있었다. 검사가 제출한 항소이유서 곳곳에서 그런 표현을 보았던 터라 법정에서도 그런 표현을 쓸 것이라고 예상하기는 하였다.

검사는 공익의 대표자이다. 논리적·합리적 근거를 제시하여 재판부를 설득하는 것이 원칙이다. 법정에서 자극적이거나 상대방을 멸시하는 표현을 사용해서는 안 된다. 검사들은 국민의 혈세에서 봉급을 받는 공무원이다. 그들이 의뢰인을 적대시한 태도는 그때도 지금도 이해할 수 없고, 용납할 수 없는 일이다. 검사들은 주관적 편견을 내비쳐도 되는가. 누구에게는 관대한 반면 또 누구에게는 가혹해도 되는가. 검사가 객관적 책무를 망각하는 것은 공권력을 사적 도구로 이용하는 것과 같다. 나는 그날 검찰 권력의 민낯을 보았다. 검찰이 수사권과 공소권을 함께 가지고 있으면 검찰의 자의적인 권한 행사를 막을 길이 없다. 검찰권의 폭주를 막을 길도 없다. 모든 검사가 그렇지는 않을지라도 의뢰인 사건에 참여한 검사들의 태도와 언행은 무척이나 거슬렸다.

변호인단은 재판부에 특별히 이의를 제기하지 않았다. 오히려 검사들의 민낯이 드러나도록 놔두는 것이 유리하다고 보았다. 재판부도 법적 쟁점을 물어보는 데에만 집중하였다. 재판부의 진행은 시종 차분하고 정숙했다.

검사들의 발언 시간은 25분 정도 걸렸다. 우리 차례였다. 나는 PPT 자료를 보고 설명하고, 이찬진 변호사는 화면을 넘기는 과정을 세밀하게 챙겨주었다.

우리는 줄곧 같은 주장을 하였다. 발언의 맥락을 무시한 채 발언자에게 불리하도록 의미를 주관적으로 재구성하거나 해석하면 안 된다는 것이다. 그건 곡해와 다르지 않다. 누군가 한 말의 뜻을 상대방이 다르게 받아들여서 되려 공격을 한다면 얼마나 억울하겠는가. 그래서 의뢰인 사건에서 문제가 된 '김문기 발언'과 '백현동 발언'의 원래 영상을 편집이나 발췌 없이 보여주기로 했다. 제1심처럼 의뢰인의 발언을 실제와 다르게 해석할 위험을 차단하여 다르게 해석하지 않도록, 있는 그대로 받아들일 수 있는 유일한 방법이라고 판단했기 때문이다. 이는 이찬진 변호사의 아이디어였다.

우리는 의뢰인의 말을 그대로 재생하는 데 그치지 않았다. 자막으로도 보여주었다. 귀로는 말을 듣고, 눈으로는 의뢰인의 표정과 어투와 말을 보게 하였다. 그런 다음 법률적 쟁점이나 판례, 제1심의 판단 오류 등을 지적하였다. 호흡을 가다듬고 강약을 조정하다 보니 예정했던 20분에서 10분을 더 썼다. 의뢰인은 시종일관 조용히 지켜보았다.

이날 재판부는 변호인단에게 공직선거법 제250조 제1항에 대한 위헌법률심판제청 신청 여부를 조속히 밝혀달라고 요구하였다. 변호인단은 항소이유서에서 이미 그 의사를 밝혔기 때문에 재판부로서는 변호인단에 그 입장을 정확하게 밝혀달라고 요구할 만했다. 반대 정파나 여론 일각에서는 의뢰인이 재판을 늦추려고 꼼수를 쓴다고 비난하였다. 기자들도 꽤 관심이 많았다. 공직선거법 제250조 제1항이 어떤 규정인지 살펴보자.

당선되거나 되게 할 목적으로 연설·방송·신문·통신·잡지·벽보·선전문서 기타의 방법으로 후보자(후보자가 되고자 하는 자를 포함한다. 이하 이 조에서 같다)에게 유리하도록 후보자, 후보자의 배우자 또는 직계존비속이나 형제자매의 출생지·가

　　　　　　　　　　　　　　　파기 환송은 없다

족관계·신분·직업·경력 등·재산·행위·소속 단체, 특정인 또는 특정 단체로부터의 지지 여부 등에 관하여 허위의 사실(학력을 게재하는 경우 제64조 제1항의 규정에 의한 방법으로 게재하지 아니한 경우를 포함한다)을 공표하거나 공표하게 한 자와 허위의 사실을 게재한 선전문서를 배포할 목적으로 소지한 자는 5년 이하의 징역 또는 3천만 원 이하의 벌금에 처한다.

허위 사실의 공표 대상은 제한되어 있다. 그중에서 다른 사항은 객관적으로 확인하거나 증명하기 쉽지만 '행위'는 그 내용과 범위를 확정하기가 쉽지 않다. 대법원은 '행위'를 "일상생활의 모든 행위가 아니라 후보자의 자질, 성품, 능력 등과 관련된 것으로서 선거인의 후보자에 대한 공정한 판단에 영향을 줄 만한 사항"이라고 정의하고 있다. 그러나 어떤 행위가 후보자의 자질, 성품, 능력 등과 관련된 것으로서 선거인의 공정한 판단에 영향을 준다는 것인지 그 기준이 너무 모호하다. 자칫 법원과 수사기관에 폭넓은 재량권을 주어 사법의 정치화를 불러올 염려가 크다.

더구나 '행위'가 처음부터 허위 사실 공표의 대상으로 규정되어 있었던 것도 아니다. 2000년 2월 16일 개정된 법률에 '행위'가 허위 사실 공표의 대상에 포함되었는데, 그 의미의 규범성이나 불확실성 때문에 계속 논쟁거리가 되고 있다. 변호인단은 수사 기관이나 법원이 '행위'에 대한 판단 재량권을 광범위하게 갖는 것은 죄형법정주의와 명확성의 원칙에 반한다고 보고 있었다.

변호인단은 다음 기일 전에 위헌법률심판제청 신청서를 제출하기로 하였다. 그리고 변호인단의 신청이 있다고 하더라도, 법원이 위헌성이 있다고 판단해야 비로소 헌법재판소에 위헌법률심판을 제청하므로, 변호인단의 위헌법률심판제청 신청만으로는 재판을 늦추는 효과가 전혀 없다. 그런데도 반대 정파나 일부 언론은 이를 재판을 늦추려는 술책 정도로 치부하였다. 형사 피고인인 의뢰인의 정당한 권리 주장을 정치적으로만 재단하는 풍경이 아닐 수 없었다.

재판부는 검사들에게 김문기 발언 4건 중 무엇을 기소하였는지 밝혀달라고 하였다. 발언 모두인지, 일부인지, 각각인지, 하나인지가 분명하지 않았던 탓이다. 검사가 제1심에서 주장한 공소 사실은 여전히 완전체가 아니었던 것이다. 재판부는 또한 변호인단과 검사들에게 국회에서의 증언·감정에 관한 법률(국회증언감정법) 제9조 제3항의 의미에 관하여 의견을 달라고 당부하였다.

  파기 환송은 없다

의뢰인의 백현동 발언은 2021년 10월 20일 국회의 경기도에 대한 국정감사에서 의뢰인이 증인으로 증언한 것이다. 국회증언감정법 제9조 제3항은 다음과 같은 규정을 마련해두고 있다.

국회에서 증인·감정인·참고인으로 조사받은 사람은 이 법에서 정한 처벌을 받는 외에 그 증언·감정·진술로 인하여 어떠한 불이익한 처분도 받지 아니한다.

국회증언감정법은 제14조에 위증죄로 처벌하는 규정을 두었고, 제15조에서는 국회에 전속 고발권을 주었다. 증인이 국정감사장에서 거짓말을 하더라도 국회가 고발해야만 수사 기관이 위증죄로 수사하여 기소할 수 있다는 것이다. 문제는 "이 법에서 정한 처벌을 받는 외에는 그 증언으로 인하여 어떠한 불이익한 처분도 받지 아니한다"라는 규정의 해석에 있었다. 증언이 거짓일 때 국회가 위증죄로 고발해야 처벌할 수 있고 다른 범죄로는 처벌할 수 없다는 인상이 들지 않는가. 변호인단은 항소이유서에서 그 주장을 하였고, 재판부는 쌍방에게 의견을 달라고 한 것이다.

나는 국회증언감정법 제9조 제3항을 정확하게 적용하면 의뢰인의 백현동 발언이 '허위 사실 공표죄'에 해당하는지를 따질 필요도 없이 처벌할 수 없다고 확신하였다. 따라서 장차 대법원에서 이에 대한 확고한 법리를 밝혀 줄 것이라고 기대하였다.

3시간가량 진행된 재판이 끝났다. 재판장은 1월 31일에 다음 기일을 열겠다고 하였다. 1월 25일은 토요일이고 26일부터 30일까지는 설 연휴였다. 아무래도 감당하기가 어려웠다. 다음 재판을 준비할 시간도 부족했거니와 설 연휴를 온통 재판 준비로만 쓰고 싶지는 않았다. 재판부에 설 연휴 때문에 재판 준비가 어렵다는 의견을 솔직하게 전했다. 검사들도 반대하지는 않았다. 다음 기일은 2월 5일로 정해졌다. 재판부는 그때부터 일주일 간격으로 12일, 19일, 26일을 공판 기일로 지정하고 2월 26일에는 반드시 변론을 마치겠다고 했다.

재판을 마치고 근처 사무실(나중에 합류하는 이승엽 변호사 사무실)로 자리를 옮겼다. 오늘 재판을 복기하고 다음 재판을 준비하기 위해서였다.

의뢰인은 제1심에서 뜻밖의 판결을 선고받고 무척 답답해하고 있었다. 변호인단은 변론이 옳은 방향으로 진행되고 있다고, 항소심 재판부가 변호인의 의견서와 증

     파기 환송은 없다

거를 제대로 파악해주기만 하면, 무엇보다도 의뢰인의 말을 객관적으로 이해해주기만 하면 제1심의 결론을 바꿀 수 있다고 위로하는 수밖에 없었다. 의뢰인은 우리를 전적으로 신뢰하였다.

의뢰인은 하루 24시간 내내 바빴다. 당 회의를 주재하고 인터뷰를 하고 사람을 만나야 했다. 다른 재판에도 참석해야 했다. 시간도 마음의 여유도 부족한 상황에서 재판부의 말을 세심하게 경청하였고 검사의 자극적인 주장에도 인내심을 버리지 않았다.

열정적으로 변론해야 하는 상황도 물론 있다. 그러나 그때도 철저하게 합리적이고 논리적인 기반이 전제되어야 한다. 우리는 검사가 의뢰인에게 다소 자극적인 언행을 하더라도 그 정도가 아주 심할 때 제한적으로 재판부를 통해 의견을 밝히는 것이 좋겠다고 의견을 모아두었다. 재판에서는 의외로 태도가 중요하게 작용한다. 상대방이 감정을 자극할 때 동요하지 않는 것이 현명하다. 감정을 자극하는 쪽이 손해를 보게 되어 있다.

다음 재판까지 얼마 남지 않은 시간의 무게가 천근만근 머리를 짓눌렀다.

4. 제2회 공판 기일

: 2월 5일 오후 2시

제2회 공판 기일에도 검사는 7명이 출석하였다. 변호인단도 대거 보강되어서 4명이 더 합류하였다. 제1심에서 김종근 변호사와 함께 활약한 변호사들과 항소심에 새로 합류한 변호사들이었다. 이날은 제1회 공판 기일에서 재판부가 채택한 증거 일부를 조사하고 나머지 증거에 대한 채택 여부를 최종적으로 결정하기로 한 날이다. 검사나 변호인이 어떤 사람을 증인으로 신청하더라도 법원이 증인 채택을 해야 그 증인을 법정에 불러 신문할 수 있다. 증거 서류도 재판부가 증거로 채택해야 법정에서 그 내용을 설명할 수 있다.

우리 변호인단은 다각적으로 증거를 신청하였다. 증인도 여러 명 신청하였다. '백현동 토지의 용도 변경 과정'에 대한 '의뢰인의 발언'을 이해하기 위해서는 국토교통부를 비롯한 여러 국가 기관에 흩어져 있는 서류를 보아야 하니, 문서 송부 촉탁도 신청했다.

검사들은 변호인단이 증거를 과도하게 신청했다며 다

소 감정적인 비난을 하였다. 재판부는 양쪽의 이야기를 세심하게 듣고서 어떤 증거 신청은 채택하고 어떤 증거 신청은 기각하였다. 그 과정에서 검사의 증인 신청도 기각하였다. 다만 재판부는 변호인단이 송부 촉탁을 신청한 문서가 변론 종결 예정일인 2월 26일까지 도착하지 않아도 변론을 예정대로 종결하겠다고 하였다. 신속하게 재판을 마치려는 듯했다. 이것으로, 항소심에서 증인과 증거 서류에 대한 조사와 변론 기한이 모두 정해졌다.

재판부는 차분하게, 그러나 단호하게 소송 절차를 지휘하였다. 말을 자르지 않고 끝까지 변호사와 검사의 주장을 경청했다. 검사들이 지나친 주장을 할 때는 재판부가 제지해주었으면 하는 바람도 있었지만 속내를 드러내지는 않았다. 쟁점에 집중하여 최대한 간결하고 명료하게 변론을 진행하였다.

검사는 틈만 나면, 변호인단이 재판을 지연할 것처럼

* 문서 보관 기관에 문서를 '송부(보냄)'해달라는 명령을 내려달라고(촉탁) 신청하는 행위. 소송 당사자가 직접 국가 기관 등에 서류를 달라고 요구할 권한이 없는 경우, 법률상 권한이 있는 법원(재판부)에 신청해서 재판부의 명령으로 국가 기관 등으로부터 서류를 받아볼 수 있다. 재판부가 요청하면 그 기관들은 법원에 서류를 보낼 의무가 있다. 법원은 그 서류를 받은 후 당사자나 변호인에게 연락한다. 당사자나 변호인은 그 서류를 복사해서 내용을 검토하고, 필요한 서류를 증거로 제출할 수 있다.

     파기 환송은 없다

말하였다. 재판부와 변호인단에 대한 결례였다. 의뢰인 역시 검사가 재판 지연을 언급할 때마다 불편한 기색이었다. 재판부의 소송 지휘를 철저하게 존중하자, 외부 언론과는 접촉하지 말고 오직 재판에만 전념하자, 조금이라도 오해를 살 수 있는 언동은 피하자. 의뢰인의 주문이자 변호인단의 뜻이었다. 검사가 의뢰인의 진의를 왜곡할 때에도 변호인단은 의뢰인에게 말을 하지 않도록 강요 아닌 강요를 하기도 했다. 우리 변호인단은 검사의 비난이 잘못되었다고 지적하지 않았다. 재판부의 소송 지휘에 따라 증거 조사 일정에 차질이 없도록 협조하여 예정된 기일에 변론을 마치겠는 의지를 보여주는 것이 신뢰를 사는 방법이었다. 의뢰인도 변호인단의 자세를 적극적으로 지지해주었다.

우리는 오세훈 서울시장의 2021년 10월 19일 발언 영상을 재생하였다. 오세훈 시장은 국회의 서울특별시 국정감사에서 증언 형식으로 '백현동 3대 특혜'라며 의뢰인을 공격하였다. 오세훈 시장의 이날 발언은 10월 20일 국회의 경기도 국정감사 증언 과정에서 의뢰인의 백현동 발언을 유인한 것으로서, 중요한 증거에 해당했다. 오세훈 시장의 발언을 법정에서 영상으로 재생한 것도 이찬진 변호사의 아이디어 덕분이다. 고마웠다.

　오세훈 시장의 공격 포인트는 "① 수의계약으로 땅을 매각했다. ② 민간 사업자가 엄청난 특혜를 받을 수 있도록 토지 매각 이후 용도를 상향해주었다. ③ 임대를 분양으로 바꾸어주었다"는 것이었다.

　전혀 사실이 아니었다. 백현동 토지란 한국식품연구원이라는 공공 기관이 소유한 본사 부지를 말한다. 성남시의 소유가 아니었다. 그러니 성남시장이던 의뢰인이 민간 사업자에게 백현동 토지를 수의계약으로 매각해주었다는 오세훈 시장의 발언은 시작부터 틀렸다. 오세훈 시장이 공공 기관의 지방 이전 사업을 몰랐을 리 없다.

　노무현 정부 때 탄생한 혁신도시는 수도권에 집중되어 있는 공공 기관을 지방으로 이전하여 균형 발전을 도모하자는 것이 목적이었다. 그러나 한국식품연구원은 백현동 토지를 민간 사업자에게 팔지 못해 혁신도시로 이전하지 못하고 있었다. 용도 변경 권한을 가진 성남시장이 주거 용지로 용도를 변경해주지 않았기 때문이다. 한국식품연구원의 요청에도 의뢰인이 요지부동하여 그 땅을 살 만한 수요처가 없었다. 백현동 토지를 8회나 경쟁 입찰에 붙였지만 모두 유찰되고 말았다. 백현동 토지를 비싼 가격에 팔아 혁신도시로 이전할 재원을 마련해야 하는 입장에서는 골치가 아플 수밖에 없었을 것이다.

의뢰인이 용도 변경 요청을 거절한 이유는 간단했다. 성남시를 베드타운으로 만들어가며 민간 사업자들이 천문학적인 개발 이익을 취하는 것을 방치할 수 없었기 때문이다. 가능하면 업무 시설을 유치하여 성남시의 일자리를 더 확보하고 세수를 늘려야 했다. 의뢰인은 한국식품연구원이 백현동 토지를 매각하고 지방으로 이전하면 그곳을 업무 시설로 개발할 계획을 세웠다.

공공 기관 이전 사업은 국가 시책이었다. 일개 기초자치단체가 함부로 거스를 수 없는 사업이었다. 다급했던 한국식품연구원은 이 점을 강조하며 수시로 국토교통부에 도움을 요청했다. 국토교통부를 중심으로 하는 중앙정부는 성남시에 협조 공문을 여러 번 보냈고, 박근혜 전 대통령까지 나섰다.

의뢰인은 한국식품연구원의 백현동 토지 용도 변경 문제가 불거지기 이전에도 다른 공공 기관의 요청을 뿌리친 전례가 있었다. 그 덕분에 오늘날 판교에는 판교 제2테크노밸리가, 분당에는 서울대병원 의·생명 단지 등의 업무 시설이 자리하고 있다. 의뢰인은 성남시의 자족 기능을 향상하는 성과를 거두었다. 그러나 공공 기관의 지방 이전이 더 중요했던 중앙정부의 생각은 달랐다.

의뢰인은 기조를 바꾸지 않았다. 한국식품연구원은 용

도 변경을 조건으로 민간 사업자와 MOU를 맺어놓고 성남시에 용도 변경을 신청하였으나 의뢰인은 거절하였다. 한국식품연구원은 다시 용도 변경을 신청하였다. 그때마다 국토교통부는 성남시에 협조 공문을 보내왔다. 성남시 공무원들과 한국식품연구원 관계자들은 의견을 모았다. 백현동 토지를 모두 주거 용도로 변경하지 말고 업무 시설을 일부 포함해서 성남시에 기부채납(개발 주체가 행정적 혜택을 조건으로 국가나 지방자치단체에 시설과 부지를 무상으로 제공하는 것) 하자는 아이디어가 나왔다.

의뢰인은 이 아이디어가 국가 시책에 어느 정도 부응하면서 성남시도 실리를 챙길 수 있다고 판단하였다. 수년간 다른 공공 기관 이전 문제로 중앙정부와 마찰을 빚어왔던 것도 의뢰인의 결정에 영향을 미쳤다. 의뢰인은 한국식품연구원의 세 번째 용도 변경 신청에 따라 백현동 토지의 용도를 준주거 지역으로 변경해주고, 연구·개발 부지 약 8,000평을 기부채납 받았다. 그러니까 의뢰인이 용도를 변경해준 토지는 민간 사업자의 토지가 아니라 한국식품연구원의 토지이다. 민간 사업자가 엄청난 특혜를 받도록 토지 매각 후에 용도를 변경해주었다는 오세훈 시장의 말은 사실이 아니다. 변호인단은 어쩌면 이것이야말로 당시 더불어민주당 대통령 후보로 나설 의

뢰인의 낙선을 노린 허위 사실 공표가 아닌가 하는 데까
지 생각이 미쳤다.

또한, 의뢰인이 '분양'을 '임대'로 변경해준 것은 한국
식품연구원의 요구 때문이었다. 한국식품연구원은 민간
사업자에게 백현동 토지를 매각하면서 분양·임대 비율
조정에 협조하기로 약속해두었다. 한국식품연구원은 이
를 근거로 성남시에 비율 조정을 요청해왔고, 의뢰인은
공공 기관의 요청이 법률상 근거가 있어서 들어주었을
뿐이다. 행여 의뢰인이 특혜를 제공했다면, 그 대상은 중
앙정부와 한국식품연구원이지 민간 사업자가 아니다. 그
런데도 오세훈 시장은 의뢰인이 민간 사업자에게 특혜를
준 것처럼 보이게 하는 발언을 공개적으로 했다. 의뢰인
이 그 의혹을 해소하려 하는 것은 당연하지 않은가.

오세훈 시장의 발언 영상을 보고 들은 재판부는 의뢰
인이 국정감사에서 백현동 발언을 한 배경을 이해하였
고, 이는 추후 항소심 판결문에서도 확인할 수 있다. 이로
써 변호인단의 전략은 성공했다.

재판부가 문제가 되는 김문기 발언과 백현동 발언 중
에서 어떤 범위를 기소한 것인지를 정확하게 밝혀달라고
검사들에게 주문을 낸 기일이 바로 이날이었다. 재판부
는 쟁점이 될 만한 사항들은 물론이고 변호인단이 생각

하지 못한 것까지 상세하게 질문하였고 변호인단과 검사들은 성실하게 대답하였다. 과연, 살아 있는 재판이었다.

팽팽한 긴장감 속에서도 우리는 다소 안도했다. 변호인단이 인식하고 있던 문제점을 재판부가 이해한다고 느꼈기 때문이다. 그러나 의뢰인은 여전히 긴장을 풀지 못하고 재판부의 말 한마디 한마디에 신경을 곤두세웠다. 재판 경험이 있는 사람들이라면 다 알 것이다. 그만큼 판사의 언행은 무겁고 무섭다. 따라서 판사의 언행은 신중해야 하며, 편견을 드러내서는 안 된다. 철저하게 규칙에 따라 절차를 진행하면서 당사자에게 충분히 기회를 주어야 하고 예단하는 표현을 사용해서는 안 된다.

이날 변호인단이 구술로 주장한 사항이 적지 않았는데, 그중에서 가장 중요한 2개를 남겨두고자 한다.

먼저, 내가 국회증언감정법 제9조 제3항과 백현동 발언의 관계를 설명하였다. 다음으로, 이승엽 변호사가 위헌법률심판제청 신청에 관한 의견을 구술하였다. 논리 정연하게 공직선거법 제250조 제1항의 위헌성을 지적하였다. 이승엽 변호사는 선배인 김종근 변호사와 함께 오랫동안 의뢰인의 사건을 담당해왔으므로 누구보다 의뢰인 사건을 잘 알고 있었다.

이날 재판은 2시간 넘게 소요되었다. 재판을 마치고 이번에도 모두 이승엽 변호사의 사무실로 이동했다.

　의뢰인은 재판부의 말 한마디 한마디를 거의 다 기억하고 있었다. 의뢰인 사건은 기일이 촉박한 데다 항소심 재판이 진행되는 동안 탄핵 심판과 내란 사건이 맞물리면서 의뢰인이 대표를 맡고 있는 당도 바쁘게 움직이고 있었다. 그럼에도 의뢰인은 변호사들이 쓴 그 많은 의견서에 대한 코멘트를 빼먹는 법이 없었다. 심지어 오탈자까지 잡아냈다. 보통의 집중력으로는 불가능한 일이었다. 의뢰인은 변호사로 오래 활동했던 터라 법원에 제출해야 하는 의견서의 중요성을 잘 알고 있었고, 본인 사건에 대한 것이어서 신중에 신중을 기했을 것이다. 이렇게 사소한 것도 놓치지 않는 의뢰인은 변호사에게 굉장히 까다로운 존재이다. 나는 의뢰인의 태도를 존중했다. 변호사는 의뢰인을 조력하는 사람이다. 의뢰인이 하고 싶어 하는 이야기를 법률적으로 풀어서 설명할 수 있어야 한다.

　의뢰인과 변호인단은 재판부의 말을 해석하여 의견을 통일하고 다음 재판을 대비한 전략을 준비해야 했다. 주어진 시간은 일주일. 재판 사이사이에 필요한 의견서를 제출하여 재판부가 방대한 기록과 사건의 본질을 정확하게 이해하도록 하는 것이 급선무였다. 어떻게 하든 재판부의 시선을 우리의 관점으로 붙들어야만 했다.

5. 제3회 공판 기일
: 2월 12일 오후 2시

2월 12일 제3회 공판 기일에는 재판부가 증거로 채택한 증거 서류의 내용이 무엇인지를 조사하는 것부터 시작하였다. 검사들은 제2회 공판 기일에 재판부로부터 요구받은 사항을 설명했다. 재판부는 곧바로 김문기 관련 발언과 백현동 관련 발언에서 어떤 범위를 기소하였는지 검사들에게 질문했다. 공소 사실은 오로지 공소장에 의해서 특정되어야 하는데 그것이 명확한지를 일일이 묻는 것이었다.

형사 재판은 검사가 공소 사실을 특정한 다음에 그 사실에 관하여 법률을 적용해서 처벌을 구하고, 형사 피고인은 이를 다투는 절차이다. 따라서 재판부가 공소 사실의 범위를 이해하지 못하거나 그것이 불명확한 경우에는 검사에게 질문하여 정리하여야 한다. 재판부의 요구에 검사가 부응하지 못하면 재판부는 무죄를 선고하거나 공소를 기각한다. 이날은 절차와 질문이 매우 원칙적이고 모범적이었다.

변호인단은 재판부의 질문과 검사의 답변을 들으면서 자신감이 상당히 커졌다. 특히 재판부의 질문을 통해 재판부가 사건을 바라보는 관점을 능히 짐작할 수 있었다.

이날 제3회 공판에서 나는 "먼저, 발언을 특정한 다음에 그 발언의 의미를 확정하여야 한다. 그런 다음에 그 발언이 처벌의 대상이 되는 의뢰인의 행위에 관한 것인지 아닌지를 판단하여야 한다. 마지막으로 그 발언과 진실한 사실을 대조하여 그 발언에 허위성이 있었는지를 판단하는 것이 논증의 올바른 순서이다. 그러나 검사는 먼저 배경 사실을 드러내놓고 여기에 맞추어 발언의 의미를 해석하고 있다. 그런 방식은 논증의 순서에 어긋난다. 그런 식으로 하면 어떤 사건에서도 무죄가 선고될 일은 없다"라는 취지로 구술 변론을 하였다. 다른 변호사도 나의 구술 변론에 이어 검사의 공소 사실을 조목조목 비판하였다.

청자가 화자에 대한 지식이 없는 상황이라면 화자의 말 그대로 의미를 해석해야지 사후에 수집한 증거에 맞춰 해석해서는 안 된다. 뒤늦게 확보한 증거에 근거하여 발언의 뜻을 재구성한다면 편견이나 선입견이 개입되기 마련이다. 검사들이 주장을 펼치는 방식이 그러했다.

일반인은 검사의 사후 수집 증거나 의뢰인에 대한 배

 파기 환송은 없다

경지식이 있을 리 없다. 타인의 말을 이렇게도 받아들이고, 저렇게도 받아들일 수 있다. 그들이 의뢰인의 말을 들었을 때 어떻게 해석할지, 그중 가장 합리적인 해석이 무엇일지 함께 살펴보자는 것이 우리 변호인단의 입장이었다. 이런 방식으로 의뢰인의 발언을 해석하면 문제가 될 것이 전혀 없다고 확신했다. 설사 여러 갈래로 해석되더라도, 대법원이 판례로 확고하게 정립한 논리에 따르면 의뢰인을 처벌할 수 없다는 결론에 이르게 된다는 당연한 이야기를 하고 싶었다. 검사가 주장하는 의미도 여러 해석 중 하나일 뿐이라면 의뢰인을 무죄로 판단해야 한다는 것이다.

이날 재판에서는 그 어느 때보다 치열한 공방이 오갔다. 재판부는 의뢰인의 발언에 포함된 법률의 과거 명칭이 현재 어떤 명칭으로 바뀌었는지까지 챙길 정도로 철저했다. 검사도 의뢰인의 모든 발언이 허위는 아니라고 보고는 있으니, 의뢰인의 백현동 발언과 김문기 발언에서 검사가 생각하는 허위 발언이 무엇인지 구체적으로 알려달라는 재판부의 요청은 깔끔했다.

검사들은 제1심에서 한 차례 공소장을 변경하였으나 그것으로는 부족했다. 나는 이미 첫 번째 공소장, 두 번째 공소장을 서로 비교하고, 두 번째 공소장과 제1심 판결을 다시 비교하는 의견서를 제출해두었다. 결론은 공소 사실이 정확하게 특정되지 않았다는 것이었다.

공소 사실이란 검사가 법원에 처벌해달라고 요구하는 범죄 행위를 말한다. 법원은 그 범위 내에서만 범죄가 되는지를 판단하고, 형사 피고인도 그 범위 내에서 방어권을 행사한다. 즉 공소 사실 특정은 법원이 심리할 범위와 피고인이 방어권을 행사할 범위를 확정하고 제한하기 위한 것이다. 예를 들어, 검사가 "피고인은 모월 모일 모시에 모장소에서 어떤 범죄 행위를 저질렀다"라고 공소 사실을 특정하여 처벌을 구하면, 법원은 그 범위에서 범죄가 성립하는지를 심리하고, 피고인은 검사가 주장하는 일시와 장소에서 검사가 주장하는 범죄를 저지르지 않았다고 반박하는 식이다.

간혹 공소 사실에 검사가 처벌을 구하는 범죄 행위와 무관한 피고인의 과거 행적이나 인간관계 등이 장황하게 서술되어 있는 경우가 있다. 피고인에 대한 부정적인 인상을 만들기 위해서이다. 판사도 사람인지라 자신도 모르게 피고인에게 불리할 수도 있는 편견을 가질 수 있다. 예단이다. 우리 형사 재판 제도는 예단을 갖게 하는 표현을 삼가도록 하고 있다. 백지상태에서 검사의 기소가 맞는지 아닌지 공정하게 재판해야 한다는 취지이다. 또 하나, 검사가 범죄 행위라고 주장하는 것을 다른 행위와 정확하게 구별해주어야 한다.

의뢰인의 발언은 질문과 답변이 오가는 대담 중에 나온 것이다. 그중에서 어떤 발언이 공직선거법이 금지하는 '행위에 관한 허위 발언'인지를 가려내야 했다. 그러나 검사는 제1심에서 한 차례 공소 사실을 변경하고도 여전히 의뢰인의 발언을 뭉뚱그려 서술한 다음에 전체가 '행위에 관한 허위 발언'이라는 식으로 정리하였다. 즉 의뢰인의 발언 중 무엇이 어떤 '행위'에 관한 말인지를 분명하게 구별하지 않았다.

변호인단은 의뢰인의 말은 '자신의 기억과 인식'에 관한 발언이므로 기본적으로는 '자신의 행위'에 관한 발언에 해당하지 않아 아예 처벌 대상이 될 수 없다고 주장하였다.

의뢰인 사건에 적용되는 공직선거법 제250조 제1항은 모든 거짓말을 처벌하는 것이 아니다. 의뢰인 사건에 적용되는 처벌 대상은 "자신의 행위에 관한 허위 사실을 공표하는 행위"이다. 이것은 법정에서 하는 위증과도 다르다. 위증죄는 증인이 자신의 기억에 반하여 허위 사실을 진술할 때 성립한다. 둘 다 허위 사실에 관한 진술이라는 점은 같지만 공직선거법은 '행위에 관한 허위 발언'으로 그 범위를 한정하고 있다. 의뢰인의 말에 객관적 사실과 일치한 말과 순전히 자신의 기억과 인식에 관한 말이 다 포함되어 있는데도 검사는 그것을 모조리 '행위에 관한 허위 발언'이라고 뭉뚱그려 주장하고 있었다.

재판부는 검사의 공소 사실과 변호인단의 주장을 대조하면서 검사에게 의뢰인의 발언에서 '행위'에 관한 발언이 무엇인지를 구별하고 그 근거를 밝혀달라고 요구하였다. 그 요구는 너무나 상식적이었다.

재판부는 상당 시간 검사에게 질문을 하였다. 의뢰인의 발언에서 일부를 예시하여 그 발언도 기소 대상이냐고 물었고, 검사는 그렇지 않다고 답변하였다. 그 문제는 검사가 공소장에 명확히 그 발언을 특정해주어야 한다는 결론으로 이어졌다.

그만큼 논쟁은 치열했다. 변호인단은 의뢰인과 함께 재판부와 검사들이 주고받는 말 한마디도 놓치지 않기 위해 주의를 기울였다. 나는 약간은 안도하고 있었다. 재판부의 질문을 들으면 시각을 짐작할 수 있는데, 우리 변호인단이 줄기차게 의견서를 제출하면서 주장한 관점이 재판부를 설득하고 있다는 생각이 들었기 때문이다.

재판부는 변호인단과 검사들에게 의뢰인의 발언이 인식에 관한 것인지 아니면 행위에 관한 것인지를 법리적

　　　　　　　　　　　파기 환송은 없다

으로 설명해달라는 주문도 하였다. 변호인단으로서는 마다할 이유가 없었다. 제2회 공판 기일에서 약속한 대로, 나는 국회증언감정법 제9조 제3항에 관하여 구술로 변론하였다. "이 법에서 정한 처벌 외에"와 "어떠한 불이익한 처분을 받지 않는다"의 상관관계를 꽤 상세하게 설명하였다.

재판장은 변호인단을 향하여 백현동 발언에서 "혁신도시법에 따른 압박 또는 협박을 받았다고 특정한 시기는 2010년 하반기에서 2014년 상반기이고, 한국식품연구원의 백현동 토지에 대한 발언이 아니라는 것이냐?"라고 물었고, 변호인단은 분명히 그렇다고 구술하였다. 의뢰인의 백현동 발언 자체를 보면, 5개 공공 기관의 부동산을 설명하는 단계에서 '압박' '협박' 등의 표현이 먼저 나오고, 그다음에 의뢰인이 여기에 굴복하지 않아 몇 년간 공공 기관의 부동산 매각이 불발되었다는 표현이 나오며, 마지막으로 백현동 토지에 대한 이야기가 나오니, '압박' '협박'과 '백현동 토지의 용도 변경' 사이에 직접적 관련성이 없다는 점을 강조했다. 재판부도 변호인단의 취지를 이해하는 눈치였다.

재판부는 변호인단과 검사들에게 양형 증인에 관한 질문을 던졌다. 변호인단은 이미 MBC '100분 토론'을 주재한 경험이 있는 정준희 교수를 증인으로 신청하였다. 의뢰인의 발언은 모두 방송 대담이나 국정감사 과정에서 나온 것이므로 토론회 사회자라면 그 발언의 즉흥성을 확인해줄 수 있다고 보았기 때문이다.

검사는 정준희 교수의 성향을 문제 삼았다. 메시지는 공격 대상이 될 수 있어도 메신저가 공격 대상이 되어서는 안 된다. 사람은 누구나 자신만의 가치관과 지향점을 가지고 있다. 민주주의 사회는 다양한 가치관을 가진 사람이 섞여 사는 사회이다. 공익의 대표자라는 검사가 특정한 사람의 성향을 문제 삼는 것은 민주주의 사회의 다양성을 무시하는 것이다.

대략 2시간 30분 이상 재판을 진행했던 것으로 기억한다. 이날도 이승엽 변호사 사무실에서 만나 재판을 복기하고 다음 재판을 준비하기 위한 논의를 했다. 주된 관심사는 재판부의 의도를 어떻게 해석하느냐에 있었다. 의뢰인의 말 몇 마디를 어떻게 해석할 것인지를 놓고 고심하던 우리는 이제 재판부의 말 한마디 한마디를 해석하며 그 숨은 뜻을 찾고 있었다.

나는 대체로 재판부의 심리 방향이 긍정적이라고 생각하였다. 그러나 다른 변호사들의 의견은 달랐다. 제1심에서 예상하지 못한 판결을 받았기 때문에 아무래도 소극

파기 환송은 없다

적이고 방어적이었다. 의뢰인은 긍정과 비관을 오갔다. 자신의 인생이 좌우될 사건과 재판을 두고 태연할 사람은 없을 것이다. 결론을 예단하는 것처럼 위험한 일은 없지만, 나는 오랜 변호사 생활을 통해 지나치게 비관적이면 객관적 판단을 할 수 없게 된다는 지혜 정도는 터득하고 있다.

의뢰인은 재판 후에 회의를 할 때면 담배 한 개비를 피웠다. 애연가인 나는 함께 담배를 피우면서 가벼운 농담을 나누었다. 의뢰인은 금연한 지 제법 되었지만 재판을 받다 보니 다시 흡연하게 되었다고 한다. 보좌관과 비서관이 말려도 오죽 답답하였으면 담배를 찾았을까. 그나마 다른 변호사로부터 한 개비 얻어 피우는 정도였다. 모든 일이 제자리를 찾아 의뢰인이 다시 금연할 날이 오기를 바랄 수밖에.

6. 제4회 공판 기일

: 2월 19일 오후 2시

검사는 그대로 7명, 변호인단은 나와 이찬진 변호사를 포함해서 4명이었다.

검사는 전날 법원에 공소장 변경 허가 신청서를 제출하고 이날 법정에서는 그 취지를 구술하였다. 재판부는 검사의 신청을 허가하였다. 변경한 공소 사실이 심리 대상이 되었으니, 검사는 변경 공소 사실을 구술로 진술해야만 한다.*

검사들이 공소 사실의 요지를 구술한 다음, 변호사가 이에 대한 의견을 구술할 순서였다. 변호인단은 전날 공소장 변경 허가 신청서를 받아 대비하고 있었다.

이날은 내가 나섰다. 검사가 변경한 공소 사실의 문제점을 빠짐없이 지적하였다. 말이 너무 빨라서도 안 되고 너무 늘어져서도 안 된다. 긴장감을 유지하면서 중요한 대목은 힘주어 또박또박 분명하게 말하고 가벼운 대목은 조금 빠르게 넘어가야 한다. 판사들의 표정을 살피면서 강약과 속도를 조절했다. 어느 대목에서 판사들이 관심을 보이는지, 자신도 모르게 고개를 끄덕거리는지 조심스럽게 살폈다.

나는 구술 변론의 힘을 믿는다. 로마 공화정 말기 원로원 법정에서 재판관을 설득하는 명변론으로 이름을 떨친 인물이 있다. 키케로이다. 문장을 잘 지었을 뿐만 아니라 법정에서 유창한 라틴어로 좌중을 휘어잡았다. 상대방의 빈틈을 예리하게 파고들어 자신의 논증을 정당화했으며, 감성적 호소도 능란하였다. 키케로는 단순한 변호사가 아니었다. 철학자이며 문학가로 쌓은 다양한 지식과 경험이 탁월한 구술 변론의 경지로 그를 이끌었다. 키케로를 떠올리며 구술 변론을 끝냈다.

재판장이 검사에게 의뢰인이 언제 어디에서 골프를 쳤는지를 물었다. 문제의 사진, 그러니까 10명이 함께 찍은 사진에서 4명만 오려낸 그 사진이 찍힌 날과 장소가 의뢰인을 포함해 3명이 골프를 친 날과 장소와 같은지 다

* 우리나라 재판은 미리 서류를 제출하고 법정에서는 서류 제출 사실을 확인하는 것이 일반적이다. 원칙은 아니다. 민사 재판이든 형사 재판이든 구술이 원칙이다. 말을 정확하게 하면 글보다 설득력이 높다. 글은 말을 뒷받침하는 도구이다. 그러나 판사가 담당하는 사건 수가 워낙 많다 보니 오래전부터 서류 제출이 구술보다 중요하게 인식되었다. 근래에 들어 구술주의를 강조하고는 있으나 현실에서 잘 구현되지는 않고 있다. 적당히 눈치를 보면서 구술 변론을 하고 있다.

른지 명확하게 정리하기 위해서였다. 10명이 찍힌 사진에는 하늘과 강, 도시가 보인다. 골프장이 아닐뿐더러 주변에 다른 골프장도 없다. 의뢰인은 성남시장으로 재직하던 2015년 1월경 직원들과 출장을 갔다. 뉴질랜드 공항에서 숙소로 가는 도중에 바람도 쐴 겸 일행들과 기념 사진을 찍었다.

원래의 사진에는 10명이 카메라를 응시하고 있다. 쉼터 아니면 조그만 공원에서 사진을 찍었다고 한다. 2~3명이 앉을 만한 돌의자가 있고 잔디밭과 돌바닥이 조성되어 있다. 막 비행기에서 내린 탓인지 약간 피곤해 보인다. 시장이던 의뢰인은 돌의자 오른편에 걸터앉아 있다. 의뢰인을 중심으로 왼쪽으로 5명, 뒤로 1명, 오른쪽으로 3명이 각기 앉거나 서 있다. 흔한 단체 사진에 불과하다. 이 사진을 보고 골프를 연상할 사람은 없을 것이라고 단언한다.

문제가 된 사진은 왼쪽의 3명과 오른쪽의 3명을 잘라낸 버전이다. 그 사진만 보면 의뢰인을 중심으로 4명만 사진을 찍은 것처럼 보인다. 누군가는 이를 조작이 아니라 확대라고 했다. 그런 식이라면 등산 동호회 회원 다수가 찍은 사진에서 남녀 한 쌍만 남기고 잘라낸 사진도 확대라고 주장할 수 있어야 한다.

의뢰인을 포함하여 4명의 얼굴과 상반신만 도드라져 있고 유독 의뢰인의 모자에 있는 볼 마커를 강조하고 있다. 언뜻 보면 4인 1조로 골프를 치다가 잠시 휴식을 취하는 것으로 오해할 수도 있겠다. 이런 것이 조작이 아니라면 무엇이 조작이겠는가.

검사들은 김문기 관련 발언뿐 아니라 백현동 관련 발언에 관한 공소 사실도 변경하였다. 변호인단은 검사들이 제기한 공소 사실에는 백현동 발언 일부가 생략되어 있어서 그 의미와 맥락이 통하지 않는다는 점을 지적하였다. 뒤에서 다시 말하겠지만, 의뢰인의 백현동 발언은 하나의 발언으로 죽 이어져 있다. 그런데도 검사들은 중간 부분을 과감하게 생략하여 앞부분 발언을 뒷부분 발언에 연결하였다. 심각한 왜곡이 아닐 수 없다. 재판부가 이 점을 지적하자 검사들은 내키지 않은 태도로 생략된 발언을 보완하였다.

검사들이 변경한 공소 사실을 밝힌 후 재판부는 검사들에게 의뢰인이 "김문기를 알게 되었다"라고 발언한 것이 김문기를 처음 알게 된 시점, 계기, 경위에 관한 것으로서 특정한 행위를 자세히 설명하는 적극적이고 독자적인 별개의 허위 사실 공표에 해당하냐고 질문했다. 검사들은 그렇다고 대답했다.

그러자 재판부는 "의뢰인이 경기도지사 시절에 김문기와 자주 전화 통화를 하여서 그때 인식하게 되었다"라는 발언에서 "자주 전화 통화를 하였다"라는 것도 허위 사실이냐고 반문하였다.

의뢰인은 2021년 12월 방송 대담 당시, '불의의 사고로 세상을 뜬 김문기'가 과거 성남시장 시절에 여러 사람과 함께 업무 보고를 하였던 그 김문기인지를 정확하게 몰랐다고 말하였다. 경기도지사 시절인 2019년 무렵 공직선거법 재판을 받는 과정에서 김문기로부터 개인적인 도움을 받았는데, 그때 자주 그와 통화하면서 '김문기'의 존재를 정확히 알게 되었다고 말하였다.

그런데 검사들은 "의뢰인은 성남시장에 당선되기 이전이나 성남시장 시절에 김문기가 포함된 세미나를 하거나 김문기가 포함된 보고를 받은 사실이 있다. 이는 의뢰인과 김문기와의 교유 행위에 해당하므로, 의뢰인이 성남시장 시절에 '김문기를 몰랐다'라고 말한 것은 김문기와의 과거 교유 행위를 적극적으로 부인하고, 경기도지사 시절에 김문기와 처음 교유 관계를 맺었다고 허위 사실을 발언한 것이다"라고 주장하였다.

검사들은 의뢰인이 "성남시장 시절에는 김문기를 몰랐다"라고 말한 것과 "경기도지사 시절에 김문기를 알았다"

라고 말한 것 모두 김문기를 알게 된 시점, 경위, 행위 자체와 결합한 경험에 대한 전체적인 허위 발언이라고 주장하였다. 이에 재판부는 의뢰인이 객관적 사실에 맞게 발언한 것까지 거짓말에 포함되느냐고 지적했다.

'교유交遊'는 사전적으로 "서로 사귀어 놀거나 왕래하는 것"이라고 정의된다. 검사들의 주장은 의뢰인이 성남시장 시절에 김문기를 몰랐다고 말한 것 속에는 김문기와 서로 사귀어 놀거나 왕래하는 행위를 부인하는 발언이 포함되어 있다는 것이었다. 골프를 친 행위도 교유 행위의 하나라고 주장하였다.

교유라는 개념은 어색하기 짝이 없다. 법률적 관점에서는 물론 일반적 관점에서도 잘 쓰지 않는 표현이다. 조선 시대 선비들이 글을 주고받으며 학문을 논할 때나 함께 물놀이를 가서 정자에 빙 둘러앉아 술잔을 나누며 시를 돌려 짓는 사이에서나 쓰는 조금은 고상한 표현이다.

교유는 지극히 사적인 인간관계를 말한다. 나는 의뢰인과 김문기 사이에 사적인 관계를 의미하는 교유가 있었다고 보기는 어렵다고 생각했다. 의뢰인은 공적인 영역에서 많은 사람들과 관계를 맺었고 김문기는 그중 한 사람일 뿐이었기 때문이다. 또한 두 사람의 지위가 대등하지 않았다.

파기 환송은 없다

그래서 나는 항소이유서에서 의뢰인은 김문기에게 'only one'이지만, 김문기는 의뢰인에게 'one of them'이라는 주장도 하였다. 인간의 평등성을 부인하는 것이 아니라 두 사람의 지위 차이에서 비롯한 인식 차이를 고려해야 한다는 뜻이었다. 의뢰인의 기억이나 관점과 김문기의 기억이나 관점이 다를 수 있다는 점을 인정해야 한다는 것이 내 주장이었다. 그런 의미에서 의뢰인과 김문기 사이에 사적인 교유 관계를 설정하고 의뢰인의 발언을 해석하는 것은 처음부터 결함이 있을 수밖에 없다고 보았다.

검사들이 처음부터 교유를 들고나온 것은 아니었다. 검사들은 제1심에서 공소 사실을 변경할 때 교유 행위라는 부자연스러운 개념을 도입하였다. '교유'가 공소 사실을 유지하려는 고육지책이었음을 짐작할 수 있다.

후보자의 사적 관계가 그의 자질, 성품, 능력 등과 직접적 관련이 있는가? 선거인이 후보자를 판단하는 데 영향을 미칠 수 있는가? 그렇다면 자칫 범위를 무한하게 확장해서 거의 모든 사적 일상생활까지도 후보자의 자질, 성품, 능력 등과 관련 있다고 말할 수 있다. 후보자의 거의 모든 것이 후보자를 판단하는 데 영향을 미친다면 수사기관과 법원이 처벌하는 사람, 범위, 정도를 마음대로 취사선택할 위험이 있다.

나는 여기에서 착안하여 또 하나의 문제점을 지적하였다. 그것은 검사가 교유 개념을 더 확장하여 주장한 '경험 전반'에 관한 의문 제기이기도 했다. 의뢰인의 공적 활동은 의뢰인의 일상이 되어버렸다. 그러니 검사가 주장하는 경험 일반은 의뢰인의 일상에 속한다.

일상 경험은 시간이 지나면서 기억에서 지워진다. 의뢰인이 문제의 호주·뉴질랜드 출장을 간 때는 김문기 발언을 한 2021년 12월 하순을 기준으로 약 7년 전인 2015년 1월경이었다.

기억과 학습을 관장하는 해마의 왼쪽은 최근의 일을 기억하고, 오른쪽은 태어난 후의 모든 일을 기억한다고 알려져 있다. 감각 기관을 통해 뇌로 정보가 들어오면 정보들이 조합되어 기억이 만들어진다. 해마는 뇌로 들어온 정보를 단기간 저장하고 있다가 대뇌피질로 보내 장기 기억으로 저장하거나 삭제한다고 한다. 여러 사람이 같은 경험을 공유하는데도 어떤 사람은 비교적 기억이 정확하고 어떤 사람은 기억이 없거나 왜곡되는 경우가 있다. 각자 중요한 일과 그렇지 않은 일에 대한 생각과 기억이 다르기 때문이다. 나는 의뢰인 사건에서도 역시 그럴 것이라고 보았다.

　　　　　　　　　　　　　　　파기 환송은 없다

의뢰인은 2015년 1월에 가벼운 마음으로 가졌던 골프 모임이 기억에 남아 있지 않았다고 했다. 그 시기가 해외 출장이라고 해서 특별하다 할 것은 없었다. 대단한 추억거리로 기억할 만큼의 가치가 없는 경험일 수 있다. 의뢰인을 모시는 처지인 김문기, 유동규는 상황이 달랐을 것이다. 접대 골프를 쳤다고 가정해보자. 접대하는 사람과 접대받은 사람 중에 누가 더 상대방을 더 잘 기억할 것인가. 접대받은 사람은 기억이 옅어질 수 있다. 나는 검사들의 주장이나 제1심의 판단이 김문기의 관점에서 의뢰인의 기억력을 테스트하는 것이라고 보았다. 비과학적·비논리적이다.

사람의 기억은 믿을 수 없다. 법정에서 증인을 신문할 때 증인이 분명히 기억할 만하다고 생각하고 물어보았는데 증인은 기억이 없다고 대답하는 경우가 적지 않았다. 오래전의 일이 아닌데도 그렇다. 심지어 불과 며칠 전의 일조차 헷갈린다고 증언하기도 한다. 그렇다고 해서 증인이 모조리 기억에 반하여 위증하였다고 단정할 수 있을까.

그런데 검사들은 약 7년 전이나 그보다 더 오래된 일을 두고 의뢰인이 '모른다'라고 답한 것을, 그때 있었던 일을 적극적·능동적으로 부인하는 거짓말이라고 주장하였다. 심지어 의뢰인이 보고받았는데도 '모른다'라고 말함으로써 보고받지 않았다고 적극적으로 거짓말을 했다고 주장하였다.

나는 검사들에게 묻고 싶었다. 지금으로부터 약 7년 전에 어떤 피의자를 조사한 사실을 정확히 기억하느냐고. 검사로부터 조사를 받은 피의자는 검사를 기억할 확률이 높다. 평생 딱 한 번의 경험일 수 있으니. 그러나 검사는 거의 기억하지 못할 것이다. 애써 그 피의자를 기억해내더라도 구체적인 상황은 기억하지 못할 것이다.

'누구를 기억하지 못한다'가 그 누구와 겪었던 과거의 구체적인 일을 모조리 부인하는 표현이라고 주장하는 것은 너무나 이상했다. 제1심, 항소심, 대법원은 모두 이를 '인식'에 관한 발언이라고 보아 문제가 되지 않는다고 보았다. 검사들은 어떤 사실을 기억하지 못한다고 해서 그 사실을 부인하는 것이 아님을 처음부터 몰랐을까. 그런데도 굳이 그 발언을 문제 삼아 기소한 이유는 무엇이었을까.

나는 검사들이 의뢰인을 거짓말쟁이로 몰기 위하여 그런 무리수를 두었다고 본다. 의뢰인에 대한 부정적 평가를 고의로 끌어내기 위한 목적이 아니라면 그럴 이유가 없었다. 과연 내 의심이 합리적인 근거가 없다고 이야기할 수 있을까.

이제 골프에 대하여 조금 더 구체적으로 살펴보자. 의뢰인이 다른 날 뉴질랜드가 아닌 호주에서 가격이 저렴한 퍼블릭 골프장을 이용한 것은 사실이다. 그러나 의뢰인은 문제의 '사진 발언'을 한 2021년 12월 29일 무렵에는 그 사실을 정확히 기억하지 못했다. 다시 말하지만, 호주·뉴질랜드 출장을 간 때가 거의 7년 전인 2015년 1월이어서 기억이 없었다.

조작된 '4명 사진'에 있는 한 사람은 의뢰인의 수행비서였다. 의뢰인은 수행비서와 골프를 친 경험이 단 한 번도 없었으므로, 다른 날 호주에서 김문기, 유동규와 함께 3명이 골프를 친 별개의 사실을 연상하기는 어려웠다. 더구나 2021년 12월 29일 당시는 의뢰인이 더불어민주당 제20대 대통령 선거 후보자로 선출되어 다가오는 2022년 3월 9일 대통령 선거를 앞두고 있던 때였다. 얼마나 바빴을지 짐작하기 어렵지 않다. 선거를 앞둔 상황이었으니 조작 사진임은 확인했지만, 그 밖의 사정까지는 살피지 못했을 것이다. "골프 사진이 아닌데, 4인 1조로 골프를 치고 있는 것처럼 사진을 조작했네"라는 반응이 일반적이지 않았을까. 당시 사정이 딱 그러했다.

"법원의 석명 요구에 대한 답변 및 발언의 표현 의미

확정, 논증의 문제.” 이날 제4회 공판 기일에 앞서 내가 제출한 의견서 제목이다. 제3회 공판 기일에 구술한 ‘논증의 순서와 방법’을 보완하기 위한 의견서로, 요지는 다음과 같다.

1. 피고인의 김문기 발언에서, 피고인이 김문기를 구체적으로 인지한 시점

가. 김문기 발언 4건 소개

(앞에 소개하였으므로 여기에서는 생략함)

나. 김문기 발언을 관통하는 일관성

○ 발언의 요약: 피고인의 김문기 발언 4건은 모두 ‘김문기에 대한 인지 시점’에 관한 질문에 답변한 것이므로, 피고인의 발언은 모두 질문자의 질문과 상관관계를 맺고 있습니다. 피고인의 표현은 그러한 상관관계 속에서 내용과 의미를 확정하여야 하는데, 피고인의 발언 4건을 살펴보면, 모두 김문기를 인지한 시점에 관하여, 자신의 발언 시점 당시(2021년 12월경)의 기억을 표현하거나 설명하는 것에 불과합니다.

① '주영진의 뉴스브리핑'에서의 발언의 질문 요지는 피고인이 성남시장 재직 시절에 김문기를 개인적으로 알았냐는 것이고, 답변 요지는 "시장 재직 때는 몰랐고, 도지사가 된 다음에 기소되어 재판받을 때 김문기가 세부 내용을 많이 알려주어서 김문기의 존재를 알았고, 김문기와 전화 통화를 많이 하였다"라는 것입니다.

② '김현정의 뉴스쇼'에서의 발언은 질문과 답변을 나누어보겠습니다.

첫 번째 질문의 요지는 "2일 전에 SBS 인터뷰에서 성남시장 시절에는 김문기를 몰랐다"라고 하는 데 대한 것이었고, 답변 요지는 "성남 시절에는 인지하지 못했다"라는 것이었습니다.

두 번째 질문의 요지는 "호주 여행을 11일 다녀왔는데, 모를 수 있느냐"라는 것이었고, 답변 요지는 "같이 간 것은 맞지만 하위 직원이라서 기억에 남아 있지 않았다. 그 후 대장동 사업에 관하여 기소되었는데, 제일 잘 아는 김문기와 전화 통화를 많이 해서 알게 되었다. 그전에는 존재를 인지하지 못했다"라는 것입니다.

세 번째 질문의 요지는 "2015년이면 오래되지 않았고, 일행도 11명밖에 되지 않는데, 모를 수 있느냐"라는 것이었고, 답변 요지는 "직원이라는 사실은 명백하다. 재판 때 가장 잘 아는 사람이라는 사실은 제 입으로 이야기하였다"라는 것이었습니다.

네 번째 질문의 요지는 "시장 때 인지하지 못했다는 것이냐"라는 것이었고, 답변 요지는 "통화를 여러 차례 했으므로 전화번호부에 입력되어 있는데, 그 사람이 그 사람인지는 연결이 안 된다. 기억이 없다. 직원이라는 사실은 명백한 사실인데, 그것을 부인할 이유는 없다"라는 것이었습니다.

③ '한밤의 시사토크 더 라이브'에서의 발언도 질문과 답변을 나누어보겠습니다.

첫 번째 질문의 요지는 "시장 시절에는 모른다고 하였는데, 국민의힘에서 표창장 수여 건도 제기되었고, 해외 출장도 같이 갔는데, 거짓말로 보일 가능성이 높다"라는 것이었고, 답변 요지는 "(첫 인터뷰를 상기하며) 시장 때는 김문기가 하급 실무관이어서 만난 기억이 없다. 그것을 숨기는 것은 의미가 없다"라는 것이었습니다.

두 번째 질문의 요지는 "성남시장 시절에 대장동 개발이 이루어졌으니, 김문기가 뭔가 특혜를 준 책임자라면 선을 그을 필요가 있지 않는가?"라는 것이었고, 답변 요지는

파기 환송은 없다

"전화로 물어봤을 때 실무팀장이라고 들었다. 전화로만 통화해서 얼굴도 모르고, 실제로 기억이 없다. 그런데 나중에 (해외 출장에) 김문기가 같이 갔다는데, 같이 갔을 수는 있다. 수백 명에게 표창장을 주었는데, 일일이 기억할 수는 없다. 분명히 인정하는 것은, 도지사 때 전화를 통하여 김문기가 이 일의 핵심 책임자, 실무자라는 것을 알았다고 (그동안 그렇게) 말하였다"라는 것이었습니다.

④ '이재명의 프로포즈 청년과의 대화'에서 질문 요지는 "최근에 김문기를 모른다고 말하였는데, 만약 몰랐다면, 김문기의 책임을 어느 정도까지 후보가 가져갈 수 있는가이고, 모른다고 말한 것이 거짓이라면 사람들을 어떻게 설득할 것인가"였습니다.

답변 요지는 "재판을 받으면서 통화를 많이 했고, 핵심 실무자임을 알았다고 이미 이야기하였다. 그러나 시장 시절에는 몰랐다. 그런데 어디 여행(출장)을 갔는데 같이 갔더라. 하위직 실무자인데 같이 갔으면 얼굴이야 봤겠지만 그 사람이 이 사람인지를 어떻게 아느냐. 표창장을 수백 명 주는데 그 사람을 특정하여 기억을 하지 못하냐고 하는 것은 적정한 지적이 아니다. 국민의힘에서 마치 골프를 친 것처럼 4명 사진을 공개했던데, 확인해보니 함께 출장을 간 단체 사진 중 일부를 오려내 조작한 것이었다. 그런데 그 단체 사진을 지금 보면 절반은 기억할 수 없더라. 김문기가 내용을 가장 잘 아는 핵심 실무자였고, 수차 통화한 그 사람이다. 그 사람을 시장 당시에는 기억하지 못했다고 이야기한 것인데, 그것을 숨길 이유가 없다"라는 것이었습니다.

○ 표현의 일관성: 질문은 모두 피고인이 성남시장 시절에 김문기를 인지하였는지에 초점이 모여 있고, 2015년 1월경 뉴질랜드·호주 출장에 김문기가 동반한 사실, 피고인이 김문기에게 표창장을 준 사실을 피고인의 인지 유무에 관한 근거로 제시하고 있습니다. 피고인의 발언 4건은, 성남시장 시절에 김문기와 호주·뉴질랜드 출장을 간 사실, 김문기에게 표창장을 준 사실은 있겠지만, 피고인의 기억(발언 시점인 2021년 12월경 기준) 속에서 "성남시장 시절에 다른 사람들 상당수도 기억하지 못하는 것처럼 김문기를 특정하여 인지하지는 못했다"라는 것입니다. 여기에 덧붙여 피고인은 경기도지사 시절에 공직선거법 위반 사건으로 기소되면서 대장동 사업의 실무책임자인 김문기와 연결되어 전화 통화를 자주 하면서 비로소 특정인으로서 김

  파기 환송은 없다

문기를 인지하게 되었다는 점을 부가한 것입니다.

다. 피고인의 기억(2021년 12월 당시)에서 "김문기를 구체
   적으로 특정하여 인지한 시점"

○ 피고인의 김문기 발언은, 성남시장 시절에는 김문기라는
   사람을 특정하여 인지하지 못하였다는 것이고, 종전 공직
   선거법 위반 사건으로 기소된 경기도지사 시절에 그와 많
   은 전화 통화를 나누면서 그를 특정하여 인지하였다는 내
   용입니다. 즉, 이는 김문기라는 사람을 특정하여 인지한
   시기가 언제인지에 관한 기억을 끄집어낸 것에 불과하며,
   김문기와 관계된 객관적 사실을 부인한 것이 아닙니다.

2. 공직선거법 제250조 제1항의 엄격한 적용 원칙

○ 정치적 표현 및 선거 운동은, "자유가 원칙이고, 금지는
   예외"이며, "금지를 원칙으로, 허용을 예외로" 할 수 없습
   니다(헌재 2011. 12. 29. 선고 2007헌마1001 결정 등 참조). 선
   거 운동의 자유는 최대한 보장하여야 하고, 국가 권력의
   간섭이나 통제는 필요 최소한에 그쳐야 하며, 본질적 내
   용을 침해해서는 안 됩니다(헌재 1994. 7. 29. 선고 93헌가4

결정, 헌재 1999. 9. 16. 선고 99헌바5 결정, 헌재 2004. 3. 25. 선고 2001헌마710 결정 등 참조).

○ 선거 운동의 자유를 제한하는 공직선거법의 해석과 적용은 당연히 위와 같은 대원칙의 지배를 받습니다. 후보자 자신에 대한 허위 사실 공표죄(공직선거법 제250조 제1항)는 허위 사실 공표의 대상을 "후보자, 후보자의 배우자 등의 '출생지, 가족관계, 신분, 직업, 경력 등, 재산, 행위, 소속 단체, 특정인 또는 특정 단체로부터의 지지 여부 등'"으로 열거하여 한정하고 있으므로, 그러한 제한이 없는 타인에 관한 허위 사실 공표죄(제250조 제2항)보다 '선거 운동의 자유 원칙'이 더욱 관철되는 방향으로 엄격하게 해석되어야 합니다.

○ 공직선거법이 '허위의 사실'과 '왜곡'을 구분하여 규정하고 있다는 점을 간과해서는 안 됩니다. 1972년 10월경 '유신체제'가 수립된 후 1972년 12월 30일 제정된 국회의원 선거법은 제177조 제1항에 "(…) 의원으로 당선되거나 되지 못하게 할 목적으로 (…) 등에 관하여 허위의 사실을 공표하거나 공표하게 한 자 또는 사실을 왜곡하여 공표한 자는 (…)에 처한다"라는 허위 사실 공표죄를 신설하여 이 때는 '허위의 사실 공표'와 '사실의 왜곡 공표'를 모두 처

      파기 환송은 없다

벌하였습니다. 그러다가 1994년 3월 16일 통합 선거법이 제정되어 '허위 사실 공표죄'에서 '사실의 왜곡'을 제외하였습니다.

○ 이에 따라 적극적으로 표현한 내용에 허위가 없다면 법적으로 공개 의무를 부담하지 않는 사항을 일부 묵비하였다거나 일부가 부정확하거나 다소 과장된 표현 또는 다의적으로 해석될 여지가 있는 표현을 사용한 것을 허위 사실 공표로 평가해서는 안 됩니다(대법원 2020. 7. 16. 선고 2019도13328 전원합의체 판결 등 참조). 선거 운동의 자유를 보장한다는 측면에서 본다면, 후보자 본인이 정치적 '수사修辭'로써 일부 사실을 묵비하거나 다소 부정확하거나 과장 또는 윤색한 표현을 사용하였더라도 이를 '사실의 왜곡'이라고 비난할지언정, '허위 사실의 공표'로 처벌할 수는 없습니다.

3. 공직선거법 제250조 제1항이 규정한 '허위 사실'의 논증 순서와 방법

가. 논증 순서

○ 피고인에게 적용된 허위 사실 공표죄(공직선거법 제250조

제1항)의 객체는 "피고인의 행위에 관한 허위의 사실"이므로, 이를 판단하기 위해서는 후보자가 표현한 내용과 그 의미를 정확하게 확정하는 데에서 출발하여야 합니다. 먼저, 표현이 무엇인지를 정확하게 특정하고(표현 내용의 특정), 그 의미를 일반 선거인이 접하는 통상의 방법에 맞게 확정하여야 합니다(표현 의미의 확정). 그런 다음에 그 표현이 사실에 관한 진술인지 아니면 의견인지를 판단하고, 사실에 관한 진술이더라도 그것이 '피고인의 행위'에 관한 진술인 때에 한정하여 '진실한 사실'과 비교해서 허위성을 판단하여야 합니다.

○ 즉, ① 표현 의미의 확정(표현의 특정 및 의미의 확정), ② 사실 진술과 의견의 구별, ③ '피고인의 행위'에 관한 것인지 판단(사실 진술에 한정), ④ 허위성 여부 판단(진실한 사실과의 비교·대조)의 순서로 논증이 이루어져야 합니다.

○ 여기에서 간과하지 말아야 할 것은, 발언이 시·공간, 매체, 질문 상대방을 달리하면 각각의 발언별로 그 표현을 특정하고, 의미를 확정하여야 하므로(대법원 2024. 10. 31. 선고 2023도16586 판결 등 참조), 김문기 발언 4건은 각각마다 위와 같은 논증 순서를 거쳐야 한다는 것입니다.

나. 첫 번째 논증: 표현과 그 의미의 확정

○ 검사는 허위 사실 공표의 대상이 되는 피고인의 발언에 관하여 어떠한 해석을 가할 것이 아니라, 발언 자체를 특정한 다음에 의미의 확정 단계로 나아가야 합니다. 바로 그 의미 확정의 단계에서 비로소, 일반 선거인이 접하는 통상의 방법을 전제로 전체적인 취지와의 연관하에서 객관적 내용, 사용된 어휘의 통상적 의미, 문구의 연결 방법 등을 종합하여 선거인에게 주는 전체적인 인상을 기준으로 그 의미를 판단하여야 합니다. 이때도 표현한 사람의 내심의 의도나 개인적 이해득실 등 주관적 사정은 원칙적으로 고려해서는 안 됩니다(대법원 2015. 5. 14. 선고 2015도1202 판결, 대법원 2024. 10. 31. 선고 2023도16586 판결 등 참조).

○ 위와 같은 방법으로 표현의 의미를 해석하더라도, 다의적인 해석이 가능하면 다른 합리적 해석의 가능성을 배제한 채 공소 사실에 부합하는 취지로만 해석하는 것은 표현의 자유와 선거 운동의 자유에 반하여 허용되지 않습니다. 이때는 "의심스러울 때는 피고인에게 유리하게" 해석해야 한다는 원리가 작동합니다(대법원 2020. 12. 24. 선고 2019도12901 판결). 결국, 표현의 의미 확정이라는 단계에서는,

① 특정한 표현의 의미를 객관적으로 확정하여야 한다는 원리와 ② 표현에 대하여 다의적 의미 해석이 가능하면 피고인에게 유리하게 해석하여야 한다는 원리가 모두 작동하여야 합니다.

- ● 객관적 의미 확정의 작동 원리
- 김문기 발언에 관하여: 김문기 발언 4건의 각각의 의미를 확정할 때는 어느 발언이든 발언 자체의 객관적 의미를 포착하여야 하는 것이지 "김문기의 사망으로 대장동 개발 사업의 비리 의혹이 피고인에게 번지는 것을 막기 위하여"라는 내심의 의도나 개인적 이해득실을 고려해서는 안 됩니다. 이러한 관점에서 본다면, 피고인의 김문기 발언 4건이 각각마다 오로지 피고인의 김문기에 대한 인지 시점에 관한 일관된 표현이라는 점은 앞서 본 바와 같습니다. 피고인이 자신의 기억을 표현하는 과정에서 일부 사실이 자연스럽게 섞이게 되었다고 하더라도, 피고인이 그러한 사실 관계를 부인한 사실이 없는 만큼, 피고인의 발언에는 사실에 관한 표현은 없고, 기억에 관한 표현만이 있었다고 보아야 합니다.

다음으로, 원심이 유죄로 판단한 '사진 발언'(그러나 법원은

파기 환송은 없다

이를 구태여 골프 발언이라고 명명하였음)에 한정하여 볼 때,
발언의 객관적 내용, 사용한 어휘, 문구의 연결 방법을 고
려하면, 합리적 의심의 여지 없이 이를 "피고인이 김문기
와 골프를 치지 않았다"라는 의미로 해석할 근거가 전혀
없습니다. 피고인은 고작 국민의힘(박수영 의원)이 제시한
사진이라는 것도 단체 사진에서 일부 사람들을 오려낸 것
이므로 "조작이다"라는 의견을 제시한 것에 불과합니다.
비록 논증의 순서를 뛰어넘기는 하지만, 이것은 피고인의
행위가 아닌 국민의힘(박수영 의원)의 사진 조작 행위에 관
한 사실 또는 그 행위가 조작이라는 의견에 관한 표현입
니다. 피고인의 행위에 관한 표현이 될 수도 없습니다.

- 백현동 발언에 관하여: 백현동 발언에서도, "백현동 부지
특혜 의혹이 피고인에게 불리하게 작용하는 상황에 이르
자 각종 의혹 제기에 적극적으로 대응하면서"라는 것은
내심의 의도나 개인적 이해득실에 해당합니다. 백현동 발
언의 표현 의미를 확정할 때 이를 고려해서는 안 되고, 백
현동 발언 전체의 객관적 의미를 탐구하는 데 치중하여야
합니다. 원심처럼 일부 발언을 생략하고, 비약하여 문구
를 연결하는 방식이야말로 피고인의 표현 의미를 심각하
게 왜곡하게 됩니다.

● 다의적 해석 가능성의 작동 원리

• 김문기 발언에 관하여: 2021년 12월 29일 발언 중 '사진 발언'에 한정하여 보자면, 피고인의 발언은 "① 국민의힘에서 마치 피고인이 골프를 친 것처럼 4명이 찍은 사진을 공개했다. ② 피고인이 확인해보니 전체 단체 사진 중의 일부를 잘라내서 보여준 것이다. ③ 이것은 사진을 조작한 것이다. ④ 전체 사진을 보니 지금도 절반을 누군지 기억하지 못한다"라는 것으로 자연스럽게 이해됩니다. 피고인의 발언 어디에도 "피고인이 김문기, 유동규와 골프를 치지 않았다"라고 볼 만한 표현은 없습니다. 아마도 추측건대, 국민의힘(박수영 의원)은 피고인을 포함한 4명만으로 편집한 사진을 공개함으로써 그 사진을 찍은 당일 피고인이 나머지 3명과 골프를 쳤다는 사실을 공표하기 위하여 사진을 공개하였을 것입니다. 피고인은 바로 그것이 조작이 아니냐고 지적하였을 뿐입니다. 즉 피고인의 발언을 "사진을 오려내 조작하였다"라는 내용으로 얼마든지 해석할 수 있을 뿐만 아니라, 원심처럼 "골프를 친 사실이 없다"라는 것으로 비약하여 해석하더라도 이는 피고인이 "사진을 찍은 당일 사진을 찍은 장소인 뉴질랜드에서 4인 1조로 골프를 친 사실은 없다"라는 것으로도 해석할 수

있습니다. 조금 더 부연하자면, 이 발언에 포함된 "조작이
죠"라는 표현에는 주어, 대상, 목적이 없으므로, 청자聽者
에 따라서는 얼마든지 다의적 의미 해석이 가능하기도 합
니다.

- 백현동 발언에 관하여: 백현동 발언도 전체로서 살펴보
  면, 검사와 원심이 해석하는 것처럼, "한국식품연구원의
  종전 부동산인 백현동 부지"에 관한 것으로만 한정하여
  해석할 수 있는 것이 아니라 시간적 순서에 따라 "5대 공
  공 기관의 종전 부동산 6건의 처리에 관한 것"과 "백현동
  부지에 관한 것"으로 구분하여 그 의미를 해석할 수 있습
  니다.

다. 두 번째 논증: 사실 진술과 의견의 구별

○ 표현의 의미가 확정되면 사실 진술인지 의견인지를 가려
  야 합니다. 사실 진술은 시·공간적으로 구체적인 과거 또
  는 현재의 사실 관계에 대한 보고나 진술로서, 증명할 수
  있어야 합니다. 어느 범주에 속한다고 단정하기 어려우면
  의견이나 추상적 판단을 표명한 것으로 보아야 합니다(대
  법원 2020. 12. 24. 선고 2019도12901 판결 등 참조).

- 김문기 발언에 관하여: 김문기 발언은 피고인이 김문기를 인지한 시점에 관한 발언 당시(2021년 12월)의 기억을 표현한 것이므로, 이는 사실에 관한 진술이나 표현이 아닙니다. 설사 일부 사실에 관한 사항, 예컨대 과거에 해외여행을 같이 갔을 수는 있다거나 표창장을 줄 수 있었다는 등의 표현이 포함되어 있더라도 이는 자신의 기억을 말하면서 부수적으로 과거에 있었을 법한 사실을 표현한 것이므로, 독자적인 가치가 없습니다. 결국, 김문기 발언은 증명이 가능한 사실에 관한 진술이 아니라 자신의 인식과 기억에 관한 것입니다. 부수적으로 일부 사실이 섞여 있다고 하더라도 피고인이 이를 부인한 사실이 없는 만큼, 전체적으로 객관적 사실을 부정하는 발언은 없었다고 보아야 합니다.

  다음으로, 원심이 유죄로 판단한 '사진 발언'에 한정하여 볼 때, 피고인은 고작 국민의힘(박수영 의원)의 사진 조작 사실을 인용한 것에 불과합니다. 여기에 '사실'이 일부 포함되어 있다고 하더라도, 이는 '국민의힘(박수영 의원)'의 행위에 관한 표현이지 피고인에 관한 사실 진술이나 표현이 아닙니다.

- 백현동 발언에 관하여: 피고인은 백현동 발언에서 성남시

장에 당선된 2010년경부터 2015년경까지 5대 공공 기관의 종전 부동산 처리 문제를 둘러싼 중앙정부와 성남시의 갈등, 피고인의 시정 방침, 그 가운데에서 일부 종전 부동산을 처리한 결과 등을 죽 설명하다가 마지막 단계에서 한국식품연구원의 종전 부동산 처리 문제를 언급하였습니다.

위와 같은 일련의 과정은 본래는 복잡했으므로, 피고인은 국정감사장에서 짧은 시간에 이를 최대한 압축하여 표현해야 했습니다. 이 과정에서 5대 공공 기관의 종전 부동산 처리 문제를 이야기하면서 중앙정부를 대표한 국토교통부가 혁신도시법의 의무 조항 등 관련 법률을 동원할 수 있는 상황이었다는 점을 설명하였습니다. 또한 국가 시책에 협조하지 않으면 "직무 유기, 태만 등을 이유로 인적 문책을 가할 수 있다는 복무 지침"이 내려온 사실 등을 근거로 "직무 유기 뭐 이런 것을"이나 "협박"이라는 평가적評價的인 표현을 하였습니다. 즉, 이는 중앙정부와 성남시의 갈등을 사실 그대로 드러내면서 자신이 느낀 솔직한 심정과 견해를 표현한 것이므로, 평가적 의견의 표현 또는 사실 진술과 의견이 혼재된 표현에 해당합니다.

다음으로, 피고인이 마지막 단계에서 발언한 백현동 부지에 관한 표현은, 마침 발언 전날 서울특별시장 오세훈이 마치 피고인이 백현동 부지에 관하여 민간업자에게 직접 특혜를 준 것처럼 '3대 특혜'를 허위로 발언한 데 대한 자신의 직무 수행 경과와 이에 대한 견해를 표현한 것입니다. 이는 오세훈의 특혜 주장에 대한 반박 의견을 표현하는 데 중점이 있습니다. 국토교통부가 한국식품연구원의 종전 부동산 매각을 쉽게 하려고, 성남시에 꾸준히 용도 변경을 압박해왔음은 주지의 사실입니다. 그것이 비록 협조 요구라는 외관을 갖추었더라도, 국가 시책에 해당하는 이상 기초 지방자치단체에 불과한 성남시에서는 이를 외면할 수 없었습니다.

한국식품연구원이 계속 용도 변경을 요구하면 그때마다 국토교통부에서는 매우 이례적으로 협조를 요구하는 공문을 보내왔습니다. 이는 당연히 국토교통부가 중앙 부처로서 관련 법률(구 국가균형발전 특별법 등)에 따라 국가 시책 협조를 구하는 것이므로, 피고인이 아니라 누구라도 이를 법률상 요구로 인식하는 것이 당연합니다. 그때 사용한 표현이 바로 "국토교통부의 법률상 요구에 따라"라는 일반적·관용적 표현입니다. 국가와 지방자치단체 사이의 관계가 공법상 법률 관계라는 점을 부인할 사람은 아무도 없을 것이고, 피고인의 표현은 그러한 법률 관계를 표명한 것입니다.

결론적으로, 백현동 발언은 한국식품연구원의 종전 부동산인 백현동 부지의 용도를 변경해주기 이전에 수년간 있었던 중앙정부와 성남시의 갈등과 피고인의 시정 방침 및 해소 방안에 관한 발언, 그 후 백현동 부지에 국한한 발언으로 나눌 수 있습니다. 전자나 후자 모두 사실 진술(갈등의 역사적 경과와 처리 결과 등)과 의견(전자에서는 국토교통부의 압박이라는 압축적 의견, 후자에서는 법률에 의한 요구라는 압축적 의견 등)을 포함하고 있습니다. 마지막으로, 결론에서 오세훈 시장의 특혜 주장이 사실이 아니라는 주장으로 끝을 맺습니다. 따라서 백현동 발언의 전체 맥락은 서울특별시장 오세훈의 3대 특혜 주장이 사실이 아니라는 점을 설명하기 위하여 수년간의 경과를 설명하고, 자신의 견해를 표현한 것입니다.

라. 세 번째 논증: 피고인의 행위에 관한 것인지

- 김문기 발언에 관하여: 김문기 발언이 사실에 관한 것이 아니라는 점, 따라서 피고인의 행위에 관한 것인지를 논증할 필요가 없다는 점은 앞서 본 바와 같습니다. 다만,

원심이 유죄로 판단한 '사진 발언'에 국한하여 본다면, 이는 고작 국민의힘(박수영 의원)의 사진 조작 사실을 인용한 것이므로, '박수영의 행위'에 관한 표현일지언정, 피고인의 행위에 관한 표현이라고 할 수 없습니다.

- 백현동 발언에 관하여: 백현동 발언에서 피고인의 행위에 관한 것은 5대 공공 기관(한국식품연구원 등 5개의 기관)의 종전 부동산 6건(백현동 토지 등 6건의 토지)의 처리를 둘러싼 중앙정부와 성남시의 갈등 속에서도 피고인이 시정 방침을 고수하여 상당한 성과를 거두었다는 점과 국토교통부가 유독 백현동 부지에 관해서만 별도로 용도 변경에 협조하라는 지시 공문을 반복하여 보내오므로, 피고인이 마지막 단계에서 타협책을 모색하여 백현동 부지의 용도를 '준주거용지'로 변경해주었다는 정도입니다.

그 밖에 원심이 인정한 "국토교통부의 직무 유기 고발, 협박"이라는 표현은 그 주체가 피고인이 아니라 '국토교통부'이므로, 이를 피고인의 행위라고 볼 수는 없고, 나아가서 "후보자의 자질, 품성, 능력"과 어떠한 관계가 있다고 볼 수도 없습니다. 특히 피고인은 국토교통부의 압박이 있었지만, 이에 굴하지 않고 5대 공공 기관의 종전 부동산 처리 문제에서 아이디어를 내 성과를 거두었다는 취지로 발언하였고, 그런 다음에 백현동 부지의 용도 변경에 관한 내용을 분리하여 따로 발언하였으므로, 국토교통부의 압박과 백현동 부지의 용도 변경이 직접 연결되지도 않습니다.

원심이 지적한 "국토교통부의 법률상 요구"의 주체도 피고인이 아니고, 이를 "압박"이라는 표현으로 대치할 수도 없습니다. 물론, 이는 피고인의 행위가 아닌 국토교통부의 행위에 관한 발언입니다. 이는 피고인이 한국식품연구원에 백현동 부지에 대한 용도 변경을 해주는 과정에서 국토교통부로부터 받았던 각종 공문을 압축적으로 표현한 것이므로, 오히려 사실에 부합합니다. 피고인이 백현동 부지에 관하여 용도 변경을 해준 과정을 설명하면서 "어쩔 수 없이"라는 표현을 사용한 것은, 국토교통부의 협조 요구가 계속되는 마당에 끝까지 자신의 시정 방침을 고수할 수 없었다는 점을 수사적으로 표현한 것에 불과합니다.

마. 네 번째 논증: 허위성 판단

○ 어떠한 표현이 중요한 부분에서 객관적 사실과 합치되면 세부적으로 진실과 약간 차이가 나거나 다소 과장된 표현

이 있더라도 이를 허위라고 볼 수 없습니다(대법원 2020. 12. 24. 선고 2019도12901 판결 등 참조). 지금까지 여러 의견서에서 단순한 '보조 논거'는 허위성 판단의 기준이 될 수 없다고 주장한 것도 이와 맥락이 같습니다.

○ 무엇보다도, '표현 의미 확정 단계'나 '허위성 판단' 단계 모두에서 진실한 사실이나 배경 사실을 앞에 두면 안 되고 뒤에 두고 판단해야 한다는 것입니다. '일반 선거인'의 관점에서 '허위 사실'을 논증하여야 하는데, 진실한 사실 또는 배경 사실을 앞에 두면, 일반 선거인의 관점이 왜곡되기 때문입니다. 일반 선거인은 모든 정보를 정확하게 확보한 상태에서 피고인의 발언에 대하여 어떠한 인상을 가질 수 없습니다. 그런데도 그 정보를 앞에 두거나 같은 선에 두고 '표현 의미의 확정'이나 '허위성 여부'를 판단하게 되면, 그 표현의 객관적 의미를 정확하게 포착하지 못하고, 편견이나 선입견에 사로잡혀 논증을 그르치게 됩니다.

• 김문기 발언: 김문기 발언에서 피고인의 행위에 관한 것이라고 볼 만한 진술이나 표현이 없다는 점은 앞서 본 바와 같습니다. 피고인의 발언이 모두 자신의 기억에 관한 것인 이상, 이를 사실의 측면, 특히 피고인의 행위 측면에

파기 환송은 없다

서 허위성 여부를 판단할 수 없다는 점은 충분히 논증하였습니다.

- 백현동 발언: 백현동 발언에서 피고인의 행위에 관한 것은 모두 중앙정부와 성남시의 갈등 속에서 이루어진 일련의 과정에 관한 것으로서, 진실한 사실에 부합합니다. 그 밖의 사정이나 사실은 피고인의 행위가 아닌 중앙정부의 조치이거나 피고인의 견해 또는 수사적 표현이므로, 허위성 여부를 판단하는 대상이 될 수 없습니다.

김문기 발언 4건을 살펴보면 제1심과 대법원이 문제 삼은 '골프'라는 단어는 어떤 질문자도 언급한 적이 없다. 그런데도 의뢰인이 조작된 사진을 설명하기 위해 붙인 "골프 친 것처럼"이라는 표현 하나가 발언 전부를 뒤덮고 있다.

2021년 12월 29일 방송 대담은 다수의 패널로부터 질문을 받고 대답하는 방식으로 진행되었다. 어떤 청년 패널이 의뢰인에게 "성남시장 시절에 김문기를 몰랐다는 것이 사실이냐?"라는 요지의 질문을 던졌다. 의뢰인은 대답으로 다른 방송에서처럼 자신의 기억을 말하였을 뿐이다. 그 과정에서 직전에 국민의힘 박수영 의원이 페이스

북에 올린 글과 사진을 떠올렸다. "10명이 찍은 사진에서 4명만 오려낸 것이었다, 실제 사진을 보니 지금도 절반 정도를 기억하지 못하겠다"라고 말한 것뿐이다.

만약 의뢰인의 기억 속에 '골프를 친 행위'가 정확히 자리하고 있었다면, 청년 패널이 묻지도 않은 사진이나 골프를 일부러 언급할 이유가 있었을까.

제1회 공판 기일에서 언어심리학이나 인지학 방면의 감정이 필요하지 않겠냐고 재판부와 의견을 나눈 적이 있다. 증거 조사로서 적절성에 문제가 있을 것으로 생각되어 진행하지 않기로 하였다.

나는 김문기 발언과 백현동 발언을 일반인들이 어떻게 인식하는지 궁금했다. 여론조사를 할 수도 없는 상황에서 내가 떠올린 묘안은 의뢰인의 발언을 챗GPT와 딥시크로 분석해보고, 그 내용을 법원에 제시하자는 것이었다. 변호인단에서는 재판을 희화화한다는 우려의 목소리도 없진 않았으나 나는 고집을 부렸고 의뢰인도 찬성하였다. 검사의 기소 논리가 얼마나 이해되지 않았으면 그런 것까지 생각했을까 싶다.

일반 선거인의 자리에 '언어 AI'를 두면 "보통의 언어 감각을 가진 일반인의 관점에서 접근할 수 있지 않을까"라는 상상에서 출발하였다. 먼저 김문기 발언에서 다음

     파기 환송은 없다

'사진 발언'을 질문 대상 발언으로 삼았다.

챗GPT와 딥시크의 답은 비슷했다. 먼저 챗GPT와의 대화이다.

Q1: 조작의 대상은 무엇인가?

A1: 해당 발언에서 "조작한 거죠"라고 지적하는 대상은 '사진 조작'이다. 조작의 대상은 "단체 사진을 편집하여 특정한 인상을 주도록 만든 행위"이다.

Q2: 다른 날 골프를 친 사실을 부인하는 내용이 포함되어 있다고 볼 수 있는가?

A2: "제가 골프를 친 것처럼 사진을 공개했던데"라는 말은 본인이 골프를 친 사실을 부인하는 내용이 아니며, 오히

려 "전체 일행, 단체 사진 중 일부를 떼어내서 보여줬다"
라는 점에 초점을 맞추고 있다. 즉, 골프를 친 사실을 직
접적으로 부인하지 않고, 사진이 왜곡되어 공개된 것을
지적하고 있다. 따라서 골프를 친 사실을 부인한 내용은
포함하지 않는다.

Q3: 다른 날 골프를 친 사실을 부인하는 내용이 포함되어 있
다고 볼 수 있는가?(같은 질문 반복)

A3: 발언의 초점은 사진이 단체 사진에서 일부를 떼어내 왜
곡되었다는 점에 있다. 자신이 사진 속에서 골프를 친 것
처럼 보이게 만들었다고 주장하는 것이지, 다른 날 골프
를 친 적이 없다고 직접적으로 언급한 것은 아니다. "내
가 골프를 친 적이 없다"라는 명확한 부정 표현이 없다.
단순히 사진 속 장면이 왜곡되었다는 점을 강조하고 있
다. 해당 발언은 특정 사진이 조작되었다는 주장에 집중
하고 있을 뿐, 전체적인 골프 여부에 대한 명확한 입장을
밝히지 않고 있다. 결론적으로, 이 발언만으로 "다른 날
골프를 친 사실을 부인했다"라고 해석하기는 어렵다. 사
진이 조작되었다는 점을 강조한 것이지 골프 자체를 치
지 않았다는 직접적인 부인을 포함하고 있다고 보기에
는 논리적 비약이 있을 수 있다.

딥시크는 이렇게 답했다.

Q1: 조작의 대상은 무엇인가?

A1: 이 발언에서 '조작'의 대상은 사진이다. 발언자는 자신이 골프를 친 것처럼 보이도록 사진을 조작했다고 말하고 있다. 구체적으로 단체 사진 중 일부를 잘라내어 마치 골프를 친 것처럼 보이도록 편집한 것으로 보인다. 사진 속 일부 사람들이 누구인지 기억하지 못한다고 언급하며, 사진이 원래의 맥락과 다르게 사용되었음을 지적하고 있다. 조작의 대상은 사진이며, 내용과 맥락이 왜곡되었다는 것이다.

Q2: 다른 날 골프를 친 사실을 부인하는 내용이 포함되어 있다고 볼 수 있는가?

A2: 이 발언은 특정 사진이 조작되었다는 내용을 담고 있지만, 다른 날 골프를 친 사실을 직접적으로 부인하는 내용은 포함하지 않고 있다. 발언자는 단체 사진 일부를 잘라내어 마치 골프를 친 것처럼 보이게 했다고 지적하며 사진 속 일부 사람들이 누군지 기억하지 못한다고 말하고 있다. 따라서 이 발언만으로는 다른 날 골프를 친 사실을 부인했다고 보기 어렵다. 골프를 친 사실 자체에 대한 언

거대 언어 기반 AI의 성능이 매우 우수하다는 데 많은 사람들이 동의하고 있다. 표준적인 사람들의 언어 사용이나 이해력을 반영하고 있다고 생각한다. AI 모두 의뢰인의 발언을 '사진 조작 발언'이라고 해석하였고, 여기에서 "골프를 치지 않았다"라는 의미를 찾지 못하였다.

나는 백현동 발언에 관해서도 질문 대상 발언을 다음과 같이 정해놓고 답을 구했다. 백현동 발언을 그대로 인용하지는 않았고 맥락을 살려서 요약했다.

① 식품연구원은 공공 기관 이전 5개 대상지 중의 하나였다. 정부 방침은 5개 공공 기관 부지에 주상복합을 지을 수 있도록 다 바꿔주라는 것이었다.

② 제가 기자회견을 했다. 토지 용도 변경을 해서 분양 수익을 수천억 원씩 취득하는 것은 허용할 수 없다. 성남시는 주거 단지가 아니라 업무 시설을 유치하겠다는 것이었다.

③ 국토부에서 다시 이런 식으로 압박이 왔다. '공공 기관 이

전 특별법' 제43조 제6항이 있다. 국토부장관이 요구하면 지방자치단체장은 반영해야 한다는 의무 조항이다. 만약 안 해주면 직무 유기 뭐 이런 것을 문제 삼겠다고 협박을 해서

④ 제가 낸 아이디어가 조금만 반영해주겠다고 해서 성남시 공공 기관 이전 부지 5곳이 몇 년 동안 불발되었다.

⑤ 그래서 결론은 도로공사는 제2판교테크노밸리로 개발했고 LH 부지는 서울대가 500억 싸게 인수해서 의·생명 단지를 만들어서 지역경제에 도움이 되고 있고

⑥ 나머지 백현 이 부분은 그냥 아파트 분양하겠다고 해서 버텼다. 다시 국토부가 식품연구원에 대해서만 별도의 공문 등이 와서 "불가피하게 용도는 바꿔주는데 그냥은 못 해주겠다, 공공 기여를 내놓으라"고 하여 약 8,000평 정도 연구·개발 부지를 취득했다.

⑦ 이것을 매각한 것은 성남시가 아니고, 공공 기관인 식품 연구원이다. 용도를 바꿔준 것은 국토부의 법률에 의한 요구에 따라 어쩔 수 없이 한 것이다. 분양을 임대로 바꿔준 것은 식품연구원의 요청에 의한 것이고, 이것 역시 법률에 의한 요구이므로 바꿔주고, 성남시 공공 용지를 확보했다.

여기에서 문제가 되는 것은 국토교통부의 압박 발언인 ③번 발언이 백현동 토지의 용도 변경과 그 후의 과정에 관한 ⑥, ⑦번 발언에 바로 연결되는지였다. 챗GPT의 대답은 다음과 같았다.

Q: ③번 발언은 ①, ②번 발언과 연결되는가? 아니면 ④, ⑤번 발언을 건너뛰고 ⑥, ⑦번 발언과 바로 연결되는가?

A: ③번 발언은 ①, ②번 발언과 자연스럽게 연결된다. ①번에서는 정부가 5개 공공 기관 부지의 용도를 변경하여 주상복합을 짓도록 허용하려 했다는 배경을 설명하고, ②번에서는 이에 대한 성남시의 반대 입장을 밝히고 있다. ③번에서는 국토부가 법적 근거를 들어 성남시에 용도 변경을 강요하며 압박하였다는 내용이 나온다. 즉 ①, ②, ③번은 공공 기관 부지 용도 변경을 둘러싼 정부와 성남시 간의 갈등을 설명하는 흐름으로 이어진다. 반면 ④번부터는 성남시의 대응과 이후 결과(개별 부지들의 개발 방향, 국토부의 추가 압박, 공공 기여 확보 등)에 대한 설명이 이어진다. 따라서 ③번 발언은 ①, ②번과 연결되며, ④, ⑤번을 건너뛴 후 ⑥, ⑦번과 바로 연결되는 구조가 아니다.

　　　　　　　　　　　　　　　파기 환송은 없다

의뢰인 사건에서 제1심과 대법원은 검사가 기소한 대로 ③번 발언을 ⑥, ⑦번 발언과 바로 연결하여 그 의미를 해석하였다. 제1심과 대법원의 판단은 AI가 틀렸다는 것이다.

이제 백현동 발언을 분석해보자. ③번 발언 다음에 나오는 ④번 발언은 "제가 낸 아이디어가 (국토교통부가 의무 조항에 근거하여 반영하라고 해도) 조금만 반영해주겠다고 해서 성남시 공공 기관 이전이 몇 년 동안 불발되었다"라고 되어 있다.

의뢰인이 말한 '공공 기관 이전 특별법'은 지금은 약칭 '혁신도시법'으로 바뀐 법률이다. 혁신도시법 제43조 제6항은 국토교통부 장관이 지방으로 이전할 공공 기관의 토지에 대한 활용 계획을 수립하여 해당 지방자치단체에 반영을 요구하면 지방자치단체는 그 계획을 지방자치단체의 '관리 계획'에 반영하여야 한다는 의무 조항이다. 따라서 국토교통부 장관이 이 조항에 따라 한국식품연구원의 백현동 토지에 대한 활용 계획을 수립하여 성남시에 반영을 요구하면 의뢰인은 꼼짝없이 따를 수밖에 없었다.

그러나 의뢰인은 '반영'이라는 말의 사전적 의미를 생각해서 전부가 아니라 일부만 반영할지라도 반영은 반영이므로 문제가 없겠다는 기발한 아이디어를 냈다. 의뢰인은 곧바로 수도권의 유명한 부동산 개발회사들에 선제적으로 공공 기관 토지를 매수하더라도 전부 주거 용지로 변경해주지 않고, 건축 허가도 다 해주지 않겠다는 의지를 담은 공문을 발송하였다.

부동산 개발회사들이 공공 기관 토지 전부를 주거 용지로 개발할 수 있다는 기대를 접게 만든 선제적인 선언이었다. 성남시를 서울의 배후 베드타운으로 만들어 부동산 개발회사들에만 천문학적인 이익을 가져다줄 수 없다는 의뢰인의 굳은 소신에서 나온 아이디어였다. 의뢰인은 그래야만 성남시민에게 약속한 공약을 지켜 성남시를 서울의 배후 베드타운이 아닌 자족 기능을 갖춘 도시로 계속 성장시킬 수 있다고 굳게 믿고 있었다. 의뢰인의 ④번 발언은 바로 이 과정을 설명한 것이다.

⑤번 발언은 그 성과로 한국도로공사 토지는 제2판교 테크노밸리로 조성되었고, LH 부지는 서울대가 500억 원이나 싸게 매수해서 의·생명 단지가 조성되었다는 내용이다. ④, ⑤번 발언은 시기적으로 2011년경부터 2014년 초경까지의 경과를 압축한 것이다.

특히 ④번 발언은 "국토교통부의 압박에도 불구하고, 아이디어를 내서 공공 기관 이전 부지 5곳이 몇 년 동안 매각이 불발되었다"라는 것이다. 의뢰인의 기발한 아이디어로 공공 기관의 토지 5곳이 몇 년 동안 매각되지 않았다는 사실을 설명하고 있다. ⑤번 발언은 그 결과로 성남시에 업무 시설이 들어섰다는 사실을 설명하고 있다.

의뢰인의 발언은 여기에서 일단락을 맺는다. 그런 다음 ⑥번 발언에서 "나머지 백현 이 부분"이라는 표현으로 백현동 토지에 한정하여 용도 변경 경과를 별도로 설명하고 있다. 의뢰인은 이 대목에 이르러 국토교통부에서 공문이 온 사실을 언급하면서 국토교통부의 요구대로 전부를 주거 용지로 변경해주지 않고, 일부 공공 기여를 받는 방식을 채택하였다고 말하였다. ③번 발언 중의 국토교통부의 압박이나 협박 때문에 백현동 토지의 용도를 변경해주었다는 말이 어디에 있는가.

⑦번 발언은 오세훈 서울특별시장이 전날 국정감사장에서 뜬금없이 제기한 '백현동 3대 특혜 의혹'이 사실이 아니라는 내용이다.

챗GPT는 이 과정을 비교적 자연스럽게 해석해주었다. 즉, 문제의 국토교통부 압박이 들어간 ③번 발언은 ①, ②번 발언과 연결되어 공공 기관 5개의 토지 용도 변경에 관한 정부와 성남시의 갈등 관계를 말한 것이고, ④, ⑤번 발언부터 이에 대한 성남시 대응과 결과, 개별 토지들의 개발 방향, 국토부의 추가 압박, 공공 기여 확보 등에 대한 설명이 이어진다는 것이다.

가장 중요한 것은 ③번 발언이 ④, ⑤번 발언을 건너뛰어 바로 ⑥, ⑦번 발언과 연결되지는 않는다는 것이었다. 챗GPT의 이러한 해석은 우리 변호인단이 주장해온 방향과도 일맥상통하였다.

검사는 ④, ⑤번 발언을 중략하고, ③번 발언을 바로 ⑥, ⑦번 발언으로 연결하였다. 변호인단은 항소심에서 그러한 생략과 비약이 의뢰인의 발언을 명백히 왜곡한 것이라고 주장하였다.

참고로 말하자면, 챗GPT가 ④, ⑤번 발언 후에 언급한 국토교통부의 추가 압박이란 문제의 ③번 발언에 있는 압박과는 다르다. 이것은 ⑥번 발언에 있는 국토교통부의 공문을 말하는 것이기 때문이다. 그리고 국토교통부가 백현동 토지의 용도 변경 과정에서 매번 협조를 요구하는 공문을 보낸 것은 사실이었으므로, 이를 압박이라고 평가하든 아니든 공문을 받았다는 의뢰인의 ⑥번 발언은 객관적 사실 그대로이다.

무엇보다 ③번 발언은 공공 기관 5개의 토지 모두에 대한 국토교통부의 압박을 말한 것이고, ⑤번 발언부터는 개별 토지의 개발 방향을 설명하였다는 점에서 근본적인 차이가 있다. ⑤번 발언은 한국도로공사의 토지와 LH 토지의 개발 방향을 말한 것이고, ⑥번 발언부터 비로소 개별 토지의 하나인 백현동 토지의 용도 변경 과정을 말하고 있기 때문이다.

그런데도 검사는 ③번 발언을 바로 ⑥, ⑦번 발언으로 연결하였고 제1심은 이를 그대로 수용하였다. 다행히 항소심은 ③번 발언과 ⑥, ⑦번 발언 사이에 ④, ⑤번 발언을 정확하게 넣어놓고 그 발언의 의미를 해석하였다. 그러나 대법원은 다시 제1심으로 돌아가고 말았다.

챗GPT까지 빌려 백현동 발언을 설명한 이유는 독자들이 법률적 의견에 구애받지 말고 평균적인 언어 이해력으로 백현동 발언을 평가해주기를 바라는 마음에서이다.

내가 제출한 의견서에는 분명히 챗GPT가 먼저 나온다. 그런데 검사는 무슨 영문인지 딥시크만 언급하였다. 챗GPT는 미국산, 딥시크는 중국산이어서 그런 것인가? 재판부는 슬쩍 웃고 지나가는 듯했다. 설마 검사가 과학 기술의 발전 결과를 놓고 국적을 따졌을 거라고는 생각지 않고 싶다.

제4차 공판 기일 마지막까지도 변호인단은 김문기 발언과 백현동 발언의 경과와 의미를 설명하는 데 집중했다. 재판부도 철저하게 검사들과 변호인에게 질문을 하였다. 그중 변호인단과 의뢰인이 다소 긴장할 만한 질문이 있었다. 김문기 발언에 관한 것이었다. 여태껏 변론 과정에서 재판부가 한 번도 지적하지 않은 사항이었다.

판사 한 분이 검사들이 유죄를 증명하려면 기억의 대상이 되는 사실 관계를 논증하여야 하므로 의뢰인과 변호인단도 이에 대한 변론을 해주기를 바란다고 하였다. 의뢰인이 성남시장 시절에 김문기로부터 업무 보고 등을 받은 사실을 기억하고 있는데도, 경기도지사 시절에 김문기와 전화 통화를 자주 하여 김문기를 알았다고 발언했다면, 김문기를 알게 된 시점이나 계기가 문제가 될 수 있지 않느냐는 의문을 제기하는 것으로 들렸다.

의뢰인은 나중에 재판을 복기할 때 이 질문의 의미가 무엇인지를 몹시 궁금해했다. 우리 변호인단도 마찬가지였다. 재판부가 검사의 구술 변론을 듣다가 그 자리에서 순간적으로 의문이 생겨 질문한 것 같았다. 다른 변호사는 좀 더 신중하게 생각하자는 의견을 제시하였다. 질문의 의도를 잘 모르겠다면 우리에게 전선이 불리하다고 가정하고 다시 점검하는 것이 옳은 방법이다. 재판부의 말 한마디 한마디는 당사자의 운명을 좌우한다. 재판부가 호기심으로 질문한 것에도 당사자는 큰 의미를 부여할 수밖에 없다. 성실하게 답변을 준비하기로 했다.

나는 다음과 같은 생각에 사로잡혀 있었다. 의뢰인은 성남시장 시절에 셀 수 없이 많은 보고를 받았다. 어떤 사람이 어떤 보고를 하였는지를 어떻게 구체적으로 기억할 수 있을까. 나는 의견서에서 "판사들도 많은 재판을 해보았을 것이다. 몇 년이 지나면 자신이 담당한 사건의 구체적인 경과를 얼마나 기억할까. 아마 거의 기억하지 못할 것이다. 물론 사회적으로 중요한 인물이나 역사적인 사건은 기억할 수 있다. 반면에, 사건 당사자는 자신을 재판한 판사를 기억할 가능성이 무척 높다. 공적 영역이든 사적 영역이든 그 사람이 처한 위치에 따라 사람과의 관계는 상대적일 수밖에 없다"라는 주장도 하였다.

그런데 검사들은 무슨 이유로 "과거 성남시장 시절 당시로 돌아가면 김문기를 구체적으로 특정하여 기억하지 못한다"라는 의뢰인의 발언에 김문기로부터 보고받은 사실을 숨기는 거짓말이 포함되어 있다고 주장하는 것일까. 그리고 무슨 이유로 그것도 처벌 대상이 된다고 주장하는 것일까. 검사들의 속마음이 무엇일지는 뻔하다.

이날은 오후 6시가 될 때까지 질문과 답변이 이어진 긴 변론으로 기억된다. 나뿐 아니라 다른 변호사들도 적극적으로 나서서 재판부가 질문한 쟁점에 답변하고 공소 사실의 문제점을 지적하였다. 의뢰인의 발언을 전체적인 맥락 속에서 따져야 한다는 것이었다. 미리 어떤 결론을 내놓고 발언의 의미를 해석해서는 안 된다는 것이 변호인단의 공통된 견해였다.

우리는 의뢰인의 발언을 구체적으로 하나하나 설명하면서도 전체 맥락에서 그 의미를 살피는 방식을 취하였다. 이 과정에서 국무총리실이 2011년, 2012년 초에 성남시를 비롯한 지방자치단체에 훈령으로 내려보낸 복무 지침도 언급하였다. "국가 시책에 협조하지 않으면 직무 유기, 태만 등을 이유로 인적 문책을 하겠다." 검사들은 국무총리 훈령은 일반적인 규정이라거나 도덕률 같은 것이라고 반박하였다. 그러나 국무총리 훈령은 공직 사회에 무게감 있는 명령이다.

성남시는 단순히 형식적인 훈령을 받은 데에서 끝나지 않았다. 국토교통부를 비롯한 중앙 부처가 수시로 소집한 회의에서 국가 시책에 협조해달라는 요구를 받았다. 국토교통부를 비롯한 중앙 부처는 공공 기관의 토지를 민간에 매각하기 편하게 용도 변경에 협조해달라는 취지의 공문을 성남시에 꾸준히 보내왔다. 성남시 공무원들은 시장인 의뢰인이 중앙 부처와 각을 세우지 않고 협조해주기를 바랐을 것이다. 선출직인 의뢰인이야 시장을 그만두면 그뿐이지만 일반 공무원들의 처지는 그렇지 않았기 때문이다.

그러나 의뢰인은 도통 중앙 부처의 요구에 협조하지 않았다. 중앙 부처와 의뢰인 사이에 낀 일반 공무원들로서는 불만이 적지 않았을 것이다. 이 과정에서 의뢰인은 분명히 어떤 직원으로부터 자칫 나중에 직무 유기 등으로 문제가 될 수 있다는 말을 들었다고 기억했다. 의뢰인의 백현동 발언에 나오는 '직무 유기' 발언은 국무총리 훈령, 중앙 부처의 각종 공문, 일선 공무원들의 호소 등이 모두 어우러져 기억에 자리 잡은 상태에서 직설적으로 나온 표현에 불과한 것이다.

나는 이미 이 무렵인 2014년 3월 20일 매일경제뉴스에 "박근혜 대통령이 규제 개혁에 소극적인 공무원과 부처에 대해 반드시 책임을 묻겠다고 경고하자, 감사원장이 민간 기업들의 규제를 적극적으로 해결하는 공무원에 대해서는 감사원이 사후 책임을 묻지 않는 방안인 '적극 행정 면책 제도'를 적극 검토하라고 지시하였고, 공무원들이 왜 허가를 해줬는지보다 안 해줬는지를 대상으로 대규모 감사를 하여 '적발된 공무원에 대해서는 비리에 준해 엄단할 계획'이라고 박 대통령에게 보고하였다"라는 기사가 실린 사실을 확인한 상태였다.

당시 박근혜 대통령은 한국식품연구원을 콕 집어 조속한 토지 매각과 본사 지방 이전을 독촉하고 있었다. 그러나 국토교통부와 한국식품연구원은 성남시와 교착 상태에 빠져 있었다. 결국 감사원까지 동원될지도 모를 상황이었다.

이런 일련의 과정을 입체적으로 살펴보자. 중앙 부처가 그전부터 수년간 계속 성남시에 공공 기관의 토지를 민간에 매각하기 쉬운 주거 용지로 용도 변경을 해달라고 요청한 것을 단순한 협조 요구로만 이해할 수 있을까. 감사원까지 나서서 허가해주지 않은 행위를 비리에 준해 엄히 문제 삼겠다고 하는 상황에서, 그전에는 중앙 부처의 압박이 전혀 없었다고 볼 수 있을까. 그리고 어떤 국가 기관이 공문에 버젓이 '압박'이니 '직무 유기'니 '협박'이니 하는 표현을 사용하겠는가.

공문은 본래 무색무취하게 작성하는 것이 원칙이다. 그러나 상급 기관에서 하급 기관으로 같은 공문이 계속 반복해서 내려오면, 하급 기관이 압박으로 느끼는 것은 너무 자연스럽지 않은가. 하급 기관의 공무원들이 상급 기관의 협조 요구 공문을 서로 대등한 기관 사이의 협조 요구로 이해하는 것이 더 이상할 것이다.

나는 의뢰인의 발언이 분위기와 맥락에서 조금도 이상

　　　　　　　　　　파기 환송은 없다

하지 않았는데, 검사들은 유독 단어 하나하나에 고집스럽게 집착하였다. 그나마 검사들은 의뢰인의 직무 유기 및 협박 등 발언이 백현동 토지의 용도 변경 과정을 설명하기 전에 다른 맥락에서 나온 것인데도, 이를 억지로 백현동 토지에 연결하여 해석해야 한다고 주장하고 있었다. 그것이 지위에 따른 차이에서인지, 언어 이해력의 차이에서인지, 아니면 이해 불가한 다른 사유에서인지는 하늘만이 알 것이다.

변호인단은 김문기 발언은 김문기 발언대로, 백현동 발언은 백현동 발언대로 논쟁이 될 만한 거리를 일일이 찾아 질문에 답변하면서 얼마 남지 않은 재판에 최선을 다하였다. 관계 법률에 대한 설명도 자세히 하였고 검사가 반박하면 이를 다시 재반박하는 모양새로 논쟁은 치열했다.

이날은 주로 변호인단이 집중적으로 구술 변론을 하였다. 미리 제출한 의견서를 말로 설명하다 보니 발생한 현상이었다. 서면으로 제출한 의견서에는 고저장단이나 강약이 없다. 구술 변론으로만 이를 표현할 수 있다. 장문의 의견서를 축약하여 누구나 이해할 수 있도록 간결하고 호소력 있게 구술하는 역량이야말로 변호사가 갖추어야 할 가장 중요한 자질이다.

토론자들이 원고를 보지 않고 특정한 주제로 토론할 때 누가 청중의 지지를 받을 수 있을까. 내용이 가장 중요하지만 그에 못지않게 표현 방식도 중요하다. 자신이 말하고자 하는 주제를 정확하게 전달하고 그 논거를 핵심적으로 제시할 수 있어야 한다. 말이 장황해지거나 서로 모순되는 논거가 나오면 상대방이 반박하기도 전에 청중으로부터 외면당한다.

우리 변호인단은 검사들을 토론 상대방으로 재판부를 청중으로 생각하였다. 재판부의 판단을 의뢰인과 변호인단이 생각하는 방향으로 끌어내야 했으므로, 변호인단은 의견서 하나하나에 정성을 기울였고, 법정에서 구술 변론을 할 때도 간결하고 명료하게 의사를 전달하는 데 중점을 두었다. 이날 변호인단의 구술 변론은 대체로 성공적이었다고 자평했다.

검사는 다음 재판에서 증언할 양형 증인으로 김 모 교수를 신청하였다. 재판이 끝나고 나서 김 교수의 이력을 살펴보니, 문재인 정부 사법부가 좌파라거나 더불어민주당을 신랄하게 비난하는 논조의 사설을 많이 발표했었다. 특정 언론 매체에 계속 글을 싣고 있었는데, 심지어는 과거 의뢰인에 대한 구속영장 청구가 기각된 사실을 놓고 판사를 맹비난하기도 하였다. 그러나 변호인단은 검사들과 달리 메신저를 공격하지 않기로 하였다. 그것은 의뢰인의 뜻이기도 하였다.

7. 제5, 6회 공판 기일

: 2월 26일 종일

마지막 변론 기일이다. 전날 헌법재판소는 윤석열에 대한 탄핵 심판 변론을 종결하였다. 오전 10시 30분부터 제5회 공판 기일, 오후 2시부터 제6회 공판 기일이 열렸다.

오전에는 간단하게 변호인단이 제출한 증거 서류의 내용을 조사하였고, 바로 양형 증인을 신문하는 절차로 들어갔다. 정준희 교수는 자신의 경험을 토대로 방송 대담 프로그램에서 흔히 나타나는 말의 즉흥성이나 돌발성을 설득력 있게 증언해주었다. 의뢰인의 김문기 발언은 모두 방송에서 방송 진행자와 질문과 답변을 주고받는 가운데 나온 것이고 백현동 발언은 국정감사장에서 역시 비슷하게 나온 것이므로, 정준희 교수가 증언하기에 적당한 주제였다.

검사가 신청한 김 모 교수는 거짓말을 하면 처벌하여야 한다는 도덕적 당위론을 주장하였다. 한국 사람들은 일본 사람에 비해 사기죄를 많이 저지르므로 처벌을 강화하여야 한다는 것이었다. 무슨 통계를 보고 그런 증언을 하였는지 모르겠다. 국가마다 형사 처벌의 적용 범위와 처벌 수위가 다를 수 있고 무엇보다도 사회의 문화나 습속에 따라 사람들의 행위 양식이 다르다는 점을 알고 있는지 의문이었다. 우리나라는 형사 사건뿐만 아니라 민사 사건이나 가사 사건 등 모든 법적 분쟁이 일본보다 훨씬 많다. 그의 증언대로라면 우리나라가 일본보다 후진적이라거나 갈등이 많기 때문인 걸까. 납득하기 어려운 증언이었지만 웃어넘길 수밖에 없었다.

오후 일정은 빡빡하였다. 의뢰인에 대한 피고인 신문을 먼저 진행하였다. 우리는 언론에 생중계될 수 있다는 점 때문에 피고인 신문을 생략하고 싶었다. 그러나 의뢰인은 정치인이기 이전에 형사 피고인으로서 재판부 앞에서 자신이 발언한 내용과 그 의미를 정확하게 밝히고 싶어 했다. 변호인단은 혹시라도 의뢰인의 진술이 악용될 것을 염려하여 피고인 신문을 하지 말자고 말렸으나, 의뢰인의 진실하고 간절한 고집을 꺾을 수는 없었다. 형사 피고인 자리에 선다면 재판부를 향해 자신을 변호하고 호소하고 싶어 하는 것이 인지상정이다. 제1심에서 예상하지 못한 형을 선고받은 의뢰인으로서야 더 말할 것이 없다. 이런 경우엔 변호인도 의뢰인을 말릴 수 없고, 또한 말리지 않아야 한다고 본다.

  파기 환송은 없다

이제 검사들과 변호인단의 최종 변론만 남았다. 검사들은 첫날처럼 역시 고급스럽게 PPT 자료를 준비하였다. 1시간 30분 넘게 김문기 발언과 백현동 발언을 아주 상세하게 설명하며 유죄 논증을 하기 위해 애를 썼다. 중간중간 조롱으로 느낄 만한 표현도 여전하였다. 이날은 부장검사가 출현하여 마지막으로 양형 의견을 진술하였다. 그런데 양형 의견에서 도저히 지나칠 수 없는 악의적이고 모욕적인 표현이 나왔다.

부장검사는 놀랍게도 의뢰인이 김문기의 장례식장에 문상을 하지 않은 사실과 그 무렵에 의뢰인 부부가 SNS에 사진을 올린 것을 불리한 양형 요소로 주장하였다. 충격이었다. 분노가 차올랐다. 검사들이 변호인단과 의뢰인의 주장을 폄훼한 것이 처음은 아니었지만 이번만큼은 분노를 다스리기 힘들었다.

김문기가 사망하였다는 소식이 전해지자마자 많은 언론은 의뢰인을 사냥하였다. 그런 상황에서 의뢰인이 김문기의 장례식장을 방문한다면 황색 언론은 그 사실을 어떻게 보도할까. 고인을 기려야 할 장례식장이 제각각의 정치 논평이 오가는 시끄러운 시장통이 될 게 뻔했다.

의뢰인이 부부의 사진을 SNS에 올린 것은 또 무슨 문제가 된다는 것인가. 검사는 이것을 두고 의뢰인이 김문기를 추모하지 않았으니 무겁게 처벌해야 한다고 주장했다. 얼마나 어이없는 주장인가. 도대체 검사가 주장하는 사유가 어떻게 양형 요소가 된다는 것인가. 유튜브에서 누군가의 흠을 찾아내 비난하는 행태와 무엇이 다른가. 검사들은 공익의 대표자라는 지위를 포기한 것인가.

이제 변호인단과 의뢰인의 차례였다. 변호인단도 상당한 분량의 PPT 자료를 준비하였다. 먼저, 김종근 변호사가 나서서 김문기 발언에 관한 사실 쟁점과 법률 쟁점을 차분히 설명하였다. 우리가 줄곧 주장해왔던 쟁점들을 논증하면서 법률가이자 한 사람의 자연인으로서 김문기 발언의 의미를 입체적으로 설명하였다. 그가 했던 변론에서 깊이 생각해볼 대목이 있다.

"사건이 지금 시작된 지 얼마 지났는지 기억이 안 납니다. 일단 '말'이라는 것이 무엇인지 그리고 그 말에 대해서 형벌 규정을 적용해서 처벌한다는 것이 무엇인지 요즘은 대단히 혼란스럽습니다. 동일한 사실 관계에 대해서 극단적으로 달리 이야기하는 사람들이 있는데, 여기에 어떤 법률을 임의로 적용해서 수사하고 기소하여 유죄가 나오기도 하고 무죄가 나오기도 하는 차이가 어디에서 생기는지 대단히 비현실적입니다."

오랫동안 재판에 관여한 노련한 변호사로서, 말이 처

벌의 대상이 되는 현실이 실감 나지 않는다는 솔직한 감정 표현이었다. 그는 의뢰인이 하지도 않은 말을 하였다고 기소되었고, A라고 말했는데 B라고 말했다고 기소되었음을 지적하며, 보는 사람에 따라 너무 차이가 큰 세상이 혼란스럽다고 밝혔다. 그는 그러한 감정의 기초 위에서 김문기 발언을 하나하나 뜯어내서 논증하고, 다시 이것을 하나로 묶어서 논증하는 노련한 변론을 하였다.

다음 차례는 나였다. 국회증언감정법 제9조 제3항의 입법 취지와 그 조항의 적용 범위를 논증하는 데 치중하였다. 국회에서 하는 증언 자체를 국회증언감정법 제14조가 정한 위증죄로 처벌하지 않고 다른 범죄로 처벌하는 것은 불법이라는 것이 핵심이었다. 헌법 제12조를 보면 누구든지 법률과 적법한 절차에 의하지 않고는 처벌받지 않는다. 죄형법정주의와 적법한 절차는 형사 절차의 근간이다. 의뢰인을 처벌하기 위하여 국회의 고발이 필요한 위증죄를 피해서 공직선거법 제250조 제1항으로 우회하여 수사하고 기소한 것은 헌법 제12조가 정한 적법한 절차 원리에 반하지 않는가. 이에 대한 주장이 과연 나만의 독단일까.

이어서 이승엽 변호사가 백현동 발언을 변론하였다. 이승엽 변호사도 제1심부터 재판에 관여하였으니 얼마나 심경이 복잡하였을까 싶다. "처음 법조인이 되었을 때 언어를 정교하게 써야 한다는 이야기를 많이 들었습니다. 그런데 공소장을 보았을 때 '이 말이 이렇게 해석이 된다고?' 상당히 놀랍게 다가왔습니다. 제1심에서 유죄 판단을 받고 내가 생각하는 게 일반적이지 않을 수도 있는가 하는 의심이 들기 시작했습니다."

그는 본격적으로 변론하기 시작했다. "검사는 공소장에서 '피고인이 뭐라고 얘기했다. 그건 이런 뜻이다'라고 이야기하지 않습니다. '선거인은 이런 인상을 가진다'라고 중간에 하나를 가져다 놓습니다. 그런데 선거인인 저 이승엽은 그 말로 그런 인상이 생기지 않습니다. 대법원 판례는 선거인이 사용하는 어휘, 선거인이 그 발언의 어휘, 맥락 등을 파악해서 갖게 되는 인상이라고 말하고 있습니다. 그 판례에 존재하는 선거인은 한국말을 이해할 수 있고, 한국어 어휘를 사용하고, 한국어 문법을 올바르게 사용하여 발언의 맥락에 맞게 해석할 수 있는 사람입니다. 그런 사람들이 피고인의 발언을 검사의 공소 사실처럼 해석하지는 않을 것으로 생각됩니다. 검사는 어디선가 독특한 선거인들을 데리고 와서 이제는 '얘들이 이런 인상을 가졌대'라고 이야기하고 있습니다."

변호인단의 심정, 의뢰인의 심정을 그대로 표현한 것

이었다. 검사들과 제1심이 인용한 선거인이 누구인지 알수 없다는 답답함을 드러내면서, 법률가들이 함부로 선거인이라는 유령의 뒤에 숨어서 타인의 말을 자신들이 생각하는 의미로 재단하는 것이 옳은가에 대한 근본적인 의문 제기였다. 누군가의 말을 자의적으로, 특히나 본인의 의도대로 해석해놓고 그것이 옳다고 믿을 수는 없는 노릇이다. 누군가의 주장을 무턱대고 외면하고 거짓이라 비난하는 게 옳을 리 없다.

그 말의 해석에 따라서 유죄와 무죄가 갈리는 법정에서, 판사와 검사가 일반 선거인의 관점을 어떻게 보는지는 솔직히 아무도 모른다. 그 일반 선거인은 유죄를 구하는 검사나 판결을 선고하는 판사와 비슷한 성향의 사람일 수 있다. 이승엽 변호사가 지적한 대목이 바로 그것이었고, 조금 더 깊이 들어가면 사람의 표현 행위를 법정에서 처벌하는 것이 옳은지에 대한 근본적인 성찰로 이어지고 있다.

이승엽 변호사는 백현동 발언의 구체적인 내용을 객관적인 사실 관계와 비교하여 자세히 논증하면서 검사가 주장하는 허위성이 없다는 점을 아주 잘 설명하였다. 논리의 전개나 사실 설명이 물 흐르듯이 자연스러웠다. 그가 30분 이상에 걸쳐 구술 변론을 하는 동안 법정의 공기는 더없이 차분해졌다. 구술 변론이 자연스럽다는 것은 그 내용에 꾸밈이 없다는 것을 의미한다. 변호사들이 법정에서 변론할 때 허점이 있으면 설명에 비약이 생기거나 듣기 거북하고 부자연스러운 표현이 등장한다. 그러나 이승엽 변호사의 설명에는 막힘이 없었고, 막힘이 없어서 그의 말은 생생하게 살아 있었다.

이승엽 변호사가 백현동 발언에 대한 구술 변론을 마친 후에 다시 김종근 변호사가 양형 변론을 하였다. 그는 다음과 같은 말로 변론을 시작하였다.

"이 사건은 대선 낙선자에 대한 이례적인 기소 사건입니다. 대선에서 당선자는 대통령이 되므로 선거 과정에서 있었던 공직선거법 위반으로 소추될 수 없는 지위를 획득합니다. 낙선자만을 상대로 공직선거법 위반으로 처벌하는 것은 형평에 맞지 않습니다. 전례가 없던 일입니다. 낙선했다는 것은 공직선거법을 위반하였더라도 결국 당선에 영향을 주지 못했거나 영향이 제한적이어서 실질적인 의미가 없다는 것을 의미합니다. 일반적으로 낙선자에 대한 수사와 기소는 상대 당에 대한 탄압과 정적을 제거하는 수단으로 악순환될 수 있어서 정치사에 좋지 않은 선례로 남을 수 있습니다."

김종근 변호사의 이러한 변론에 동의하지 않을 수 있

　　　　　　　　　　　　　　　　　　파기 환송은 없다

을까. 나는 의뢰인 사건을 진행하면서 대한민국 검찰이 얼마나 편파적인지 절감했다. 검찰은 의뢰인과 격돌했던 윤석열과 그의 가족에게는 관대하였다. 법의 저울이 한 쪽으로 기울면 그것은 이미 법이 아니다. 검찰의 잣대는 '형평과 정의'라는 가장 기본적인 법 원칙과 반대의 길로 이미 들어서 있었다. 그것은 대한민국에 커다란 상처를 남겼고, 검찰권이 주권자인 국민의 의사와 무관하게 작동한다는 현실을 고스란히 보여주었다.

검사 대부분은 말한다. "우리는 묵묵히 주어진 사명을 다한다. 비록 특정 사건에서 편향된 수사와 기소를 하는 검사가 있더라도 그것은 극히 일부이다." 그러나 이러한 주장은 검찰권이 조직적으로 행사될 때 생기는 문제점을 외면한 것이다. 검찰권은 사회적·역사적으로 중요한 길목에서 편파적으로 작동하였다. 우리 사회의 건강한 발전과 통합을 해쳐왔고, 극심한 갈등과 정쟁을 유발했으며, 많은 사람에게 분노와 고통을 안겼다.

검사 한 사람 한 사람의 고백은 의미가 없다. 검찰권은 '검사'가 아니라 '검찰'이라는 조직에 뿌리를 두고 있다. 의뢰인 사건에서도 재판에 관여한 검사들은 검찰이라는 권력 조직의 일원이다. 김종근 변호사는 바로 그 대목을 지적하였다. 검찰권의 자의적·편파적 행사는 정치적 책략이다. 권력자는 법의 외피로 정적을 제거하거나 시민의 인권을 침해하고서도 법치주의를 외친다. 그런 법치주의라면 사양하고 싶다.

김종근 변호사는 시종 차분하고 잔잔한 어투로 변론을 계속하였다. 그는 막바지에 다음과 같은 말을 남겼다.

"말은 생각이나 기억을 표현하는 수단이죠. 생각이란 어떤 고체 상태라기보다는 액체나 기체 상태 같은 것일 겁니다. 액체나 기체 상태 같은 생각을 말이라는 수단으로 표현하다 보면 항상 정확할 수는 없습니다. 기억도 마찬가지입니다. 오래된 기억은 안개 속에서 어떤 사물을 바라보는 것처럼 희미해집니다. 그 희미한 것을 억지로 떠올려서 한 말들이 100퍼센트 정확할 수 있겠습니까?"

변호인단이 줄곧 생각한 방향과 정확하게 일치한 표현이었다. 나 또한 여러 의견서에 그러한 내용을 담았다. 사람의 말과 기억의 부정확성, 그 말을 듣는 사람마다 각기 달리 듣거나 해석할 가능성을 일반인의 기준에 맞추어 설명하려고 애를 썼다. 고도의 지적 훈련을 받은 전문가, 즉 고명한 판사나 검사가 아닌 장삼이사의 기준으로 말이다. 그러나 그런 노력은 나중에 대법원에서 모두 물거품으로 돌아가고 말았다. 지금도 그날의 아쉬움을, 안타까움을 지울 수 없다.

이제 의뢰인이 자신을 위하여 최종 진술을 할 차례가 왔다. 의뢰인은 그 자리에서 자신이 생각한 바를 이야기하듯이 털어놓았다. 그것은 지난 시간 끊임없이 자신을 괴롭혀온 모진 고통에 직면하는 것이었다. 그는 부부간에도 과거에 대한 기억이 달라 다툰 적이 있다는 경험을 들어 말의 진위를 재판한다는 것이 얼마나 허망한 일인지 말하고 싶어 했다. 그의 마지막 말은 이렇게 끝난다. "원래는 아예 안 하려고 하였는데, 안 하면 나중에 후회될 것 같아서 말씀드렸습니다. 죄송합니다. 너무 길게 말씀드려서 죄송합니다."

의뢰인은 재판부를 향해 끝까지 공손했다. 의뢰인의 솔직한 토로는 고통을 겪은 사람만이 가질 수 있는 특권이었다. 의뢰인의 말에는 꾸밈이 없었고, 정치인이 아닌 한 사람의 자연인이 털어놓는 속 깊은 이야기가 있었다. 기자들은 관심사는 달랐겠지만 변호인단은 의뢰인의 솔직함과 공손함에 관심을 쏟았다.

의뢰인이 최종 진술을 마칠 무렵 오후 6시를 넘어가고 있었다. 재판부는 변론을 종결하고 선고 기일을 3월 26일 오후 2시로 지정하였다.

8. 의견서와 의견서

: 2월 27일~3월 25일

선고 전날까지 검사 측은 총 40건(항소이유서 2건, 의견서 38건), 변호인단은 총 36건(항소이유서 3건, 의견서 33건)의 서면을 제출하였다.

변론 종결 하루 전인 2월 25일 검사들이 5건을 제출하면서 검사 측 의견서는 18건이 되었다. 변호인단의 17건보다 많았다. 그게 끝이 아니었다. 검사들은 2월 27일부터 3월 25일까지 20건을 제출하였는데, 하루에 7건(3월 7일), 9건(3월 10일)을 쏟아내기도 하였다. 변호인단이 소화하기 버거운 물량 공세였다.

같은 주장을 반복하거나 변호인단의 주장을 교묘하게 비트는 반박까지 포함되어 있어서 주의를 기울이지 않을 수 없었다. 변호단은 변론을 마친 다음 날부터 선고 전날까지 이 의견서들을 읽고 정리하느라 그야말로 사투를 벌여야 했다.

제1심에서 제출된 의견서는 검사들 44건, 변호인단 24건으로 의견서 총량은 검사들 84건, 변호인단 60건에

달하였다. 각종 증거 자료는 빼놓고 순수한 의견서 총량
만도 144건이나 되었다. 대법원이 5월 1일 선고 기일에
의뢰인 사건을 쟁점이 간단한 사건이라고 밝힌 것치고는
어마어마한 물량이다.

변호인단은 검사들의 물량 공세에 일일이 반박하지 않
을 수 없었다. 그렇다고 같은 말을 되풀이할 수는 없어서
검사들의 의견서를 종류별로 분류하여 반박 의견서를 준
비하였다. 어떤 것은 가볍게 반박하였고, 어떤 것은 치밀
한 논리를 갖추어 반박하는 등 경중에 따라 의견서를 달
리 작성하였다.

변론을 종결한 이후는 문서로 오가는 소리 없는 전투
가 연일 계속되었다. 피로는 쌓였고 짜증도 났다. 법원이
변론 종결 후에 제출할 의견서 분량을 제한하는 소송 지
휘권을 행사할 순 없었을까. 법정에서 그 내용을 밝히고,
그 자리에서 상대방이 반박할 수 있어야 비로소 공판 중
심주의나 구술주의라는 형사 재판의 대원칙이 지켜지는
것은 아닐까.

민사 재판이든 형사 재판이든 변론 종결 후에 서면을
제출하는 경우가 매우 흔하다. 모든 주장과 증거 조사는
오직 법정에서 해야 한다는 대원칙에 반한다. 법정 주장
을 보완하는 수준의 문서를 제출하는 것까지는 허용하

더라도 변론 수준의 서면을 제출하는 것은 반칙이다. 반칙에는 제재가 필요하고 반칙이 판결에 영향을 미쳐서는 안 된다고 생각한다. 그러나 변호인단은 검사들이 쏟아내는 의견서를 반박하는 것 외에는 아무런 방법이 없었다.

나는 3월 10일 다음 내용을 포함한 의견서(24번)를 제출하여 솔직한 마음을 드러내기로 하였다.

○ 이 사건을 지켜보면서 한 가지 떨칠 수 없는 의문이 들었습니다. 그것은 피고인의 말 몇 마디, 단어 몇 개를 두고 법정에서 수도 없이 오고 가는 말과 글이 가진 의미가 무엇일까에 대한 것이었습니다. 그 단순한 말을 두고, 많은 검사가 헤아릴 수 없이 많은 말과 글로 공격을 하면 변호인들이 이를 방어하는 모습은 과연 상식적일까? 여기에서 의문이 시작되었습니다.

○ 일단 기소된 피고인은 그 신분이 무엇이든, 자신을 방어하기 위하여 누구라도 검사의 장황한 공격에 대처할 수밖에 없는 만큼, 누구도 그런 피고인을 탓할 수는 없습니다. 그러다 보니 이 사건에서 피고인이 했던 본래의 말은 어디론가 사라지고, 이를 대신한 말과 글이 수없이 생산

되거나 포장되어 공방을 반복하며 긴 시간 신성한 법정을
휘몰아쳤습니다.

○ 이 사건을 보면서 어떤 사람이 표현한 단순한 몇 마디가
참인지 거짓인지를 가리기 위하여 검사가 제1심에서 43명
의 증인을 신청하여 이를 가려내자고 하는 것이 옳은가?
또 법원은 그러한 재판을 수용하는 것이 옳은가? 이 사건
의 끝에 이르러 그런 의문이 들었습니다. 피고인이 아닌
다른 사람이라도 이러한 수사와 재판이 가능할까? 근본적
인 물음에 대한 해답은 각자의 몫입니다. 다만, 수사와 재
판 절차가 만인에게 완전히 평등해야 한다는 점에는 이론
이 없으므로, 만약 누구라도 거짓말을 하였다는 법적 비난
을 받게 된다면, 앞으로도 이 사건과 같은 정도로 수사와
재판을 하여야 하는지 모두가 함께 고민하고 성찰할 지점
에 와 있다고 생각합니다.

○ 국가 권력의 행사가 절제되어야 한다는 것은 우리 헌법과
형사법의 기본 정신이고, 우리 모두 이의 없이 수용하고
있습니다. 그러나 이 사건에서 검사로 상징되는 국가 권
력의 행사는 거칠었습니다. 많은 증거 서류가 쌓였고, 많
은 사람이 법정에서 소모적인 질문에 시달려야 했습니다.
피고인은 그 시간을 고스란히 빼앗겨야 했습니다. 그것은

절차의 형식을 빌린 기본권 침해라고 말할 수 있는 성질의 것이었습니다.

○ 누군가 아주 운이 없어서 과거에 자신이 했던 말을 두고 이 사건처럼 수사와 재판을 받을 수 있다고 상상한다면, 그것처럼 끔찍한 일은 없을 것입니다. 새로운 말과 글이 입과 서류를 통하여 계속 오간다면, 그것을 견디는 사람은 없을 것입니다. 그런 점에서 이 사건은 선례를 찾아보기 어렵고, 앞으로도 이러한 사례가 또 있을지 상상하기 어렵습니다. 단 몇 마디 말의 '진위'를 가리기 위하여 그렇게나 많은 서류가 필요한 이유는 무엇이며, 그렇게나 많은 증인이 필요한 이유가 무엇인지 알 수 없어서, 돌이켜 생각해보니 이 사건은 처음 출발부터 잘못되었다는 생각이 저절로 들었습니다.

○ 그래서 변호인들의 글이 미욱하거나 때로 장황하였더라도, 그럴 수밖에 없었던 점을 재판부에서 이해하여주시기를 바라는 한편, 조금 거리를 두고 넓은 시야로 이 사건을 바라보는 지혜를 발휘하여주시기를 바라는 마음이 더욱 간절할 수밖에 없습니다.

의견서를 쓰면서 한 가지 중요한 사실을 발견하였다.

검사들도, 변호인단도, 재판부도 놓치고 있었던 쟁점이었다. 백현동 발언에 공직선거법 제250조 제1항을 적용하기 위한 '구성 요건 요소'가 하나 빠져 있었다. 이는 법률이 정한 범죄를 구성하는 개개의 요소, 즉 범죄를 구성하는 요건이 되는 요소이다.

따라서 형사 처벌 법규가 정한 구성 요건 요소가 하나라도 제대로 갖추어지지 않은 공소 사실에 대해서는 죄형법정주의의 원칙에 따라 당연히 무죄를 선고하여야 한다. 피고인의 유죄 판결을 원하는 검사라면 변론 재개를 신청하여 부족한 구성 요건 요소를 채워야 한다. 내가 이와 관련하여 3월 11일 제출한 의견서(25번)를 요약해서 소개하면 다음과 같다.

1. 공직선거법 제250조 제1항의 구성 요건

"당선되거나 되게 할 목적으로 연설·방송·신문·통신·잡지·벽보·선전문서 기타의 방법으로 (…) 후보자(후보자가 되고자 하는 자)에게 유리하도록 (…) 출생지·가족관계·신분·직업·경력 등·재산·행위·소속 단체, 특정인 또는 특정 단체로부터의 지지 여부 등에 관하여 허위의 사실을 공표하거

나 공표하게 한 자와 허위의 사실을 게재한 선전문서를 배포
할 목적으로 소지한 자."

2. 이 사건 공소 사실의 구조

이 사건 백현동 발언에 대한 공소 사실은, 피고인의 백현동
발언 자체를 '허위 사실 공표'로 특정하였을 뿐, '행위의 수단
이나 태양'으로 규정되어 있는 "연설·방송·신문·통신·잡
지·벽보·선전문서 기타의 방법"을 특정하지 않았습니다. 공
직선거법 제250조 제1항에서 규정한 "연설·방송·신문·통
신·잡지·벽보·선전문서 기타의 방법으로"에서 '기타의 방
법'에는 법문에 열거된 방법은 물론 불특정 또는 다수의 사
람에게 전달될 수 있는 모든 수단·방법이 포함됩니다. 그러
나 피고인이 이용하였다는 공표의 '수단, 방법'이 공소 사실
에 구체적으로 특정되어 있지 않은 이상, 이 사건 공소 사실
은 그 자체로 범죄가 되지 않습니다.

만약 법원이 직권으로 변론을 재개하면 우리에게 위험
한 신호가 될 터였다. 하루라도 빨리 재판을 마쳐야 한다
고 주장하는 검사들이 스스로 변론 재개를 신청할 리는

없었다. 법원이 재판을 재개하면 그 책임을 법원에 떠넘길 요량이었을 것이다. 나로서는 사전에 결론을 예측할 수 있는 하나의 리트머스 시험지를 가진 셈이었다.

의뢰인 사건처럼 전 국민적 관심 사안에서 법원이 만약 의뢰인을 유죄로 본다면, 반드시 당일에라도 변론을 재개하여 검사에게 내가 지적한 사항을 충족하라고 요구할 것이고, 무죄로 본다면 구태여 변론을 재개하지 않고 다른 사유로 무죄를 선고하면 그만이다.

4주간 수도 없이 많은 의견서가 교환된 사실을 언급하는 이유는, 대법원이 나중에 의뢰인 사건을 쟁점이 간단한 사건이라고 가볍게 치부한 것이 얼마나 허술한 논리에 기반한 것인지를 말하고 싶어서이다. 대법원은 누구도 넘볼 수 없는 초능력적 직관력이라도 가지고 있다는 것인지 되묻고 싶어서이다.

검사들이 처음부터 쟁점을 이리 비틀고 저리 비틀지 않았다면 의뢰인 사건의 쟁점은 간단했을 것이다. 그러나 검사들은 제1심에서부터 엄청난 물량 공세를 펼치면서 쟁점을 복잡하게 만들어버렸다. 변호인단은 최대한 쟁점에 집중하려고 하였으나 의견서 일부는 아무래도 장황할 수밖에 없었다.

그에 맞추어 검사들은 물론 변호인단도 방대한 증거

서류를 제출하거나 증인을 조사하였다. 따라서 기록을 모두 보기 전에는 의뢰인 사건의 쟁점이 본래부터 간단하다고 단정할 근거는 없다. 그런데도 대법원은 불과 2일 만에 의뢰인 사건의 쟁점이 간단하여 신속한 판단이 가능하다고 판결을 선고하고 말았으니, 이는 검사들도 변호인단도 상상하지 못한 조치였다. 대법관들의 능력이 초월적이라고 보아야만 이해가 가능하다.

나는 항소심 판결 선고를 불과 6일 앞둔 3월 20일 마지막으로 33번째 의견서를 제출하였다. 검사들과 수도 없이 공방을 주고받으면서, 나로서는 조금이라도 걱정을 덜기 위하여, 의뢰인 사건을 좀 더 넓은 시야에서 바라봐 달라는 마음에 9쪽짜리 짧은 의견서를 제출하였다. 여기에 그 내용을 간추려 소개하고자 한다.

1. 김문기 관련 발언에 관하여

○ 검사가 주장하는 '교유 관계, 교유 행위'는 공직선거법 제250조 제1항의 '행위' 개념을 무한히 확장한 개념으로, '안다, 모른다' '언제 알았다'와 같은 표현의 내재적·외연적 범위에 아무런 제한을 두지 않습니다. 따라서 의뢰

인 사건에 대한 법원의 판결은 향후 공직선거법 제250조 제1항이 정한 '행위에 관한 허위 사실 공표죄'의 새로운 기준을 제시하는 선례가 될 수 있다는 점에서 비단 이 사건뿐만 아니라 앞으로도 문제가 될 다른 사건까지 고려하여 신중하고 엄격한 판단이 필요합니다.

○ 법원은 헌법 정신과 여기에서 비롯하는 죄형법정주의 및 명확성의 원칙에 따라 헌법에 합치하는 명확한 판단을 내려주어야 합니다. 검사의 주장이 조금이라도 관철되면, 공직선거법 제250조 제1항의 적용에 아무런 제한이 없어지게 됩니다. 당연히 법률 적용의 최종 기관인 법원이 엄격한 기준을 마련하여주지 않으면, 국가형벌권의 무모한 행사는 수시로 반복될 것입니다. 이 사건은 비단 피고인 한 사람의 문제가 아니라 국가형벌권의 적정한 행사와 국민의 기본권에 관한 근본적인 의문을 던지는 사건이라는 시각으로 접근해주시기를 바랍니다.

2. 백현동 관련 발언에 관하여

가. 국회증언감정법의 적용

○ 이 사건은 국회에서의 증언이라는 표현 행위에 관하여 국

회증언감정법 제9조 제3항, 제15조를 배제하고 다른 범죄로 처벌할 수 있는지에 관한 중대한 선례가 됩니다. 따라서 법률 적용의 최고 기관인 법원으로서는 이 문제를 심각하게 다루어야 하며, 만약 위 조항을 배제할 수 있다고 하려면 합헌적인 법률적 논거가 분명해야 합니다. 그렇지 않으면 국회증언감정법 제9조 제3항, 제15조는 존립 근거가 사라지게 됩니다.

나. 객관적 구성요건 요소의 흠결

○ 백현동 발언에 대한 공소 사실은, 처벌 법규인 공직선거법 제250조 제1항이 규정한 "연설·방송·신문·통신·잡지·벽보·선전문서 기타의 방법"을 전혀 특정하지 않았습니다. 당연히 백현동 발언은 형사소송법 제325조에 따라 범죄로 성립할 수 없으므로 무죄를 선고하여야 합니다.

○ 피고인과 변호인은, 공표의 수단과 방법을 판단하기 이전 단계에서 백현동 발언에 대하여 공소 기각 또는 무죄의 이유가 충분하다고 봅니다. 그러나 조금이라도 다른 판단의 여지가 있다면, 범죄의 객관적 구성 요건 요소인 "공표의 수단과 방법"에 관하여 추가 심리가 필요하다고 봅니다. 이 점은 범죄의 성립과 처벌을 가능하게 하는 본질과

원칙에 관한 문제라는 점을 분명히 말씀드립니다.

○ 이러한 대원칙은 피고인의 지위가 무엇이든, 여론이 무엇이든, 어디에서 어떠한 비판이 있든, 흔들리지 않고 적용되어야 한다는 점도 분명하게 말씀드립니다. 그것이 바로 법 앞에 만인이 평등하고, 또 평등해야만 한다는 원칙을 구현하는 길이라는 점도 덧붙입니다.

3. 의뢰인 사건 허위 사실 공표죄의 위헌성에 관한 고찰

○ 헌법재판소 헌법재판연구원은 2025년 2월 28일 "선거 과정에서의 허위 조작 정보 대응을 위한 비교법적 연구"라는 논문을 발행하였습니다. 이 논문은 우리나라 선거법 제도의 문제와 한계, 해외의 선거법 제도를 심층적으로 비교·분석한 논문으로, 학술적·실무적 가치가 높습니다.

○ 이 논문에서 우리가 이해할 수 있는 것은, 공직선거법 제250조 제1항이 지금의 정보화 시대에는 맞지 않는 위헌적 조항이라는 것입니다. 헌법상 표현의 자유를 심하게 위축시키는 것에서 그치는 것이 아니라 그 조항의 불명확성 때문에 사법부의 법률 해석과 적용에서 혹시라도 주관적 판단을 배제하기 어려워 위헌성이 크다는 점도 알 수

있습니다. 지금의 정보화 시대에서는 만약 후보자의 표현이 문제가 된다면, 얼마든지 공론의 장에서 교차 검증을 통하여 시시비비를 가릴 수 있고, 실제로도 그러하고 있으므로, 굳이 사법 심사의 영역으로 이 문제를 끌어올 필요는 없습니다. 이 점에서 이 조항은 그 수명을 다하여 이제는 존속할 필요가 없게 되었다고 보는 것이 합헌적 태도입니다.

법관이 형사 처벌 법규를 해석하고 적용하는 데 있어서 무엇보다 헌법 정신과 가치를 가장 중요한 기반으로 삼아야 한다고 나는 생각한다. 그러나 현실에서는 헌법을 이야기하는 경우가 거의 없다. 법조인 대부분은 스스로 헌법 전문가가 아니라고 생각해버리거나 과거에 공부할 때나 가졌던 인식 수준에서 조금도 벗어나지 않으려고 한다.

나는 1990년부터 2년간 사법연수생 생활을 하였고, 2010년부터 2014년까지 5년간 사법연수원에서 민사 변호사 실무를 강의한 경험도 있어 사법연수원의 법조인 양성 시스템을 비교적 잘 아는 편이다. 헌법 교육을 제대로 받아본 연수생은 없을 것이다. 지금의 로스쿨 학생들

도 시험 과목으로 공부는 할지언정 헌법의 정신과 가치
를 제대로 배우고 익히지 못했을 것이다.

우리 헌법은 나라의 근간을 정하는 최고 규범이기 이
전에 우리의 헌정사와 인권사를 담고 있다. 여기에 담긴
진정한 가치를 체화하지 않으면, 아무리 지식이 많더라
도 한낱 법률 기술자에 그치고 만다. 법조인 모두가 헌법
을 전문적으로 연구해야 한다는 것이 아니다. 헌법 정신
과 가치를 이해하여 법률 해석의 근간으로 삼는 것, 최소
한 그러한 자세라도 가지려고 노력하는 것이 진정한 법
조인이 되는 길이다.

내가 마지막으로 제출한 의견서에서 헌법적 소양의 중
요성을 강조한 것은 재판부가 넓은 시야로 의뢰인 사건
을 바라봐주기를 바라는 마음에서였다.

나는 33번째 의견서에서 다시 한번 백현동 발언에 대
한 공소 사실이 구성 요건 요소를 갖추지 못하고 있다고
지적했다. 만약 유죄의 판단 가능성이 있다면 적어도 '공
표의 수단과 방법'에 대한 추가 심리가 필요하다는 점을
분명하게 밝혔다. 항소심 결론을 예상하는 리트머스 시
험지가 될 의견서였다.

다른 변호사들도 여러 종류와 내용의 의견서를 제출하
였다. 검사들의 반복되는 의견서를 반박하는 것이 대부

                                   파기 환송은 없다

분이었고, 혹시라도 우리의 주장에 부족한 점이 있을지 몰라서 이를 보완하는 정도였다. 항소심 재판부가 제1심 재판부와 다른 시각에서 사건을 바라보도록 이끌기 위해 우리는 할 수 있는 모든 노력을 다하였다.

9. 판결 선고 기일

: 3월 26일 오후 2시

선고 기일 3월 26일, 서울중앙지방법원 서관 출입구 쪽으로 많은 사람들이 몰려들었다. 민주당 당직자들과 의원들, 지지자들, 기자들이 공간을 꽉 채웠다. 방송사 카메라도 계속 돌아가고 있었다. 제1심에서 당선 무효형을 선고받은 의뢰인에 대한 항소심의 예정된 판결 선고는 헌법재판소에서 윤석열에 대한 탄핵 선고가 지연되는 것과 절묘한 대비를 이루었다. 항소심 재판부는 선고 날짜를 지켰으나 헌법재판소에서는 선고 소식이 전혀 들리지 않아 온갖 소문이 횡행하였다.

나와 이찬진 변호사는 먼저 법정에 도착해서 의뢰인을 기다렸다. 의뢰인은 시간에 맞추어 법정에 도착해 나와 이찬진 변호사 사이에 앉았다. 다른 젊은 변호사들은 방청석에 앉았다. 김종근, 이승엽 변호사는 법정에 나오지 않았다. 김종근 변호사는 제1심에서 의뢰인과 함께 당선 무효형을 선고받은 경험이 있어서 그날 법정에는 나오지 않겠다고 하였다. 검사 4명은 미리 와서 반대편에 자리를 잡고 재판부가 입정하기를 기다리고 있었다.

오후 2시에 맞추어 재판부가 입정하였다. 법정은 숨소리 하나 들리지 않는 긴장감이 무겁게 가라앉아 있었다. 재판장은 약간 숨을 고른 다음 판결문을 읽기 시작하였다. 보통은 판결문 요지를 따로 작성해서 낭독하는데, 이번에는 판결문 원본을 그대로 낭독하였다.

판결 전날, 서울고등법원에서 보도자료를 배포하지 않기로 하였다는 소식이 전해지자 유죄 선고가 날 것이라는 말들이 오갔다. 항소심 재판부가 원래부터 보도자료를 만들지 않는다는 사실을 확인하고서는 기우가 걷혔다. 법원은 국민적 관심이 큰 사건에서 판결을 선고할 때 판결을 요약한 보도자료를 작성해서 공보관이 기자단에 배포하는 경우가 있다. 제1심 재판부도 보도자료를 배포하였다. 항소심 재판부는 법정에서 판결문을 낭독하는 것으로 끝냈다. 나는 항소심 재판부의 방식이 옳다고 본다. 재판부가 판결문 작성에 더 공을 들이는 것이 옳지 기자단을 위해 보도자료를 작성하는 것은 불필요하다.

재판장은 먼저 검사가 제1심에서 1회 변경한 공소 사실의 요지와 제1심의 판단 요지, 검사의 항소 이유와 의뢰인의 항소 이유 요지, 검사가 항소심에서 변경한 공소 사실이 무엇인지를 설명하고 나서 구체적인 이유를 낭독하였다. 우리 변호인단과 의뢰인이 각고의 노력을 들여 재판부를 설득한 흔적이 판결문 곳곳에 스며들어 있다.

김문기 관련 허위 사실 공표의 점에 관한 판단

○ 검사는 2021년 12월 22일경부터 같은 달 29일경까지 4차례의 방송에서 이루어진 피고인의 발언들을 포괄일죄로 기소하면서, 공소 사실을 ① 피고인이 성남시장 재직 때는 하위 직원 김문기를 몰랐다는 취지의 발언, ② 해외 출장 중에 김문기와 골프를 치지 않았다는 취지의 발언, ③ 도지사가 되어 공직선거법 위반죄로 기소된 다음에 대장동 도시 개발 사업 관련 설명을 김문기로부터 들어 그제야 김문기를 알게 되었고 전화로만 통화했다는 취지의 발언으로 분류·특정하였다.

○ 대법원 판례에 따르면, 여러 표현 행위가 일시와 장소를 달리하면, 특별한 사정이 없는 이상 개별 행위별로 허위 사실 공표죄에 해당하는지 살펴야 하므로(대법원 2024. 10. 31. 선고 2023도16586 판결), 검사가 기소한 2021년 12월 22일 발언, 12월 24일 발언, 12월 27일 발언, 12월 29일 발언 각각이 죄가 되는지 살펴야 한다.

○ 피고인이 4개의 방송에서 한 발언은 모두 인식과 기억에 관한 발언이지 행위에 관한 발언이 아니다. 질문도 피고인이 김문기를 알았냐, 몰랐냐였다. 피고인은 성남시장 시절에 김문기를 알았냐, 몰랐냐는 질문자의 질문에 그때는 몰랐다고 말하면서 여행이나 출장을 같이 갔을 수 있고 표창장을 주었을 수도 있지만 특정하게 기억하지 못한다는 점을 보조적인 논거로 들었다.

○ 문제가 되는 골프 사진(4명)은 원래의 단체 사진에서 일부만 오려낸 것이다. 피고인은 이를 조작이라고 말하면서 원래의 사진에 있는 10명 중 절반은 누군지 기억을 하지 못하겠다고 말한 것이다. 즉, 피고인은 이를 자신의 인식과 기억에 대한 보조 논거로 든 것이다.

○ 따라서 피고인이 4개 방송에서 한 발언 모두 '행위'에 관한 발언이 아니라 기억과 인식에 관한 발언이고, 그 허위성도 인정할 수 없다.

• 여러 개의 행위가 '포괄하여' 1개의 범죄를 구성하는 경우를 포괄일죄라고 부른다. 예를 들어 뇌물 수수자가 공여자로부터 어떤 청탁을 받고 3회에 걸쳐 뇌물을 받았을 때, 3회에 걸쳐 돈을 받은 행위를 하나의 범죄로 보고, 3회에 걸쳐 받은 총액을 뇌물로 본다.

파기 환송은 없다

백현동 관련 허위 사실 공표의 점에 관한 판단

○ 검사는, 허위 사실로 특정한 피고인의 발언이 문진석 위원의 질의에 대한 답변 전체라는 것을 명확히 하였으므로, 발언 원문을 모두 살펴보아야 한다.

○ 발언의 구성은 모두 발언, 설명 발언, 정리 발언의 순서로 이루어져 있다. 먼저 설명 발언은 성남시 공공 기관 종전 부동산 전체에 관한 내용, 백현동 부지 외의 공공 기관 종전 부동산에 관한 내용, 마지막으로 백현동 부지에 관한 내용으로 이루어져 있다. 즉, 설명 발언은 시간적 흐름에 따라 ① 공공 기관 종전 부동산에 대한 정부 방침 → ② 정부 방침에 대한 성남시의 반대 → ③ 성남시의 비협조에 대한 국토부의 압박(의무 조항, 직무 유기, 협박) → ④ 국토부의 압박에 대한 성남시의 대응 및 그 결과 → ⑤ 백현동 부지 용도 지역 변경의 원인과 그 대가로 얻어낸 성남시의 공공 기여분, 순서이다. 정리 발언은 "용도를 바꿔준 것은 국토부의 법률상 요구에 따라 어쩔 수 없이 한 것이다"라고 언급하였다. 즉, 정리 발언은 설명 발언을 요약하여 결론을 말한 것이다.

○ 국토부는 성남시에 다른 공공 기관 종전 부동산은 물론

백현동 부지의 용도 변경 협조를 요구하는 공문을 계속 보내왔고, 여기에 국가균형발전 특별법과 혁신도시법(의무 조항)이 적시되어 있었다. 따라서 피고인이 "국토부의 법률상 요구에 따라 용도를 변경하여주었다"라는 것은 객관적 사실을 기초로 한 의견 표명에 불과하다.

○ 백현동 발언 중 '직무 유기'와 '협박'은 설명 발언 ③에만 나오므로, 백현동 부지와 관련한 것으로 해석할 수는 없다. 이는 2011년부터 2014년 초경 사이에 성남 소재 5개 공공 기관의 6곳 종전 부동산이 민간에 매각되지 못하고 있었던 상황을 설명한 것이고, 백현동 부지에 대한 용도 지역 변경은 2014년 후반경부터 2015년경까지의 논의 과정에서 이루어졌으므로, 양자는 시기가 다르다.

○ 피고인은 백현동 발언 어디에서도 '백현동 부지의 용도 변경'에 관하여 국토부로부터 직무 유기를 문제 삼겠다는 협박을 받았다고 직접 언급한 사실이 없다. 또한 발언 자체를 놓고 보면, 직무 유기를 문제 삼겠다고 협박을 한 주체는 국토부 공무원들이지 피고인이 아니므로, 이를 피고인의 행위에 관한 발언이라고 보기 어렵다. 또한 성남시가 공공 기관 종전 부동산 용도 변경 문제로 장기간에 걸쳐 계속 상당한 강도의 압박을 받아온 상황을 고려하면

과장 표현일지언정 허위라고 보기 어렵다.

○ 따라서 백현동 발언은 의견 표명에 해당하지 '후보자의 행위'에 관한 허위 사실 공표라고 볼 수 없다.

조희대 대법원은 2024년 10월 31일 "여러 표현 행위가 일시와 장소를 달리하면, 특별한 사정이 없는 이상 개별 행위별로 허위 사실 공표죄에 해당하는지 살펴보아야 한다"라는 종전 법리를 다시 확인해주었다. 검사는 김문기 발언 4개를 포괄일죄로 기소하였으나, 항소심은 대법원 판례에 충실하게 발언마다 일시와 장소가 다르고, 선거인(시청자와 청취자)의 범위나 방송 매체가 다르므로 발언별로 범죄가 되는지를 살펴야 한다고 밝혔다.

앞서 언급했듯이, 나는 2025년 5월 1일 대법원에서 판결문 선고를 듣고 나서 기자의 질문에 "종전 판례에 반한다"라고 말하였다. 종전 판례란 2024년 10월 31일 대법원의 판단을 이른다. 발언의 시간과 장소가 다를 때 앞으로 여러 발언은 하나의 죄가 되는가, 아니면 여러 개의 죄가 되는가. 기준은 무엇인가.

전원합의체 판결에는 어떠한 기준도 없었다. 앞으로 같은 종류의 사건이 발생할 때마다 혼란이 일어날 것은 자명하다. 대법원은 왜 그래야 했을까. 충분하게 검토하지 않았던 것은 아닐까.

판결을 신속하게 선고하기 위해서는 제1심 판결을 인용하는 것이 가장 편했을 것이다. 그러다 보니 김문기 발언 4개를 포괄일죄로 판단한 제1심 판결을 그대로 채택한 것이다. 그래서 다수 의견은 보충 의견에서 제1심 판결과 항소심 판결 중에서 제1심 판결을 선택하였노라고 밝힌 것이다. 이것이 최종심인 대법원의 전원합의체 판결이라니, 누가 이해할 수 있을까.

2025년 3월 26일로 돌아가보자. 재판장의 판결문 낭독이 끝나자 의뢰인의 무죄를 기대하던 지지자들의 함성이 법정 안으로까지 밀려 들어왔다. 나와 변호인단은 의뢰인과 악수를 하고 법정 밖으로 나갔다. 당직자들과 의원들은 의뢰인의 무죄를 반기며 축하하였다.

2024년 1월 초의 테러 사건 여파로 의뢰인 경호는 엄격한 편이었다. 의뢰인은 승강기를 타고, 변호인단은 계단을 이용해 2층으로 내려갔다. 2층에 먼저 도착한 의뢰인은 의원들 사이에 둘러싸여 있었다. 카메라는 쉴 새 없이 돌아가고 있었다. 이찬진 변호사와 함께 법원을 나서면서 지난 시간을 돌아보았다. 후련한 마음이었다. 불과 36일 뒤에 있을 일은 전혀 예상하지 못한 채 말이다.

이승엽 변호사 사무실에는 의뢰인의 보좌관과 비서관들도 자리하였다. 변호인단도 거의 모였다. 모두 무거운 짐에서 해방된 듯 얼굴이 편해 보였다. 지난 1월부터 얼마나 숨 가쁘게 달려왔는가. 의뢰인은 오랜 질곡에서 벗어난 후련한 얼굴이었고, 우리는 재판 과정에서 언제 가장 긴장했는지 마음 놓고 이야기할 수 있었다. 재판부가 비실명으로 처리한 판결문을 공개하였지만 이때만큼은 어떤 것도 눈에 들어오지 않았다. 법정에서 판결문 전체를 들은 것으로 족했다.

나는 물론이고 변호인단도 장담하였다. 항소심 판결은 증거 관계에 그대로 들어맞았고 논리적 전개가 자연스러워 검사가 상고하더라도 도저히 파기할 수 없을 것이라고.

그날 선배로부터 저녁에 술자리를 갖자는 제안을 받았으나 거절하였다. 아직은 윤석열에 대한 탄핵 선고가 나오지 않았으니 그 후에 축하주를 받겠다고 하였다.

10. 탄핵 심판 선고를 기다리며

: 3월 27일~4월 4일

헌법재판소는 윤석열에 대한 탄핵 심판 선고일을 지정하지 않고 있었고 헌법재판소 앞에서는 시위가 끊이지 않았다. 언론과 방송은 저마다 추측성 보도를 내보냈고 온갖 풍문과 괴설이 온 나라를 휘저었다. 국민의 피로감이 날마다 증폭하는 시계 제로의 나날들이었다.

나는 탄핵 심판의 결론이 자명하다고 보았다. 이미 우리는 12·3사태를 눈으로 직접 보지 않았던가. 나는 그 영상만으로도 탄핵 소추 인용에 아무 문제가 없다고 보았다. 그 이상 무슨 증인과 무슨 증거 서류가 필요하겠는가. 그날 군·경의 국회 봉쇄, 군인들이 국회에 총기를 들고 난입하여 국회 유리창을 깨고 경내로 진입한 사실 등등 모든 장면은 국민의 눈과 기억에 그대로 박혔다. 국회를 목표로 한 계엄 선포와 위헌·위법으로 가득한 포고령은 그 자체로 자백이나 다름이 없었다.

그러나 불온한 이야기가 여기저기를 유령처럼 배회하고 다녔다. 추측에 추측을 거듭하고 비관하거나 기대하는 날들이 이어졌다. 모두의 눈과 귀는 오로지 헌법재판소를 향해 있었다.

문형배, 이미선 재판관은 2025년 4월 18일 퇴임을 앞두고 있었다. 나와 이찬진 변호사는 현실적으로 탄핵 심판 선고가 가능한 날은 두 재판관의 퇴임 2주 전, 즉 4월 4일이라고 예상했다. 그날을 넘기면 탄핵 심판은 장기 표류할 것이었다. 의뢰인의 제21대 대통령 선거 출마 여부도 탄핵 심판 결과에 달려 있었다. 나중에 문형배 헌법재판소장 권한대행이 퇴임한 후 방송에서 하는 이야기도 별반 다르지 않았다.

마침내 윤석열은 파면되었다. 그날 저녁 나는 비로소 선배가 부른 자리에서 편하게 삼겹살에 소주를 받아먹을 수 있었다. 바로 헤어질 수 없어 선배의 단골집으로 자리를 옮겼다. 마음을 놓고 제법 술잔을 기울였다. 조금이라도 국가적 위기가 빨리 해소되기를 바라는 마음으로 술잔을 기울였다.

뜻하지 않게도 마침 탄핵 사건을 다룬 변호인단 일부가 느지막이 같은 술집을 찾아왔다. 같은 법조계에 있다 보니 아는 사람도 있었다. 심판 기일마다 법정에서 증인을 신문하고 구술 변론을 한 사람들이다. 특히 여러 변호사가 번갈아가며 각기 다른 관점, 다른 주제를 가지고 최

                                          파기 환송은 없다

후 변론을 한 것은 압권이었다. 내용이 중복되지 않고 지
루하지 않았다. 묵직하게 울림을 주는 변론도 있었고 증
거와 논리에 천착한 변론도 있었다. 단어 하나하나, 문장
하나하나를 생각하고 풀어내기까지 상당히 공을 기울였
을 것이다. 자리를 옮겨가며 술잔을 기울이다가 한 사람
두 사람 자리를 떠나면서 나도 자연스럽게 밖으로 나와
집까지 천천히 걸음을 옮겼다.

11. 안이했던 시간
: 4월 5일~30일

우리 변호인단은 비교적 느긋했다. 결론이 유지될 것이라고 다들 장담하고 있었으니 그럴 만했다.

검사는 4월 10일 상고이유서 2건을 제출하였다. 하나는 김문기 발언, 하나는 백현동 발언에 관한 것이었다. 그 분량은 방대하였다. 검사의 상고이유서가 의뢰인에게 송달된 날은 4월 11일이었다. 모든 것이 속도전이었다.

변호인단에 새로 합류한 이재희 변호사가 김문기 발언에 대한 답변서를, 김종근, 이승엽 변호사가 백현동 발언에 대한 답변서를 제출하기로 하였다. 나는 별도로 의견서를 제출하기로 하였다.

대법원 직원이 내 사무실로 연락을 해왔다. 기한 내에 답변서를 제출해달라는 것이었다. 법률에는 상고이유서를 받은 날부터 10일 안에 답변서를 제출할 수 있다고 규정되어 있다. 그 기한을 넘긴다고 해도 문제되지는 않는다. 상고이유서 제출 기한은 20일로 정해져 있어 그 기간을 놓치면 바로 상고가 기각되지만 답변서는 그렇지 않다. 심지어 대법원은 피상고인이 답변서를 제출하지 않더라도 상고인의 상고 이유가 충분하지 않으면 상고를 기각하기도 한다. 그런데 상고이유서도 아니고 상고이유서에 대한 답변서를 기한 내에 제출해달라는 요청을 받고 의아하였다. 대법원에서 이런 요구를 받은 변호사는 우리 변호인단이 유일하지 싶다.

어쨌든 이재희 변호사는 10일이라는 기한을 지켜 4월 21일 김문기 발언에 관한 답변서를 제출하였다. 이승엽 변호사는 백현동 발언에 관한 답변서를 모두 완성하였으나 마무리를 더 해야겠다면서 4월 22일 오전에 제출하겠다고 하였다.

대법원 사이트에는 대법원이 4월 22일 바로 의뢰인 사건을 전원합의체에 올린 다음에 비로소 김종근, 이승엽 변호사가 답변서를 제출하였다고 떠 있다. 변호인단은 모두 상고 기각을 의심하지 않았다. 아니 의심할 수 없었다고 보아야 옳을 것이다. 나는 한 가지 품었던 생각을 끝내 털어놓지 못했다. 공개 변론이다.

그때 대법원에 공개 변론을 신청했더라면 대법원은 어떻게 나왔을까. 나와 이찬진 변호사가 항소심 첫 기일에 했던 일이 바로 의뢰인의 발언을 질문자의 발언과 함께 재판부에 보여주는 방식이었다. 가장 입체적이면서 솔직한 방식이었다. 그것을 공개 법정에서 생중계로 보여주면 대법원이 과연 항소심과 다른 판단을 할 수 있었을까.

지금도 후회막급이다. 그러나 당시에 내가 공개 변론 주장을 했더라도 아무도 찬성하지 않았을 것이다. 그만큼 당시의 상황 인식은 예외 없이 상고 기각이라는 안이한 수준에 머물러 있었다.

나는 4월 22일 급하게 의견서를 하나 제출하였고, 4월 28일 또 하나의 의견서를 제출하였다. 4월 22일 제출한 의견서를 요약해보겠다. 법률 전문가가 아닌 누구라도 의문을 가질 법한 사안이었다.

피고인의 변호인은 검사의 상고 이유에 대한 답변과 별도로 대법원이 직권으로 조사할 필요가 있는 사항을 주장하기 위하여 이 의견서를 제출합니다.

1. 의뢰인 사건 공소 제기와 유지에 나타난 문제점

가. 제1심 재판

○ 검사는 공소시효가 완성되기 하루 전인 2022년 9월 8일 갑자기 공소를 제기하였습니다. 제1심에서 27회 기일이

진행되었는데, 검사는 약 1년 9개월이 지난 2024년 6월 11일 공소장을 변경하였고, 제1심은 2024년 11월 15일 판결을 선고하였습니다. 검사는 (재판 단계에서 범죄 사실을 특정하기 위한) 모색적摸索的 방법으로 증거를 신청하였으므로, 제1심 재판은 실질적으로는 '수사와 재판'의 병존 상태였습니다. 제1심 재판 기간에 관한 책임은 검사가 져야 합니다.

나. 원심 재판

○ 항소심인 원심은 2025년 1월 23일부터 매주 재판을 진행하여 2025년 2월 26일 변론을 종결하고, 2025년 3월 26일 판결을 선고하였습니다. 검사는 변론 종결을 일주일 앞둔 2025년 2월 19일 다시 공소장을 변경하였습니다. 그러나 피고인과 변호인들은 원심의 소송 지휘에 철저하게 협조하였습니다.

다. 검사의 공소권 남용에 대한 문제 제기

○ 검사의 공소 제기와 유지는 대단히 모색적이고, 피고인의 김문기 발언과 백현동 발언을 있는 그대로 특정하지 않고, 피고인이 하지도 않은 발언을 하였다거나 어떤 발언

파기 환송은 없다

은 분절하고, 어떤 발언은 생략하고 비약하면서 발언 자체를 왜곡하였습니다. 검사는 김문기 발언에서 구체적인 행위로 특정하기 어려운 '교유 행위 또는 교유 관계'라는 모호한 개념을 동원하였습니다. 검사는 백현동 발언의 순서에 따라 그 의미를 새기지 않고, 이를 오로지 백현동 부지로만 좁혔습니다.

○ 검사의 공소 제기와 유지가 과연 형사 재판 절차로서 적정성을 갖추고 있는지 의문을 떨칠 수 없습니다. 검사는 결론에 맞추어 논증의 순서를 뒤바꾸고 발언의 의미를 비틀었습니다. 이러한 상황에서라면, 검사의 권한을 유일하게 통제할 수 있는 법원의 적극적이고 능동적인 조치가 필요합니다. 형사 재판 절차의 적정성을 보호하기 위한 법원의 적극적인 개입과 판단이 필요합니다. 공소권 남용에 대한 직권 판단이 필요합니다.

2. '백현동 발언'에 대한
국회증언감정법 제9조 제3항의 적용 여부

가. 국회증언감정법의 규정

○ 제9조(증인의 보호): ③ 국회에서 증인·감정인·참고인으

로 조사받은 사람은 이 법에서 정한 처벌을 받는 외에 그 증언·감정·진술로 인하여 어떠한 불이익한 처분도 받지 아니한다.

○ 제15조(고발): ① 본회의 또는 위원회는 증인·감정인 등이 제12조·제13조 또는 제14조 제1항 본문의 죄를 범하였다고 인정한 때에는 고발하여야 한다. ④ 제1항에 따른 고발이 있는 경우에는 검사는 고발장이 접수된 날부터 2개월 이내에 수사를 종결하여야 하며, 검찰총장은 지체 없이 그 처분 결과를 국회에 서면으로 보고하여야 한다.

나. 피고인과 변호인의 주장에 대한 원심의 판단 요지

○ 피고인의 백현동 발언은 2021년 10월 20일 국회의 경기도에 대한 국정감사에서 있었던 증언이므로, 이에 관해서는 국회증언감정법 제9조 제3항에 따라 같은 법 제14조가 정한 위증죄로 처벌하는 것 외에 다른 범죄로 처벌할 수 없다는 것이 피고인과 변호인의 주장이었는데, 원심은 국회증언감정법 제9조 제3항에 정한 '불이익한 처분'에 '형사 처분'을 의미하는 '형사 처벌'이 포함될 수 없다고 판단하였습니다.

다. 원심의 판단에 관하여

● '처분'의 개념

○ 원심은 '형사 처분'을 '형사 처벌'과 동일한 의미로 이해하면서도, 국회증언감정법 제9조 제3항이 정한 불이익한 '처분'에는 '형사 처분 또는 형사 처벌'이 포함되지 않는다고 판단하였습니다. 원심은 그러한 근거로 먼저 헌법에서 사용하는 '처분'은 '행정 처분'을 의미한다거나 그 용어에 형사 처벌의 의미가 포함되어 있다고 볼 만한 규정이 없다고 판단하였습니다.

○ 그러나 헌법은 우리나라의 체제, 국민의 기본권과 권력 구조 등을 포괄하여 정하는 최고 규범이므로, 사용된 용어가 매우 제한적일 수밖에 없는 만큼, 그 조문의 성격에 맞게 '처분'의 개념을 확정하고, 국가 공권력의 작용으로 정의하는 '처분'에서 '형사 처분'이 제외되는지를 검토하여야 합니다.

○ 원심이 인용한 헌법 제107조 제2항, 제3항은 삼권 분립의 원칙에 따라 대통령을 포함한 행정부의 명령, 규칙, 처분의 헌법 또는 법률 위반 여부에 대한 최종 심사권이 대법원에 있다는 점을 규정한 조항이므로, 조문의 체계상 여기에서의 '처분'이 행정 처분을 말하는 것임은 의문의 여

지가 없습니다.

○ 그러나 원심이 별도로 인용하고 있는 헌법 제46조, 제64조, 제76조에 규정된 '처분'은 헌법 제107조 제2항에서 사용한 '처분'과 전혀 다른 범주에 속합니다. 헌법 제46조 제3항은 "국회의원은 그 지위를 남용하여 국가·공공단체 또는 기업체와의 계약이나 그 처분에 의하여 재산상의 권리·이익 또는 직위를 취득하거나 타인을 위하여 그 취득을 알선할 수 없다"라고 규정하고 있으므로, 여기에서 '처분'은 입법 기관인 국회의원의 공권력 행사로서 '처분'을 의미합니다.

○ 헌법 제64조는 국회가 의원의 자격을 심사하여 징계할 수 있고, 의원의 제명에는 재적 의원 3분의 2 이상 찬성이 있어야 한다고 규정하면서(제2, 3항), 징계와 제명을 처분으로 규정하여 법원에 제소할 수 없다고 규정하고 있습니다(제4항). 여기에서 '처분'이 입법 기관인 국회의 공권력의 행사라는 점도 의문의 여지가 없습니다.

○ 헌법 제76조 제1항은 대통령에게 재정·경제상의 처분 또는 법률의 효력을 가지는 명령을 발할 권한을 부여하고 있습니다. 여기에서 처분은 국가 긴급 사태에 대비하기 위한 특별한 조치로서, 즉시 국회에 보고하여 승인받아야

파기 환송은 없다

하고, 국회의 승인을 받지 못하면 효력을 잃습니다(제76
조 제3, 4항). 그러나 이는 국회에 통제권이 있다는 점에서
헌법 제107조 제2항이 규정한 '처분'과 다른 범주에 속합
니다.

○ 헌법 제1조 제2항에 따르면, 대한민국의 주권은 국민에
게 있고, 모든 권력은 국민에게서 나옵니다. '권력'은 당
연히 공권력을 말하고, 이는 '입법권, 행정권, 사법권'으로
나뉘므로, 사법권의 행사를 공권력의 행사로 이해하지 않
는 것이 더 이상합니다. 헌법에 따르면, 입법권의 행사나
대통령을 포함한 행정권의 행사 모두 공권력의 행사로서
'처분'의 범주에 포함되는데, 사법권의 행사만 여기에서
제외할 특별한 이유가 없습니다. 헌법재판소의 선례에 의
하더라도, 법원의 재판을 포함한 사법 작용은 넓은 의미
의 공권력 행사인 '처분'으로 이해됩니다(헌재 2006. 5. 25.
선고 2005헌라4 결정, 헌재 2018. 7. 26. 선고 2015헌라4 결정 등
참조).

○ "권한쟁의심판을 청구하려면 먼저 청구인의 권한을 침해
하거나 침해할 위험이 있는 피청구인의 '처분' 또는 '부작
위'가 존재하여야 한다. 여기에서 '처분'은 입법 행위와 같
은 법률의 제정 등과 관련된 권한의 존부 및 행사상의 다

틈, 행정처분은 물론 행정입법과 같은 모든 행정 작용 그
리고 법원의 재판 및 사법행정 작용 등을 포함하는 넓은
의미의 공권력 처분을 의미한다.”

○ 따라서 행정부에 속하는 검사의 공소 제기와 사법부인 법
원의 형사 처벌은 공권력의 행사인 ‘처분’의 범주에 포섭
된다고 보는 것이 자연스럽지, 굳이 이를 입법 작용이나
행정 작용과 구별하여 ‘처분’의 범주에서 제외할 이유가
없습니다. 헌법재판소 결정도 이와 마찬가지입니다.

○ 원심이 인용하지 않은 헌법 제28조는 “형사 피의자 또는
형사 피고인으로서 구금되었던 자가 법률이 정하는 불기
소 처분을 받거나 무죄 판결을 받은 때에는 법률이 정하
는 바에 의하여 국가에 정당한 보상을 청구할 수 있다”라
고 규정하고 있습니다. 여기에 사용된 ‘불기소 처분’은 원
심이 인용한 형사소송법 제258조 제1항이 규정한 “공소
를 제기하지 아니하는 처분”과 같은 용어입니다. ‘불기소
처분’은 형사사법 절차에 속하는 형사 처분 또는 형사 처
벌에 대응하는 용어이므로, ‘형사 처분’을 ‘처분’과 다른
독자적인 성격의 것으로 볼 수 없습니다.

○ 원심이 인정한 바와 같이, 형사소송법 제258조 제1항은
“검사는 고소 또는 고발 있는 사건에 관하여 공소를 제기

    파기 환송은 없다

하거나 제기하지 아니하는 처분"이라는 규정을 두고 있습니다. 여기에서는 '공소를 제기하는 공권력의 행사'를 '처분'이라고 명시하고 있습니다.

○ 그렇다면 원심이 헌법과 형법, 형사소송법 등을 근거로 국회증언감정법 제9조 제3항이 사용하는 '처분'에서 '형사 처분'이 제외된다거나 '형사 처분'이 '처분'과 다른 범주에 속한다고 볼 만한 객관적이고 논리적인 근거는 없습니다. 도리어 '형사 처분'은 국가 공권력의 하나인 사법 작용에 포함되므로, 국가 공권력의 행사 전반을 의미하는 '처분'의 하위 개념으로 보는 것이 헌법과 법률 체계에 부합합니다.

○ 여기에 더하여 보안관찰법 제22조는 "검사 및 사법경찰관리는 (…) 때에는 그 이행을 촉구하고 형사 처벌 등 불이익한 처분을 받을 수 있음을 경고할 수 있다"라고 규정하고 있습니다. 이에 대하여 원심은 위 규정의 '불이익한 처분' 앞에는 '형사 처벌'이라는 명시적인 단어를 두었으므로, '형사 처벌'이 '불이익한 처분'에 포함됨이 문언상 명백하지만, 이와 같이 명시적인 언급을 하지 아니하는 한 '처분'이라는 용어 자체에 '형사 처벌'이 당연히 포함된다고 해석할 수 없다고 판단하였습니다. 그러나 위 규정

에서 '형사 처벌'은 '불이익한 처분'의 예시로 규정되어 있
다고 보는 것이 자연스러우므로, 오히려 이는 '형사 처분
또는 형사 처벌'이 '처분'에 포함된다고 보는 근거가 될지
언정 원심처럼 해석할 수는 없습니다.

● 국회증언감정법 제9조 제3항, 제15항

○ 국회증언감정법 제9조 제3항에 따르면, 국회에서 증인으
로 조사받은 사람(이하, 국회 증인)은 "이 법에서 정한 처벌
을 받는 외에 그 증언으로 인하여 어떠한 불이익한 처분
도 받지 않는" 지위에 있습니다. 국회 증인은 허위 진술을
하면 같은 법 제14조가 정한 위증죄로 처벌받을 수는 있
지만, 그 밖에 다른 불이익한 처분을 받지 않는다는 예측
가능성을 가지고 증언하게 됩니다.

○ 원심의 판단대로라면, 국회증언감정법 제9조 제3항을
다음과 같이 해석할 수 있어야 합니다. 즉, 국회 증인은
제14조의 위증죄로 처벌을 받을 수 있고, 다른 어떠한 불
이익한 처분도 받지 않지만, 그 불이익한 처분에는 다른
형사 처벌이 포함되지 않는다고 해석할 수 있어야 합니다.

○ 그러나 국회증언감정법 제9조 제3항을 위와 같이 해석해
버리면, 위 조문의 앞머리에 "이 법에서 정한 처벌을 받는

　　　　　　　　파기 환송은 없다

외에"라는 문언을 둘 이유가 없습니다. 이 문언은 객관적으로 "이 법에서 정한 처벌을 받는 것만"이라는 의미라고 보는 것이 우리의 언어 체계에 들어맞기 때문입니다. 영어로도 '외에'는 'but' 또는 'only'의 의미를 갖습니다.

○ 이러한 관점에서 본다면, 국회증언감정법 제9조 제3항 앞머리의 "이 법에서 정한 처벌"은 "모든 불이익한 처분"에서 국회 증인에게 가해지는 유일한 불이익 처분이고, 뒤의 "어떠한 불이익한 처분"이란 "모든 불이익한 처분"에서 "이 법에 정한 처벌"을 제외한 나머지 불이익한 처분을 말합니다.

○ 따라서 피고인의 백현동 발언 자체의 허위가 문제 된다면, 국회증언감정법 제14조가 정한 위증죄로만 처벌할 수 있을 뿐, 동일한 발언을 두고 법적 평가를 달리하여 공직선거법 제250조 제1항이 규정한 허위 사실 공표죄로 처벌할 수는 없다고 보아야 합니다.

○ 원심의 판단을 존중하더라도, 다음과 같은 심각한 모순이 발생합니다. 원심은 형사소송법은 제258조 제1항에서 "검사가 공소를 제기하거나 제기하지 아니하는 처분"이라는 용어를 사용하는 것을 비롯하여 압수·수색 등 강제처분, 감정이나 환부 등 형사 절차법상의 지시 또는 결

정에 관하여 각 '처분'이라는 용어를 사용하고 있다면서 이러한 '처분'의 의미를 '행정청의 구체적인 공권력의 행사 또는 그 거부와 이에 준하는 행정 작용'이라는 통상적인 용례와 부합한다고 새겼습니다. 그런 다음 원심은 형법과 형사소송법에서는 '형사 처분'과 '처분'이라는 용어를 명확히 구별하여 사용한다고 전제하고서 '형사 처분'은 형사 처벌의 의미를 포함하지만 '처분'은 형사 절차에서의 지시나 결정 등을 의미한다고 새기고, '형사 처분'을 '처분'의 하위 개념으로 볼 수 없고, '형사 처벌'이라는 고유의 의미를 지닌 용어라고 보았습니다.

○ 그 논리대로라면, 검사의 공소 제기는 도리어 원심이 인정한 형사 절차에서의 결정으로서 '처분'에 해당하여 제9조 제3항이 규정한 "어떠한 불이익한 처분"에 자연스럽게 포함됩니다. 원심의 판단은 검사가 일단 공소를 제기해버리면 형사 처벌을 피할 수 없다는 결론으로 이어져 판단 자체에 발생하는 모순을 피할 수 없습니다.

○ 결론적으로, 형사 처분 또는 형사 처벌은 국가 공권력의 행사를 의미하는 넓은 의미의 '처분'에 포함되어 있다고 해석하는 것이 헌법, 형법, 형사소송법 등 법체계에 맞습니다. 설사 원심처럼 해석하더라도, 검사의 공소 제기는

                    파기 환송은 없다

나는 검사의 공소 제기와 유지가 가진 근본적인 결함을 지적하면서 김문기 발언과 백현동 발언에 대한 검사의 해석이 자의적이라는 점을 매우 구체적으로 설명하였다.

그리고 백현동 발언에 한정해서는 국회증언감정법 제9조 제3항, 제15조에 따라 공직선거법의 '허위 사실 공표죄'로 처벌할 수 없다는 점을 강조하면서, 대법원의 직권 판단을 촉구하였다. 국회증언감정법에 관한 사항은 항소심에서도 여러 번 강조하였으나, 항소심은 그 주장을 받아들이지 않는 대신 무죄를 선고하였다.

뒤늦은 깨달음이 하나 있다. 헌법재판소법 제68조 제1항, "공권력의 행사 또는 불행사로 인하여 헌법상 보장된 기본권을 침해받은 자는 법원의 재판을 제외하고는 헌법재판소에 헌법소원 심판을 청구할 수 있다"라는 규정에 대해서이다. 이 규정은 법원의 재판이 공권력의 행사 또는 불행사에 해당하는 것을 전제로 하는 재판소원을 금지하고 있다. 법원의 재판에 속하는 형사 처분이 공권력의 행사를 의미하는 '처분'에 해당한다는 것은 의문의 여지가 없다. 항소심의 판단이 매우 아쉽다.

어쨌든 형사법의 기본 원칙에 따르면 백현동 발언은 법원의 심판 대상이 될 수 없다는 것이 내 생각이었으므로, 대법원에서 이 점을 법률적으로 명쾌하게 정리해주기를 진심으로 바랐다. 이 쟁점은 지금까지 선례가 없으므로, 대법원 전원합의체에서 진지하게 논의할 만했다. 그러나 대법원은 단 한마디도 언급하지 않았다.

나는 이미 항소심에서 검사가 공소를 제기한 백현동 발언에 '허위 사실 공표죄'의 구성 요건 요소인 '공표 수단과 방법'이 빠져 있다는 점을 주장하였고, 마침 김종근, 이승엽 변호사가 '백현동 발언'에 관한 답변서에서 이 점을 주장하였으므로, 대법원이 이에 대한 분명한 판단도 해줄 것으로 이해하였다. 그러나 대법원은 이에 관해서도 침묵하였다.

내가 4월 28일 제출한 두 번째 의견서의 첫머리를 보면, 공개 변론에 대한 나의 심정이 드러나 있다.

1. 이 사건의 핵심 쟁점

이 사건의 핵심 쟁점은 ① 피고인의 김문기 발언과 백현동 발언의 객관적 의미와 내용, ② 백현동 발언과 국회증언감정법 제9조 제3항의 관계에 있습니다. 이를 차례대로 검토하여 보겠습니다. 여기에서 ① 쟁점에 관하여, 가능하시다면 전원합의체에서 피고인의 김문기 발언과 백현동 발언을 영상으로 생생하게 보고 듣는 방식이 가장 최선이라는 점을 말씀드리고자 합니다. 질문자의 질문 내용, 이에 대한 피고인의 답변, 표정, 몸짓, 어투 등을 종합하여 살펴보면, 원심 판결이 지극히 정당하다는 점을 쉽게 알 수 있기 때문입니다.

2. 김문기 발언과 백현동 발언의 공통 쟁점

가. 표시주의에 의한 판단의 필요성

○ 민·형사 사건을 막론하고, 우리 법체계가 당사자의 의사 표시와 표현을 바라보는 관점은 의사주의가 아닌 표시주의입니다. 즉 표시된 문언이나 발언을 객관적으로 판단하여야 합니다.

○ 따라서 피고인의 김문기 발언, 백현동 발언 모두 표시주

의의 관점에서 그 내용을 확정하여야 합니다. 이에 반하여 검사의 방식은, 검사가 추정하는 피고인의 내심의 의사나 주관적 이해득실을 바탕으로 피고인의 표현을 재단한 것에 불과하므로, 우리 법체계가 채택하고 있는 의사 표시나 표현의 확정 방법과 기준에 반합니다.

나. 표현의 확정이 사실 인정의 영역인지

○ 민사 사건에서는, 의사 표시와 관련하여 당사자에 의하여 무엇이 표시되었는가 하는 점과 그것으로써 의도하는 목적을 확정하는 것은 사실 인정의 문제이고, 그 사실을 토대로 그것이 가지는 법률적 의미를 탐구 확정하는 것은 법률적 판단의 영역에 속합니다(대법원 2011. 1. 13. 선고 2010다69940 판결, 대법원 2014. 11. 27. 선고 2014다32007 판결 등 참조). 이러한 법리가 형사 사건이라고 하여 다를 수 없습니다. 즉, 피고인의 발언으로 무엇이 표현되었는지는 의사 표시의 내용을 확정하는 것처럼 사실 인정의 문제이지 법률적 판단의 영역에 속하지 않으므로, 검사가 상고 이유로 주장하는 사유는 사실심인 원심의 전권에 속합니다.

다. 발언의 내용: 기억·인식 발언 또는 의견 발언

○ 피고인의 김문기 발언과 백현동 발언은 모두 과거의 경험
이 기억에 저장된 상태에서 일차적으로는 기억을 발언한
것이고, 이차적으로는 의견을 발언한 것이지 개개의 사실
또는 행위를 발언한 것이 아닙니다. 피고인의 발언은 전
체적으로 자신의 기억과 인식에 관한 표현(김문기 발언),
기억과 평가에 관한 표현(백현동 발언)입니다.

라. 검사의 왜곡

○ 검사는 파편화된 일부 단어나 어휘만을 도드라지게 강조
한 다음, 여기에 주관적 의도를 덧씌워 그 의미를 왜곡하
며 발언의 객관적 문언과 맥락을 외면하고 있습니다. 검
사는 이를 위하여 피고인의 과거 행적 중 일부만을 유독
강조하여 마치 피고인이 이를 모두 기억하고서도 거짓말
을 하는 것처럼 왜곡하였습니다.

○ 간과하지 말아야 할 점은, 마치 검사가 피고인의 과거 행
적이 모두 일시에 일어난 일인 것처럼 묘사하고 있다는
점입니다. 김문기 발언에서 약 10년간에 드문드문 있었던
두 사람의 관계를 하나의 장면처럼 설명하거나 백현동 발
언에서 5, 6년에 걸친 시장 직무 수행을 하나의 장면처럼

설명한 것이 바로 그 증거입니다.

마. 검사의 관점과 일반 선거인의 관점

○ 공직선거법이 정한 허위 사실 공표죄의 성립 여부는 일반 선거인의 관점에서 판단하여야 하는데, 검사는 일반 선거인이라면 도저히 알 수 없는 자료들을 기초로 일반 선거인의 관점을 주장하고 있습니다. 즉, 검사의 관점을 일반 선거인의 관점이라고 주장하고 있습니다.

3. 김문기 발언에 관하여

○ 원심이 사실 인정에서 확정한 바와 같이, 피고인의 김문기 발언은 '인식'을 본질적 요소로 합니다. '골프'가 문제가 된 '사진 발언'도 '인식'에 관한 보조 논거에 불과합니다.

○ 그러나 검사는 '안다, 모른다'에 관한 발언은 증명이 가능하다며 김문기와의 교유 관계 또는 교유 행위를 부인하는 발언이라고 주장합니다. 검사는 '인식, 기억'에 관한 발언을 거짓말이라고 주장해서는 도저히 범죄가 성립할 수 없자 이를 '행위를 부인하는 발언'이라고 주장하였습니다.

검사는 그 행위가 무엇인지를 특정할 수 없자 '불특정 개념'이라고 할 수밖에 없는 '교유 관계 또는 교유 행위'라는 개념을 동원하였습니다. 이러한 검사의 주장에 따르더라도 원심이 피고인의 발언을 '인식에 관한 발언'이라고 인정한 것은 너무나 자연스러운 사실 인정입니다.

○ 이 사건에서 검사가 가장 문제 삼고 있는 김문기 발언은 2021년 12월 29일 발언으로, 여기에 유일하게 '골프'라는 단어가 들어가 있습니다. 피고인은 김문기를 언제 알았는지를 말하면서 국민의힘 박수영 의원이 SNS에 올린 사진을 설명하는 과정에서 "골프를 친 것처럼"이라는 표현을 사용한 것이 전부입니다. 그러나 표현의 중심은 "10명의 단체 사진에서 4명을 오려냈다. 조작이다. 그런데 지금도 사진을 보면 절반은 기억하지 못하겠다"라는 데에 있습니다.

○ 피고인의 2021년 12월 29일 발언 전체는 시종일관 피고인이 언제 김문기를 알았는지를 말하면서 부연하여 국민의힘 박수영 의원이 게시한 사진은 조작된 것으로, 막상 원본 사진을 확인해본 결과 절반은 기억하지 못하겠다는 '인식과 기억'으로 이어졌습니다. 즉, 피고인의 사진 발언은 인식과 기억에 관한 보조 논거에 불과합니다. 원심이

같은 취지로 사실 인정을 한 것은 너무나 상식적일 뿐만
아니라, 이는 사실심의 전권에 속하므로 법률심인 상고심
의 심리 범위에 속하지 않습니다.

4. 백현동 발언에 관하여

○ 검사는, 피고인의 백현동 발언을 오로지 '백현동 부지'로
만 연결하고 있습니다. 즉, 검사는 피고인의 모두 발언, 설
명 발언, 정리 발언 모두 '백현동 부지'로만 연결하여 그
의미를 해석하여야 한다고 주장합니다.

○ 그러나 피고인의 백현동 발언은 전날 오세훈 서울특별시
장이 제기한 '백현동 3대 특혜 의혹 주장'을 반박하기 위
하여 약 5, 6년간에 걸친 경과를 설명한 다음 특혜 주장이
잘못이라는 피고인의 소신과 견해를 밝힌 것입니다. 백
현동 발언은 한국식품연구원이 포함된 5대 공공 기관의
6개 종전 부동산에 관한 국토교통부 등 중앙 부처의 용도
변경 압박과 이에 대한 피고인의 대응, 그로 인한 수년간
의 종전 부동산 매각 불발과 성남시의 업무 시설 유치 성
과 등이 대부분을 차지합니다. 피고인은 그런 다음에 마
지막으로 백현동 부지의 용도 변경 경과를 설명하고, 오

세훈 시장이 제기한 특혜 의혹을 부정하는 자신의 소신과 견해를 밝혔습니다.

○ 원심이 인정한 사실 관계에 의하듯이, 피고인의 백현동 발언은 5대 공공 기관의 종전 부동산 처리를 둘러싼 중앙 부처와 성남시의 수년간에 걸친 갈등, 이에 대한 피고인의 대응 및 결과와 거의 일치합니다. 당연히 피고인으로서는 압축적으로 지난 경과를 설명할 수밖에 없었고, 이 과정에서 어떤 표현은 강조할 수밖에 없었는데, 그것은 모두 백현동 3대 특혜 의혹 제기가 거짓이라는 자신의 견해를 분명하게 밝힐 필요가 있었기 때문입니다. 따라서 원심이 피고인의 백현동 발언 전체를 피고인의 의견을 발언한 것이라고 인정하거나 '압박 등'에 관한 발언에 독자성이 없다고 인정한 것은 정당하고, 이는 사실심인 원심의 전권에 속하므로 상고심에서 다툴 수는 없습니다.

○ 원심이 인정한 바와 같이, 중앙 부처는 수도 없이 혁신도시법과 국가균형발전 특별법이 적시된 공문을 내려보내면서 성남시를 압박하였습니다. 만약 검사가 주장하는 바와 같이 피고인이 자신의 방침에 의해서만 백현동 부지에 대한 용도 변경을 해주었다면, 굳이 국토교통부가 성남시에 계속 공문을 보내서 협조를 구할 무슨 이유가 있었겠

습니까.

○ 원심의 사실 인정은, 바로 중앙 부처가 끊임없이 성남시에 혁신도시법과 국가균형발전 특별법을 적시한 공문을 보내 공공 기관의 지방 이전에 협조하라고 요구하였으나, 그것이 성남시장인 피고인이 계획한 도시 설계와 어긋나 갈등이 생겼던 역사적 사실을 그대로 반영한 것입니다. 또한 백현동 부지에 관해서도 원심은 증거에 따라 성남시가 한국식품연구원이 요구하는 주거 용지로 용도 변경을 해주지 않자 한국식품연구원과 민간 사업자의 요청을 받은 국토교통부가 매우 이례적으로 성남시에 공문을 보내와 결국 피고인이 자신의 방침을 일부 철회하고 타협책으로 준주거 용지로 용도를 변경한 일련의 과정을 사실 그대로 인정하였습니다.

○ 따라서 원심이 피고인의 백현동 발언을 역사적 맥락에 따라 이해한 다음, 이를 피고인의 견해 표명이라고 인정하거나 피고인의 배경 발언(압박 등)에 독자성이 없고, 이를 단순한 보조 논거에 불과하다고 인정한 것은 정당한 사실 인정입니다. 당연히 이는 사실심인 원심의 전권에 속하므로, 상고심에서 다툴 쟁점이 될 수 없습니다.

○ 백현동 발언에 관한 검사의 주장이 가진 가장 근본적인

문제점은 백현동 발언 전부가 허위라고 주장하면서, 정작 백현동 발언 일부를 생략하고 있다는 점에 있습니다. 검사는 국토교통부의 압박 등에도 불구하고, 성남시가 잘 대처해서 수년간 5대 공공 기관의 종전 부동산 매각이 불발되어 성남시가 업무 시설을 유치할 수 있었다는 피고인의 발언에서 "국토교통부의 압박 등"을 "그 후에 있었던 수년간의 경과 발언"과 연결하지 않고 이를 의도적으로 생략한 다음, 피고인이 마지막이라고 표현한 '백현동 부지'로 바로 연결하였습니다.

○ 피고인의 백현동 발언을 원문 그대로 듣거나 읽어보면, 검사의 주장이 창작임을 알 수 있습니다. 공소 사실만 놓고 보면 "국토교통부의 혁신도시법에 따른 압박 등"에도 불구하고 피고인이 수년간 버티면서 중앙 부처가 요구하는 대로 용도 변경을 해주지 않아 종전 부동산의 매각이 불발된 끝에 마침내 5대 공공 기관의 종전 부동산 일부에 업무 시설을 유치할 수 있었다는 피고인의 발언은 어디에도 존재하지 않습니다.

○ 검사는 기교적인 논리를 동원하거나 피고인의 발언 일부를 생략하는 방법으로 이를 왜곡하고 있는데, 그런 방식으로 누군가의 발언을 해석해야만 법원을 설득할 수 있다

고 본다면, 그것은 일반 선거인의 관점이 아니라 검사의 관점에 불과하다는 점을 분명히 밝혀두고자 합니다.

5. 결론

원심의 무죄 판단은 사실심인 원심의 전권에 속하는 증거 취사와 사실 인정에 속할 뿐만 아니라 대법원이 계속 축적해온 판례의 취지와 정신에 꼭 들어맞습니다. 대법원은 오랜 기간 "표현의 자유 확대"와 "허위 사실 공표죄의 엄격한 적용"을 법리로 확인해주었으며, "모호할 때는 피고인의 이익으로"라는 법언을 충실히 실천해왔습니다. 이에 맞추어 신중하면서도 신속하게 검사의 상고를 기각하여주시기를 바랍니다. 아울러 전혀 선례가 없는 국회증언감정법 제9조 제3항의 적용 문제와 국회 증인의 지위에 관해서는 전원합의체에서 누구나 수긍할 수 있는 명백하고 분명한 법리를 밝혀주시기를 바랍니다.

나는 마지막 의견서에서 그동안 우리 변호인단이 해온 주장을 최대한 간략하게 정리하면서 대법원이 법률심으로서 진정으로 판단해주어야 할 사항이 무엇인지를 압축하여 소개하고 이에 대한 대법원다운 법리적 판단을 기대하였다.

"의사 표시와 관련하여 당사자에 의하여 무엇이 표시되었는가 하는 점과 그것으로써 의도하는 목적을 확정하는 것은 사실 인정의 문제이고, 그 사실을 토대로 그것이 가지는 법률적 의미를 탐구 확정하는 것은 법률적 판단의 영역에 속한다"라는 대법원 판례를 인용한 이유는 다음과 같다.

의뢰인의 김문기 발언, 백현동 발언이 표현하는 내용, 그것이 의도하는 목적을 확정하는 것은 사실심인 항소심의 영역이었기 때문이다. 즉, 발언의 해석에 관한 것은 사실 인정의 영역이지 법률적 판단의 영역이 아니라는 점을 강조하고 싶었다.

대법원 판례가 말하는 "법률적 의미를 탐구한다"라는 것은 어떤 발언이 거짓이냐 아니냐를 탐구한다는 것이 아니다. 거짓 유무의 판단은 사실 판단의 영역이다. "법률적 의미를 탐구한다"라는 것은 사실심이 어떤 말이 거짓인지 아닌지를 인정한 바탕 위에서 그 말이 법률상 협박이냐, 모욕이냐, 명예훼손이냐 등을 규범적으로 판단하는 것이라고 이해하고 있었다. 그러나 의뢰인 사건에서 대법원은 의뢰인의 발언이 거짓이 아니라는 항소심의 판단과 달리 의뢰인의 발언이 거짓이라고 인정하고 나서 공직선거법 위반 발언이라고 판단하였으니, 결국은 항소심과 사실 인정을 달리한 것이다.

형사소송법 제383조는 상고 이유를 ① 판결에 영향을 미친 헌법·법률·명령 또는 규칙의 위반이 있는 때, ② 판결 후 형의 폐지나 변경 또는 사면이 있는 때, ③ 재심청구의 사유가 있는 때, ④ 사형, 무기 또는 10년 이상의 징역이나 금고가 선고된 사건에서 중대한 사실의 오인이 있어 판결에 영향을 미친 때 또는 형의 양정이 심히 부당하다고 인정할 현저한 사유가 있는 때로 제한하고 있다. 바로 이 조항이 상고심을 법률심으로 하는 근거이다.

어떤 경우에만 상고심이 항소심의 사실 오인을 판단할 수 있는가. 그것은 바로 형사 피고인에게 사형, 무기 또는 10년 이상의 징역이나 금고가 선고된 경우로 한정된다. 즉, 피고인에게 중형이 선고된 사건에 한정하여 항소심의 중대한 사실 오인을 바로잡는다는 것이므로, 이것은 피고인의 이익을 위한 것이다.

대법원은 이 사유를 제외하고는 사실 판단을 해서는 안 되므로, 의뢰인에게 무죄가 선고된 사건의 사실 관계는 대법원이 심리할 수 없다.

심지어 민사소송법 제432조는 "원심 판결이 적법하게 확정한 사실은 상고법원을 기속한다"라는 규정을 두고 있다. '기속'이라는 용어는 법원조직법에도 있다. "상급법원 재판에서의 판단은 해당 사건에 관하여 하급심을 기속한다"라는 법원조직법 제8조가 그것이다. 기속은 다른 판단을 하지 못하게 하는 법적 구속력이다.

형사소송법에 민사소송법 제432조와 같은 규정이 없는 이유는 형사소송법 제383조 제4항 때문이고, 그 외에는 대법원도 항소심 판결이 적법하게 확정한 사실에 구속된다고 보아야 한다. 소송의 종류를 불문하고, 대법원은 스스로 법률심이라고 선언하고 있지 않은가. 이 말은 대법원은 항소심의 사실 인정을 전제로 법률 판단만 한다는 뜻이 아닌가.

그런 이유로 나는 검사의 상고 이유는 항소심의 사실 인정을 다투는 것이므로, 상고심에서 다룰 수 없다는 점을 강조하였다. 그러나 모든 것은 무위로 돌아갔다.

대법원은 법률 문제에는 침묵하고 사실 문제만 다루었다. 비록 형식은 법률 판단을 하는 것처럼 하였으나 실제로는 항소심이 인정한 사실과 다른 사실을 인정하였다. 형사소송법 제383조, 민사소송법 제432조를 근거로 상고심은 법률심이므로 하급심에서 올라오는 사건의 사실 관계는 판단하지 않겠다는 대법원의 원칙에 명백히 반한다.

반대로 대법원은 정작 법률 판단이 필요한 문제에 대해서는 침묵을 선택하였다. 대법원 다수 의견은 소수 의견을 반박하면서 다른 변호사들이 제출한 답변서는 물론 내가 제출한 의견서까지 모두 검토하였다고 밝혔다. 그렇다면 적어도 검사가 공소를 제기한 백현동 발언에서 구성 요건 요소에 해당하는 '공표의 수단과 방법'이 없으므로 이를 보완하지 않으면 실체 판단을 할 수 없다는 점이나 국회증언감정법 제9조 제3항의 적용 범위에 대한 판단이 있었어야 하지 않았을까. 이런 것이야말로 '법률 판단'의 영역에 속하고, 검사의 상고 이유에 포함되어 있든 그렇지 않든 '법률 판단'의 영역에 속하는 문제만큼은 대법원이 직권으로 판단할 수 있으니 말이다.

대법원은 의뢰인 사건에서 법률 판단의 형식을 빌려 항소심의 사실 인정을 깼다. 앞으로 대법원은 어떤 기준으로 법률 판단과 사실 판단을 구분할까. 재판 당사자는 어떻게 이를 구별할 수 있을까. 만약 대법원이 의뢰인 사건처럼 다른 사건도 사실 판단을 해야 한다면 대법관들이 얼마나 많아야 할까.

4월 28일은 사실상 대법원의 결론이 난 후였다. 나는 무슨 이유로 4월 28일 의견서를 제출했을까. 불안감 때문은 아니었을까. 그래서 첫머리에 전원합의체에서 의뢰인의 발언 영상을 생생하게 들어보라고 간곡하게 호소한 건 아닐까. 공개 변론을 해보았으면 하는 마음이었을 것이다. 대법원이 나의 요구를 수용하지는 않았을 테지만 그 주장을 전혀 시도하지 않았던 점은 후회로 남는다.

그렇게 나의 4월은 지나갔고, 하루 뒤인 5월 1일부터 5월 7일까지 기억에서 지우고 싶은 잔인한 시간이 나를 기다리고 있었다.

III.
형사사법 절차에 관한 생각

1. 검찰의 개혁은 요원한가

수사와 기소의 분리

나는 의뢰인을 위하여 변론하면서 검찰 개혁의 필요성을 절감하였다. 수사권과 기소권을 독점한 검찰이 누군가를 상대로 집요하게 유죄를 받아낼 목적으로 수사하고 기소까지 한다면 버텨낼 사람은 없다. 특히 정치적 사건에서 그 행태가 극에 달하면 그것은 형사사법의 탈을 쓴 폭력이다.

"검찰은 법과 원칙에 따라 공정하게 법을 집행한다." 최근의 사태를 돌아보자. 검찰은 법과 원칙에 따라 윤석열에 대한 법원의 구속 취소 결정에 즉시 항고를 하지 않은 것인가. 그렇다면 불과 수년 전에 법원의 구속 취소 결정에 즉시 항고를 하여 피고인이 석방되지 않도록 한 것도 법과 원칙에 따른 것인가. 검찰 고위직들의 말을 들어보면, 검찰은 과거에도 현재도 미래에도 "법과 원칙에 따라 공정하게 수사하고 기소하는 기관"이다. 그러나 2025년 3월의 사태는 이것이 허울뿐인 말이었음을 보여준다.

이미 너무 많은 사건에서 검찰의 민낯이 드러났다. 특

정 사건에 대해, 무능하다 싶을 정도로 은폐하거나 혹은 조직적으로 표적 수사를 하기도 하였다. 이 가운데 등장한 검찰 개혁 방안이 바로 수사·기소의 엄격한 분리이다.

우리 법체계에서 검찰이 차지한 위치를 추적해보자. 한국전쟁 직후인 1954년 1월 9일, 국회 법제사법위원회는 서울 태평로 부민관(옛 국회의사당 건물)에서 '형사소송법 초안에 대한 공청회'를 열었다. 10개 정도 항목이 주요 토론 대상이었다. 첫 번째 주제는 검찰과 경찰의 관계 정립이었다. 지금으로 치면 검·경 수사권 조정이다.

공청회에서 서일교 법제사법위원회 전문위원은 "범죄 수사에서 사법경찰관에게 주도권을 줄 것인가, 사법경찰관리를 검사의 지휘에 둘 것인가", 말하자면 사법경찰관리와 검사와의 관계를 상호 협력관계로 둘지 아니면 상명하복의 관계로 둘지 질의하였다.

법조인 출신 엄상섭 무소속 의원은 다음과 같은 의견을 밝혔다고 한다. "우리의 생각은 검찰관이 수사의 주도체가 되는 것입니다. 그러나 영미식의 형소법은 그렇게 되어 있지 않습니다. 미국의 예를 들면 수사는 경찰관, 기소는 검찰관, 재판은 법관, (…) 미국 사람들은 권력이 한 군데 집중되면 남용되기 쉬우므로 분산되어야 개인에게 이익이 된다고 생각했던 것입니다. 우리나라 실정으로

　　　　　　　　　　　　　　　파기 환송은 없다

보면 검찰이 범죄 수사의 주도체가 된다면 기소권만을 가지고도 강력한 기관이거늘 또 수사의 권한까지 플러스하게 되니 이것은 결국 검찰 파쇼를 가지고 온다는 것입니다. 그런데 지금 일본이나 미국 같은 데는 경찰이 자치단체에 들어가 있어요. (…) 이런 나라에서도 수사는 경찰관이 해라, 기소 여부는 검찰관이 해라, 또 증거가 모자라면 경찰에다가 의뢰해라, 이렇게 되어 있습니다. 우리나라 경찰은 중앙집권제로 되어 있는데, 경찰에다가 수사권을 전적으로 맡기면 경찰 파쇼라는 것이 나오지 않나, 검찰 파쇼보다 경찰 파쇼의 경향이 더 세지 않을까? 이런 점을 보아가지고 소위원회나 법제사법위원회에서는 오직 우리나라에서는 범죄 수사의 주도권은 검찰이 가지는 것이 좋다는 정도로 생각했던 것입니다. 그러나 장래에는 우리나라도 조만간 수사권과 기소권을 분리하는 방향으로 나가는 것이 좋겠다고 생각합니다."

이후로 형사소송법이 시행되어 수사권은 검찰과 경찰이 모두 가지고 있으면서 검찰이 지휘권을 행사하고 기소권은 검찰이 독점하는 시스템이 자리잡게 되었다. 문재인 정부의 검·경 수사권 조정과 그에 따른 검찰청법의 개정이 있던 2020년까지 65년 동안 이 시스템은 금단의 견고한 성벽이었다.

그렇다면 무슨 이유로 우리나라에서 형사소송법이 제정될 때 검찰에 수사권과 기소권을 동시에 부여하였을까. 엄상섭 의원이 지적한 것처럼 그때 경찰은 군대 이상의 물리력을 가지고 있었고, 친일 경찰 중심이었다. "순사가 온다"라는 말로 아이의 울음을 그치게 하였다는 웃지 못할 풍경이 이를 증명한다. 경찰을 검찰에 복속시키지 않고 풀어놓으면 일제 강점기의 행태가 반복될 것이라는 염려, 즉 경찰 파쇼에 대한 염려가 더 컸다.

그러나 기소권이라는 권한을 독점한 검찰이 수사 주도권까지 가지면 장차 더 센 검찰 파쇼가 등장할지 모른다는 염려도 있었다. 당장은 경찰 파쇼를 막아야 하니 검찰에 수사 주도권을 주되, 조만간 수사권과 기소권을 분리하자는 1954년의 생각은 탁월한 선견지명이었다.

대륙법계에 속하는 우리나라의 형사소송법은 묘하게도 영미식 당사자주의를 원칙으로 하고 있다. 당사자주의란 형사 소송에서 검사와 피고인이 주도적 지위에서 각기 증거를 신청하는 등 공격·방어를 하고, 법원은 심판자로서 그 주장과 증거를 판단하는 재판 제도이다. 그러나 말이 당사자주의이지 검찰은 국가 공권력이다. 증거의 신청과 조사에서 피고인보다 훨씬 우위에 있다. 엄상섭 의원이 말한 기소권이라는 막강한 권한은 바로 이것을 두고 하는 말이다.

1954년 형사소송법은 경찰에게 결정적인 타격을 주는 조항을 만들었다. 경찰이 작성하는 피의자신문조서의 증거 능력에 관한 것이다. 범행을 자백하는 내용의 피의자신문조서가 작성되었다고 가정하자. 그런데 그 피고인이 법정에서 경찰이 작성한 피의자신문조서의 내용이 사실과 다르다는 취지에서 그 내용을 부인하면 그 피의자신문조서를 유죄의 증거로 사용할 수 없다. 즉 법률적으로 증거 능력이 없다는 뜻이다. 이때 정부와 경찰의 반발이 극심했다고 한다.

국회에서 경찰이 작성한 피의자신문조서에 그런 조항을 둔 이유는 무엇이었을까. 친일 경찰이 일제 강점기에 동포들을 고문, 협박, 회유하여 작성한 조서를 법정에 제출하여 유죄의 증거로 써먹은 역사를 반복하지 않기 위해서였다. 친일 경찰을 활용한 이승만 정부는 국회의 법안에 미온적이었고 경찰은 대대적으로 반발하였으나, 법안은 그대로 통과되어 지금까지 내려오고 있다. 친일 경찰의 행태가 하루아침에 바뀌지는 않았지만 적어도 법정에서는 억울한 피고인이 자신을 방어할 법률적 수단은 마련된 셈이었다.

문제는 검사가 작성한 피의자신문조서이다. 경찰에서

작성하여 올린 피의자신문조서를 더 정교하게 다듬으면 그만이었다. 과거사 사건을 들여다보면 1차 수사 기관에서 고문을 당한 피의자가 검사에게 조사받으면서 자신이 당한 고문을 아무리 항변해도 검사는 외면한다. 오히려 압박과 회유를 통해 더 정교한 피의자신문조서가 탄생한다. 피의자가 법정에서 피고인 신분이 되어 경찰의 고문과 검찰의 압박 및 회유를 판사에게 고하더라도 판사는 검사가 작성한 피의자신문조서를 유죄의 증거로 삼아버린다. 최근에서야 검사가 작성한 피의자신문조서도 피고인이 내용을 부인하면 증거 능력을 인정하지 않는 규정이 마련되었다. 이전까지 검사가 작성한 피의자신문조서는 전가의 보도처럼 사용되었다.

엄상섭 의원이 걱정한 '검찰 파쇼', 즉 '검찰의 권력화'는 차츰차츰 진행되었다. 그래도 박정희, 전두환 정권 시절에는 다른 권력 기관의 힘이 더 셌다. 검찰의 권한이 막강한 것은 사실이었지만 군과 정보 기관보다는 약했다. 반면에 경찰의 권력은 약해졌다. 특히 범죄 수사에서는 검찰의 지휘를 받아야 했으므로 이 영역만큼은 검찰의 권한이 막강할 수밖에 없었다.

그러다가 노태우 정부가 들어서면서 군과 정보 기관의 권력은 서서히 약화되었고 '범죄와의 전쟁'을 통해 검찰

 파기 환송은 없다

은 권력의 정점으로 다가설 기회를 얻었다. 그것이 김영삼 정부와 김대중 정부를 거치면서 더욱 강화되었다. 그때는 검찰을 견제할 만한 권력 기관이 없었다.

어느 때부터인가 '준사법 기관'이라는 실체 없는 말이 돌아다니고 있다. 검찰은 행정 기관이다. 우리 헌법의 권력 구조에 입법부, 행정부, 사법부에 더하여 준사법 기관이 또 있다는 건 말이 되지 않는다.

헌법에도 없는 준사법 기관은 어떻게 탄생한 것일까. 사법부와 법관은 헌법이 독립성을 보장한 헌법 기관이다. 그런데 법관과 검사는 출신이 같다. 같은 시험에 합격하여 같은 사법연수원을 마치고 누구는 법원으로, 누구는 검찰로 갔다. 법원으로 간 친구와 동료는 사법 기관으로 독립성을 보장받는데 검사인 우리라고 다를 것이 있는가. 검사의 급여는 판사의 급여에 연동되어 있으니 대우가 별반 다르지도 않다. 검찰은 자신이 담당하는 수사와 재판은 형사사법 절차에 속하므로 자신들도 사법 기관에 준하는 대우를 받아야 한다는 논리를 내세웠다.

그러나 검찰청은 행정부인 법무부의 외청이고 검사는 검찰청 소속이다. 행정부의 외청이 사법부에 준하는 지위를 누릴 수는 없다. 검찰의 주장대로라면 수사를 담당하는 경찰도 준사법 기관이어야 한다. 수긍하기 어려운 논리이다.

결정적으로 2003년 노무현 대통령과 검사와의 대화가 전 국민에게 실시간으로 중계되면서 사람들은 검사의 민낯을 제대로 목격했다. 노무현 대통령은 막강해진 검찰 권력을 제어하기 위한 개혁 조치에 시동을 걸었으나 평검사들부터 정면으로 반기를 들었다. 그것도 부족해서 대통령을 망신 주려고 하였다.

노무현 정부에 비우호적인 언론은 검찰을 감쌌고, 검찰은 대형 사건 수사로 개혁의 바람을 피해갔다. 임명직 공무원인 검사의 권력은 국민으로부터 위임받은 것이지 검찰이 원래부터 가진 내재적 권력이 아니다. 대통령은 국민이 국가를 운영하라고 권한을 위임한 최고 헌법 기관이다. 대통령은 국민 주권의 직접적인 위임을 받아 인사권을 행사하였다. 그러나 검찰은 그런 대통령의 권한을 무시했다. 국민 주권을 무시한 것과 같다.

정치인 출신 대통령이나 국회의 검찰 개혁을 두고 자신들의 부패를 가리려는 것이라고 역공을 펼쳤다. 그 시작에는 검찰은 언제나 정의롭고 옳다는 신화, 법조 엘리트주의, 정치와 정치인을 부패 집단으로 보는 편견이 있고, 그 끝에는 현실에서 힘으로 작동하는 '우리 검찰'이라는 울타리가 있다.

   파기 환송은 없다

　검찰은 노무현 대통령이 퇴임한 후에 대대적인 복수를 시작하였다. '논두렁 시계'로 전직 대통령을 망신 주었다. 모든 언론은 전직 대통령 가족들의 비리 혐의를 보도하기에 바빴고 전직 대통령은 집 밖에 얼굴도 내밀 수 없었다. 그의 표현에 의하면 어떤 것도 할 수 없었다. 전직 대통령은 몇 시간이나 버스로 이동하는 장면이 실시간 중계되는 바람에 화장실도 갈 수 없었다. 전직 대통령이 대검찰청에 도착하자 청사 안에서 고위 검사들은 그 장면을 흐뭇하게 내려다보았다. 결국 전직 대통령은 2009년 5월 세상을 등졌다. 그제야 사람들은 가슴 치며 부끄러워했다.

　나는 반백 년 전인 1954년 엄상섭 의원이 걱정한 검찰 파쇼가 현실이 되었다고 보았다. 검찰이 전직 대통령을 처음으로 수사한 시기는 한참 전으로 거슬러 올라가 12·12 군사 쿠데타를 일으킨 전두환, 노태우 두 사람을 법의 심판대에 올린 김영삼 정부 때이다. "성공한 쿠데타는 처벌할 수 없다"라는 왕조 시대에나 있을 법한 이유로 불기소 처분을 하였던 검찰이 김영삼 전 대통령의 엄명을 받고 "성공한 쿠데타도 처벌할 수 있다"라고 돌변하더니 합천까지 내려가서 전두환을 압송해오지 않았던가. 그것이 당시의 검찰이었다.

1990년대의 검찰은 국민의 편이었는가, 권력자의 편이었는가, 아니면 검찰 자신의 편이었는가. 권력자의 편과 자신의 편 어딘가에 있었을 것이다. 국민의 편이었다면 처음부터 "성공하든 실패하든, 쿠데타는 당연히 처벌해야 한다"라고 말할 수 있어야 했다.

2009년의 검찰은 이와 또 달랐다. 검찰은 검찰을 개혁하려던 전직 대통령에게 모욕을 주었다. 검찰은 누구도 두려워하지 않는 권력 자체가 되었다. 그 이전부터 검찰은 정권 초기에는 정권의 반대편을 수사하고 정권 말기에는 정권의 핵심을 수사하면서 검찰 권력을 공고하게 다져왔다. 그러나 이제는 정권을 무너뜨릴 수 있고 만들어낼 수 있는 막강한 힘을 가지게 되었다. 전직 대통령에 대한 모욕 주기가 그 시작이라는 것을 그때는 미처 몰랐다.

이미 대한민국 검찰은 헌법과 법률이 정한 것 이상의 힘을 가지게 되었다. 엄상섭 의원은 1954년에 이미 기소권이라는 막강한 권한을 가진 검찰이 수사 주도권을 가진다고 해도 그것이 경찰 파쇼보다는 더 나을 것이라고 위로하는 한편, 조만간에는 수사권과 기소권을 분리해야 한다고 말했다.

반세기가 훌쩍 지난 2009년의 검찰은 이미 엄상섭 의

     파기 환송은 없다

원이 걱정한 그 단계를 훨씬 넘어섰다. 엄상섭 의원이 걱정한 경찰 파쇼는 먼 과거가 되었다. 그렇다면 처음 형사소송법을 설계한 분들의 뜻에 따라 수사권과 기소권을 분리했어야 하지 않았을까. 그런데 언제부터인가 검찰은 수사권과 기소권을 내재적으로 가지고 있는 기관인 것처럼 행세하였다.

어떤 기관이든 법률에 따라 권한과 직무 범위가 달라질 수 있다. 정권이 바뀔 때마다 정부 조직이 개편되는 일은 비일비재하다. 검찰만이 열외여야 하는 이유가 있는가. 그럼에도 검찰은 준사법 기관이라는 이름으로 사법부와 같은 대우를 요구한다. 그러나 그것은 우리의 헌법과 법률이 예정하고 있는 바가 전혀 아니다. 그것은 헌법과 법률 밖의 이야기이다.

누군가를 표적으로 삼아 처음부터 무엇이든 기소하겠다는 의도를 가진 수사는 정상적인 수사가 아니다. 국가 공권력을 이용한 잔인한 괴롭힘이다.

우리 국민은 그런 국가 공권력의 행사를 허용한 적이 없다. 특수부 수사는 환부만 도려내는 것이어야 한다는 어느 전설적인 특수통 검사의 말은 공허할 뿐이다. 현실에서 작동하는 편파적 수사와 기소는 당사자를 온통 해부하여 다시는 일어설 수 없게끔 무너뜨려왔다. 얼마나 많은 사건에서 우리는 검찰의 이런 민낯을 보았던가.

문재인 정부도 대대적인 검찰 개혁에 나섰다. 검·경 수사권 조정을 거쳐 2020년에 검찰의 수사권은 6대 중대 범죄로 축소되었다. 그러나 검찰은 그 수사권만으로도 여전히 막강했다. 문재인 대통령이 2022년 5월 퇴임하기 직전에 국회는 6대 범죄를 2대 범죄로 축소하여 검찰이 부패 범죄와 경제 범죄만 수사할 수 있게 하였다. 여기에는 치명적인 실수가 있었다. 처음의 6대 범죄든 나중의 2대 범죄든 그 범위를 법률에 정하지 않고 대통령령에 위임한 것이다.

대한민국은 2022년 대선에서 검찰총장 출신인 윤석열을 대통령으로 선택하였다. 그리고 그해 가을에 검사의 수사 범위를 정한 대통령령은 대폭 개정되었다. 2대 범죄가 대폭 확대되고, 새로운 범죄까지 수사권 대상이 되어 검사의 수사권을 제한한 법의 취지는 사라졌다. 당시 법무부 장관은 이것을 '검수원복'이라고 자랑하면서 법률이 검사의 수사권을 제한한 것을 '검수완박'이라고 부르는 것과 대비하였다. 법률이 금지한 것을 하위 명령인 대통령령으로 부활시킨 것을 자랑하는 표현이었다.

이 나라에는 대통령의 뜻이 법률보다 세다는 또 하나의 이정표가 만들어졌다. 검찰 출신 대통령과 법무부 장관은 왜 그랬을까. 우리 검찰을 지켜주고 우리 검찰과 함께 영원히 권력을 유지하고 싶어서였을까.

문재인 정부 시절에 검찰은 검·경 수사권 조정과 검찰의 수사권 제한에 너나없이 반대하였다. 문재인 정부는 검찰의 수사·기소 분리를 목적으로 하면서도 그 단계로 바로 나아가지 못하고 수사권 조정과 검찰의 수사권 제한에 머물렀다. 검찰은 이대로 간다면 수사·기소 분리를 피할 수 없다고 보았을 것이다.

검찰은 문재인 정부에서 민정수석을 지내다가 법무부 장관이 된 조국에 대한 대대적인 수사에 돌입하였다. 살아 있는 권력의 비리 사건을 수사하는 듯이 시작은 요란스러웠다. 그러나 권력형 비리는 발견되지 않았고, 조국 장관이 교수직에 있을 때 있었던 자녀들 입시 비리 의혹으로 불길이 번져갔다. '태산명동 서일필太山鳴動 鼠一匹'이다. 검찰은 대학 입시의 공정성에 민감한 여론을 등에 업었고 언론은 앞다투어 기사를 내보냈다. 검찰이 아니면 알기 어려운 민감한 수사 정보였다. 누가 언론을 이용하였을까.

그 사건으로 문재인 정부의 검찰 개혁은 걸음을 멈추었다. 반대편에서 윤석열은 영웅이 되었다. 그것은 그의 대통령 선거 출마와 당선이라는 결과로 이어졌다. 윤석열을 정점으로 하는 검찰은 문재인 정부의 검찰이 아니라 또 다른 정부였다.

검찰은 그 누구도 두려워하지 않는 강력한 성벽을 구축하고 있었다. 검찰은 외부의 비판과 감시에 대해서는 똘똘 뭉친다. 잘나가는 검사나 그렇지 않은 검사나 다를 바가 없다. 조금이라도 검찰의 논리에서 벗어난 검사는 배신자로 낙인찍히지 않았는가.

그런 상황에서 정권이 검찰을 길들이려 하였다거나 윤석열이 정권에 맞서 싸웠다는 것은 허구의 신화에 불과하다.

검찰은 정권을 마음대로 주무를 수 있다는 오만으로 가득하였다. 검찰 내 '이프로스'에서는 법치주의와 민생을 위하여 검찰의 막강한 권한이 유지되어야 한다거나 검사의 소명을 강조한 글은 많았어도 검찰의 난잡한 수사와 기소에 대한 자성의 글은 드물었다.

수사와 기소 분리는 이제 거스를 수 없는 명제가 되었다. 나는 국정기획위원회 정치행정분과 기획위원으로 검찰 개혁안을 만드는 데 일조하였다. 수사와 기소를 분리한다는 대원칙을 세워놓았지만, 차곡차곡 알맹이를 채우는 것은 쉽지 않았다. 내부에서는 다양한 의견이 표출되었고, 저마다 장단점이 있었다. 외부에서 의견을 들을 때

　　　　　　　　　　　　　파기 환송은 없다

도 마찬가지였다. 그런 과정을 거치면서 내 생각이 맞는지, 여기에 탈은 없는지 수도 없이 많은 번민을 하였다. 함께 활동하는 이들과 고민을 주고받으면서 서로 다른 의견을 조금씩 조정하여 방안을 통일해나갔다. 그들에게 깊은 고마움을 느끼고 있다.

조직에 속하는 사람들의 문화와 습성은 쉽게 바뀌지 않는다. 그것이 수십 년에 걸쳐 형성된 것이라면 탈피하는 데에도 그 정도 시간이 필요하다는 것이 내 생각이다. 길게 보아야 15년에 불과한 나치 시대를 청산하는 데 독일이 투여한 시간과 노력만 보더라도 알 수 있다. 독일은 1970년대에 들어서서 교육 제도를 획기적으로 개혁하여 비로소 나치 시대의 문화와 습성을 벗어던지는 계기를 마련하였다고 한다.

대한민국 검찰인들 다르지 않을 것이다. 오랫동안 선배들이 쌓아놓은 문화와 습성을 하루아침에 고친다는 것은 불가능하다. 과거가 현재와 미래를 구할 수도 있지만 현재와 미래를 유혹할 수도 있다. 나는 그 여지를 확실하게 배제하는 것이 가장 중요한 과제라고 생각한다.

2025년 9월 마침내 검찰청을 폐지하고, 법무부에는 공소청을, 행정안전부에는 중대범죄수사청을 두는 방안이 확정되었다. 공소청은 검찰청의 사무 중에서 수사를 제외한 나머지 사무, 즉 공소 제기와 유지, 영장 청구 등 나머지 법률 사무를 처리할 것이다. 중대범죄수사청은 검찰청이 맡은 중대 범죄 수사를 담당할 것이다. 검사는 공소청에만 남게 되고, 중대범죄수사청에는 검사와는 지위가 다른 수사 인력이 배치될 것이다. 중대범죄수사청은 경찰처럼 수사만 담당하고, 강제 수사가 필요하면 공소청에 영장을 신청하여 공소청이 법원에 영장을 청구해야 한다.

최근에 진통 끝에 공소청 설치법과 중대범죄수사청 설치법이 국회를 통과하였다. 남은 과제는 검찰청이 공소청과 중대범죄수사청으로 옷을 갈아 입는 것이 아니라 두 기관이 각기 자신의 고유한 영역 속에서 주어진 직무를 온전하게 수행하게 하는 것이다. 만약 검찰청을 2개 기관으로 나누는 정도라면, 그것은 수사와 기소의 분리 원칙을 정면으로 거스르게 될 것이다.

공소청 검사에게 보완 수사를 허용할 것인지, 아니면 보완 수사 요구권만 허용할 것인지를 두고 논란이 있다. 수사와 기소 분리라는 대원칙을 생각하면, 보완 수사를 허용하지 않아야 한다고 본다. 그러나 경찰의 수사력이나 사건 암장 가능성, 공소청과 경찰 사이의 '핑퐁'으로 인한 사건 처리 지연, 피해자 보호의 필요성 등을 이유로

     파기 환송은 없다

보완 수사를 허용해야 한다는 견해도 있다.

경찰의 수사력에 대하여 의문을 품는 사람들이 적지 않다. 경찰 수사관들 사이에 상당한 편차가 있는 것도 사실이다. 검사들은 상대적으로 편차가 적은 편이다. 그렇다면 경찰의 문제는 적절한 인사 충원과 배치, 팀플레이를 통해서 해결해가야 하지 않을까.

의문 하나, 검찰의 수사력과 경찰의 수사력을 질적으로 비교할 수 있는 정확한 기준이 있는가. 경찰을 믿지 못하겠으니 검찰에 보완 수사권을 주어야 한다는 논리를 정당화할 만한 객관적 근거나 지표가 충분한가 말이다. 간혹 언론에서는 경찰의 수사 미비로 인하여 고통받은 피해자의 실태를 보도하고 있다. 불행히도, 그런 비난은 검찰에 대해서도 얼마든지 가능하다.

사건의 암장 가능성에 대한 걱정은 경찰의 사건 종결권을 우려해서 나온 것이다. 검찰의 사건 암장 가능성은 없는가. 특검이 수사한 김건희 사건은 어떠한가. 이런 식으로 따진다면, 검찰 다음에는 누가 검찰을 관리·감독한다는 말인가. 2020년도 검·경 수사권 조정에서 경찰에 수사권이 있는 사건의 종결권은 경찰이 갖게 되었다. 필요하다면 여러 감시 장치를 만들어서 해결하여야 할 것이다.

사건 처리에 걸리는 시간 문제도 해결할 길이 없지 않다. 검·경이 수직 관계에서 수평 관계로 바뀐 이상 상호 협력 관계를 꼼꼼하게 설계할 필요가 있다. 검찰에 보완 수사권을 주어야만 이 문제를 해결할 수 있다고 보는 것은 매우 단편적인 시각이다.

검·경의 수사권이 조정된 후 오로지 경찰 때문에 사건 처리가 지연되었다고 보는 것은 솔직히 객관적 근거가 부족하다. 오히려 검·경 상호 간에 책임 미루기 경향이 생기면서 사건 처리가 지연된 측면이 있다.

공소청의 경찰에 대한 보완 수사 요구의 범위와 기한을 더 명료하게 하고 경찰이 이를 수용하게 하여야 한다. 당연히 법률상 의무로 삼아 사건 처리를 고의로 지연하면 엄중하게 제재하여야 한다. 필요하다면 공소청 담당 검사와 수사 경찰이 긴밀하게 소통하는 장치를 만들어 사건 처리 기간을 줄일 수도 있다. 이것은 하나의 방법이고, 다른 방법도 찾으면 된다. 그런데도 다른 방법을 생각하지 않고 보완 수사를 고려하는 것은 검찰 우선주의에서 벗어나지 못했다는 방증이다.

수사와 기소를 분리하여야 하는 가장 중요한 이유는 무엇일까. 간단하다. 수사권과 기소권을 동시에 가지고 있으면 권한 남용의 유혹에 빠지기 쉽다. 검찰이 어떤 사람을 재판에 넘기고 싶으면 처음부터 목적과 구도를 설계해놓고 수사하기 쉽다. 필요하다면 온갖 자질구레한 것까지 수사하여 피의자를 압박한다. 피의자의 주변을 샅샅이 뒤진다. 누구든지 기소할 수 있다는 암시를 주기만 해도 피의자와 주변 사람들은 공포심을 느낀다. 검찰 특수부 수사는 그런 사례로 무수히 얼룩져 있다. 검찰 특수부가 기소한 사건의 무죄율이 가장 높은 이유도 그만큼 무리수가 많다는 것을 증명한다.

그것뿐이 아니다. 기소권을 독점한 검사는 '기소 편의주의'라는 막강한 무기를 가지고 있다. 검사의 수사권이 기소 편의주의와 결합하면, 누군가는 모질게 수사·기소하고, 누군가에게는 한없는 자애로움을 보여주어도 견제할 방법이 없다. 검사가 항상 공평무사한 존재일 수는 없다. 기소권을 가진 검사는 수사 단계에서 얼마든지 피의자나 참고인을 압박할 수 있다. 그 존재 자체가 압박으로 작용한다. 참고인도 언제든지 피의자로 전환될 수 있다는 압박에서 벗어나기 어렵다. 피의자든 참고인이든 검찰에서 수사를 받으면 언제든지 기소될 수 있다는 걱정을 떨칠 수 없다.

검사도 자신이 수사하는 상대방을 기소하고 싶은 욕심이 있다. 그러니 무리수를 두더라도 강하게 압박하기도 한다. 피의자나 참고인은 검찰의 압박에 거의 굴복한다. 때로는 검찰에 협조하여 다른 사람에게 죄를 뒤집어씌울 수도 있다. 우리는 수도 없이 그런 장면을 지켜보았고 '정치 검찰'이라는 말도 낯설지 않다. 많은 국민은 검찰이 수사권과 기소권이라는 권한을 두 손에 들고 정치를 해왔다고 비판한다. 검찰이 그동안 보여준 모습은 국민의 비판에 정당성을 부여한다. 그 결과가 바로 수사와 기소를 분리하라는 국민의 명령이다.

수사와 기소 분리는 대한민국 검찰의 현주소에서 비롯된 것이다. 전 세계 어느 검찰도 대한민국 검찰과 같은 막강한 권한을 누리지 않았고, 대한민국 검찰만큼 표적 수사와 표적 기소로 비판을 받고 있다는 이야기를 듣지 못했다. 선진 국가에서 대한민국 검찰처럼 막강한 권력을 무제한 행사하는 검찰이 또 있었는가.

우리는 다음과 같은 격언을 알고 있다. "절대 권력은 절대 부패한다." 나는 여기에 다음과 같은 말을 덧붙이고 싶다. "절대 권력은 절대 부패를 넘어 절대 폭력을 낳는다."

     파기 환송은 없다

검찰에게 기대하는 것

　우리 정부 조직은 법무부에 외청으로 검찰청을 두고 있었다. 검찰총장은 법무부 장관의 지휘·감독을 받는다. 그러나 과거에 윤석열은 검찰총장으로 재직하면서 검찰총장은 법무부 장관의 부하가 아니라고 하였다. 그 표현의 어색함은 뇌두자. 중요한 것은 검찰이 법무부를 상급 기관으로 여기지 않았다는 것이다. 검찰은 견제와 감시를 거부해온 기관이었다.

　그 현상은 어디에서 비롯되었을까. 검찰 출신이 법무부 장관이 되고 검사들이 법무부의 요직을 차지하던 오랜 관행에서 비롯되었다. 검사들의 승진 요로에 법무부가 있었을 뿐이다. 그래서 사람들은 법무부 인사를 검찰 인사와 동일시하였다. 검사들도 그렇게 받아들였다. 검사들은 검찰에서 검사 생활을 하고 승진 시기가 되면 법무부 요직을 거친다. 법무부는 검사들의 출세 관문으로 여겨졌다. 변호사가 개방형 공무원으로 법무부에 임용되는 경우가 있지만 소수에 불과했다. 태반은 검사들이었다.

법무부 역사를 돌아보면, 보수 정부 시절에는 검찰 출신이 법무부 장관이 되어 법무부와 검찰은 밀월 관계를 유지한다. 진보 정부 시절에 비검찰 출신이 법무부 장관이 되면 법무부와 검찰은 긴장 관계를 형성했다. 그간 검찰 중심으로 법무부와 검찰의 관계가 설정되어왔기 때문이다. 그래서 나온 것이 바로 법무부의 탈검찰화이다. 법무부가 검사들의 입김에서 벗어나 검찰을 정상적으로 지휘·감독할 수 있어야만 비로소 법무부와 검찰의 관계가 정부 조직 체계에 적합하게 된다.

검찰은 오랫동안 정부의 조직 체계와 무관하게 독립성을 주장해왔다. 심지어 사법부와 동일시하는 것도 서슴지 않았다. 검사는 법원이 무죄를 선고하면 '견해 차이'가 있다고 하였다. 이 말은 검찰이 자신의 지위를 사법부의 대등하게 놓고 있었다는 것을 의미한다. 행정부의 외청인 검찰청이 3권의 하나인 사법부와 같은 위치라니, 얼마나 어이없는 말인가.

이런 인식은 검사들이 법관들과 같은 뿌리를 가지고 있는 데에서 비롯되었다고 본다. 여기에 강한 엘리트 의식이 결합하다 보니 정부 조직 체계보다 자신들의 입지가 더 중요한 것이다. 한국에서나 나타나는 특유한 법조 엘리트주의이다. 과거에 법관이나 검사는 임관하자마자

‘영감’이라는 호칭과 함께 특권을 누렸다. 마땅히 청산하여야 할 과거이고 부끄러운 자화상이다.

잘못된 조직 문화와 습성은 완전히 바뀌어야 한다. 검찰은 스스로 변화하지 않았다. 그러니 검찰에 권력을 위임한 국민이 바꾸어야 한다. 법무부의 탈검찰화는 그것을 위한 하나의 디딤돌이다. 검찰을 본연의 자리로 돌리는 것부터 출발하자는 것이다. 검사에게 수사기관의 영장 신청에 인권 침해의 소지가 없는지 신중하게 살피는 법률 전문가의 역할을 기대한다. 공소를 제기하고 유지하는 진정한 법률가의 역할을 기대한다. 법률가로서 객관적 지위를 유지하며 공개된 법정에서 피고인의 유죄를 증명하는 일이다. 밀실 수사가 재판에 미치는 영향은 최소화하고 법정의 공방을 통해서 형사 처벌의 범위가 정해져야 한다. 우리 형사 소송 제도가 채택하고 있는 공판 중심주의에 크게 기여하기를 바란다.

2. 현실의 법정과 미래의 법정

법원(법관)과 검찰(검사)의 차이

요즘 법원은 거센 비난을 받고 있다. 원인의 하나는 2025년 5월 1일 대법원 전원합의체 판결이고, 다른 하나는 서울중앙지방법원 '윤석열' 재판부의 '구속 취소 결정'과 재판 진행 방식이다. 그러나 이 문제로 법원 전체를 비난할 수는 없다.

법관은 개개인이 헌법 기관이고 재판은 법관 개개인의 책임이다. 그러니 전원합의체 판결로 인한 문제는 그것을 주도한 사람들의 몫이다. 윤석열 재판도 온전히 그 재판부가 담당할 몫이다. 사법부를 비판하더라도 사법부를 구성하는 법관 전원을 대상으로 해서는 안 된다. 바로 이 지점에서 법원과 검찰이라는 기관 사이, 법관과 검사라는 신분 사이에 본질적인 차이가 있다. 법관은 각자가 헌법 기관이면서 동시에 사법부의 구성원이고, 검사는 행정부 소속으로 상급자와 하급자 사이에 지휘·감독 관계가 있다.

법관은 개개인이 재판의 주재자이다. 법원의 그 누구

도 법관 개개인의 재판에 관여할 수 없다. 오로지 재판을 주재하는 각각의 법관이 얼마나 헌법과 법률에 따라 충실하게 재판 사무를 수행하였는지가 가장 중요하다.

따라서 검찰 개혁은 검찰이라는 권력 기관을 향하는 것이어야 하고(그에 따라 검사의 권한이 달라지는 것은 불가피한 부산물이다), 법원 개혁은 법관 개개인의 재판이 더 나아지도록 하는 것이어야 한다. 정치권의 논쟁도 여기에 집중해서 법원 개혁의 방향을 올바로 설정했으면 하는 마음이다.

현실의 법정

법정에서는 판사가 왕이다. 판사의 권한이 막강하다는 점을 표현하는 데에는 이 말만큼 어울리는 표현이 없다. 그러나 재판을 받는 사람과 그를 대리하는 변호사는 모두 헌법 제1조의 국민이다. 내가 법관으로 임용되었던 1995년으로 돌아가면, 재판 당사자들이나 변호사들은 판사에게 머리를 조아렸다. 그것을 누군가는 법정의 권위를 존중하는 것이라고 하였다. 그러나 내 눈에는 판사의 비위를 거스르지 않고 싶어 하는 마음이 더 강해 보였다. 내 경험에 의하면 이는 아직도 바뀌지 않는 풍경이다. 법정의 왕으로 군림하는 판사 개개인을 떠나서 사법부를 이야기할 수 없다.

나는 좋은 판사를 많이 만났다. 친절하고 세심하며 경청하는 판사, 편견과 선입견이 없는 판사, 판례와 법리를 잘 이해하는 판사, 따뜻한 미소를 잃지 않는 판사가 그들이다. 그들은 소송의 기본 원칙을 정확하게 지키려고 애를 쓴다. 무죄 추정의 원칙에 따라 형사 재판을 주재하고 민사 재판에서도 객관적 증거를 가장 앞에 두지만, 원만하고 합리적으로 분쟁을 해결하기 위하여 시간을 아끼지 않는다. 왕이면서 왕 노릇을 하지 않는 판사들이다. 좋은 자질과 품성을 가진 판사들이 모욕당하지 않기를 바란다.

그러나 암군暗君이나 폭군으로 부를 만한 판사도 있다. 암군은 왕 노릇을 제대로 하지 못한다. 당사자들의 주장이나 증거를 제대로 검토하지 않거나 틈만 나면 재판 기일을 변경하거나 연기하는 판사들, 판결문에 성의가 없는 판사들이 그들이다. 폭군은 법정에서 제왕이다. 법령이 정한 절차를 무시하거나 당사자의 말을 끊는다. 당사자에게 호통을 치거나 변호사에게 핀잔을 준다. 형사 재판에서 검사에게는 한없이 관대하면서 피고인과 변호인에게는 엄격하다. 형사 재판을 유죄 추정으로 진행한다.

제주지방법원 제1심이 피고인들에게 집행유예를 선고하여 검사가 항소한 사건에서 항소심의 재판장인 모 부장판사는 2025년 3월 27일 제1회 공판 기일에서 심리를 마침과 동시에 제1심의 집행유예 판결을 파기하고, 두 사람에게 징역 1년 8월씩을 선고하였다. 피고인들의 최후 진술이 끝나자, 모 부장판사는 갑자기 법정 경위 5~6명을 피고인들 근처와 법정 곳곳에 세워놓고 다음과 같이 말하였다고 한다. "지금부터 어떤 발언도 하지 마라. 한숨도 쉬지 마라. 탄식도 하지 마라. 눈으로만 봐라. 내가 하는 말은 요청이 아니라 명령이다. 이를 어길 시 구속하겠다. 이 말은 피고인과 변호인에게도 적용된다."

도저히 믿기지 않는다. 모 부장판사는 법정에서 심리를 마친 즉시 양형 합의도 없이 그 자리에서 형을 선고하였다. 본래는 심리를 마친 후에 재판부가 별도로 합의 절차를 거쳐 선고해야 한다. 즉일 선고라고 해서 다르지 않다. 법원조직법 제65조는 합의를 공개하지 못하게 규정하고 있으므로, 재판장인 모 부장판사는 잠시 휴정하고 법정 밖으로 나가 다른 판사들과 '비공개 합의'를 하는 흉내라도 냈어야 한다. 그러나 모 부장판사는 법정에서 심리를 마친 즉시, 법정을 살풍경으로 만들어놓고 바로 그 자리에서 선고를 해버렸다. 배석판사 두 사람과 심중어心中語를 교환하였다는 것인가.

모 부장판사는 망연자실한 피고인들을 그 자리에서 구속하였다. 피고인들은 상고하였는데, 대법원은 구속 기한이 다 되어가도록 판결을 하지 않다가 피고인들을 보석으로 석방하였다고 한다. 앞으로 어떻게 진행될지 지켜볼 일이다.

이것이 모두 사실이라면 모 부장판사에게 법정은 왕국

이고, 자신을 제외한 사람들은 자신의 명령에 복종하여야 하는 신민에 지나지 않는다. 그 앞에서는 누구든지 함부로 숨을 쉴 수도, 말을 할 수도 없다. 그는 헌법과 법률에 따라 재판하지 않고 자신의 권력을 무한히 행사하였다. 과연 그것을 재판 독립이라는 이름으로 정당화할 수 있겠는가. 그는 헌법 제12조가 정한 변호인의 조력권을 침해하였다. 피고인의 진술권을 빼앗았다. "헌법과 법률에 따라 재판하여야 한다"라는 헌법 제103조를 무시하였다. 그에게 남은 것은 재판 독립밖에 없다. 그러나 헌법과 법률을 위반한 재판 독립은 헌법이 금지한 권력 남용이다.

정도의 차이는 있을지언정 법정 공기를 얼어붙게 만드는 판사들이 간혹 있다. 본래의 성품 탓인지 아니면 자기도 모르게 그런 습관이 들었는지는 알 수 없다. 법정에 선 사람들은 위축되기 쉽다. 특히 법률 지식이 부족한 일반인들은 더 말할 것이 없다. 그러나 그들 모두의 주권이 모여 사법부에 재판권을 위임하였다. 그것만 기억해도 폭군이 되는 길을 피할 수 있을 것이다.

나의 경험으로는 법정에서 최선을 다하는 판사들이 훨씬 많다. 그런데도 내가 암군과 폭군을 꺼낸 이유는, 판사 개개인이 독립된 재판의 주재자라는 이유로 판사마다

　　　　　　　　　　　　파기 환송은 없다

제각각 다르게 진행하는 재판 방식이 모두 재판 독립이라는 이름으로 용인되는 것이 옳은지를 따지기 위한 것이다.

　재판 당사자에게 가장 큰 복은 '판사 복福'이라는 이야기가 있다. 전적으로 맞는 말이다. 아무리 실력 있고 훌륭한 변호사를 선임해도 판사 복이 없으면 불행을 피할 수 없다. 우리 변호인단은 항소심에서 판사 복이 좋았다고 이야기한다. 모든 사람이 판사 복을 누리기를 바란다. 재판 한 건 한 건이 당사자에게는 하나같이 절실하고 중요하다. 법원 개혁은 재판 당사자가 되는 국민 모두 공평하게 판사 복을 누리는 방향이어야 한다.

무죄 추정의 원칙

　형사 피고인은 유죄 판결이 확정될 때까지 무죄로 추정된다. 검사가 유죄를 증명하는 증거를 제시하여 판사를 설득하지 못하면 피고인은 무죄라는 말이기도 하다. 따라서 '무죄 추정'은 형사 피고인이 가진 절차상 권리와 지위를 말한다. 현실의 법정에서 무죄 추정의 원칙은 지켜지고 있는가.

　나는 아직 그 단계에 이르지 못했다고 본다. 우리 형사소송법이 추구하는 당사자주의가 제대로 작동하지 않기 때문이다. 당사자주의가 작동하기 위한 첫걸음은 검사를 우대하지 않는 데에서 시작한다. 검사와 피고인을 대등한 당사자로 보는 인식의 전환이 필요하다.

　판사는 검사가 근거도 없이 엉뚱한 사람을 기소하지는 않았을 거라고 믿는 편견에서 벗어나야 한다. 검사의 증거 신청에는 관대하면서 변호인의 증거 신청에 엄격해서는 안 된다. 서로에게 대등한 기회를 보장해주어야 한다. 검사는 자신이 유죄라고 생각하는 피고인에 대하여 객

　　　　　파기 환송은 없다

관적이지 않을 가능성이 매우 높다는 사실도 알아야 한다. 검사를 민사 재판의 원고로 여기고 재판을 해보면 어떨까.

판사는 재판 당사자인 검사가 유죄를 제대로 증명하는지를 지켜보아야 한다. 대법원은 그간 축적된 판례를 통하여 유죄를 증명하는 증거는 "법관의 합리적 의심을 배제할 정도"의 증명력이 있는 증거이어야 한다는 원칙을 확립하였다. 그러나 같은 증거를 놓고 판사마다 합리적 의심의 범위와 기준이 달라질 수도 있지 않을까. 제1심이 "합리적 의심의 여지가 없다"라고 인정한 증거에 대하여 항소심은 다른 판단을 할 수도 있을까. 혹시 제1심의 판단에 잘못이 있더라도 항소심은 제1심이 잘못 판단하지 않았을 것이라는 편향을 가지지 않을까.

'법관의 합리적 의심'과 '일반 국민의 합리적 의심'은 같은가, 다른가. 직업 법관의 전문성을 고려하더라도, 핵심적이고 본질적인 차이가 있어서는 안 된다. 둘 사이에 근본적인 차이가 있다면 우리나라에서 일부나마 시행하고 있는 배심 재판은 처음부터 불가능하지 않겠는가.

판사의 지식과 경험에서 우러난 관점은 과연 일반 국민의 관점과 같을 수 있을까. 반드시 그렇지는 않다고 본다. 과거에는 사법연수원을 마치고 바로 법관으로 임용되었다. 그때부터 퇴직하기 전까지 줄곧 판사로만 일하였다. 지금은 법조 경력이 있어야만 법관으로 임용된다. 그러나 많은 경력이 필요한 것은 아니며, 법관으로 임용된 사람들은 공부를 매우 잘한 모범생들이고 속칭 좋은 학교 출신이 많다. 사람은 누구나 자신을 둘러싼 환경에 지배되기 마련이다. 좋은 학교를 나온 모범생들이 가진 한계를 이야기하고 싶다. 그들에게는 너무나 분명한 일도 다른 사람에게는 분명한 일이 아닐 수 있다. 그가 합리적이라고 생각하는 것과 다른 사람이 합리적이라고 생각하는 것이 다를 수 있다. 출신 배경이나 환경에 따라 생각과 행동이 얼마든지 다를 수 있다. 판사가 재판 당사자를 온전히 이해하기는 어렵다. 그래서 다양한 출신과 배경을 가진 판사들이 필요하고, 판사들 간의 교류, 판사들과 바깥 사회의 교류, 판사들에 대한 다양한 교육과 연수 기회가 필요하다는 점에까지 생각이 미친다.

판사는 검사가 유죄를 증명하기 전까지 피고인은 무죄라는 인식 속에서 재판을 주재하여야 한다. 그래야만 "형사 재판에서 피고인이 무죄를 증명하기 전까지는 유죄로 추정되고 있다"라는 바깥 사회의 냉소적인 비판에서 벗어날 수 있다. 바깥 사회, 특히 변호사 사회에서는 검사가 유죄를 증명하는 것이 아니라 피고인이 무죄를 증명하여야 한다는 말이 계속 돌고 있다. 이것은 오늘날 우리나라 형사 재판이 안고 있는 가장 큰 문제점이다. 사법부와 법관 개개인이 이 말을 신중하게 경청하였으면 한다. 판사 스스로 무죄 추정의 원칙을 현실의 법정에서 실천하지 못하면 국민은 판사를 믿지 못하고, 법원은 국민 앞에서 재판 독립을 주장할 수 없다.

이 세상은 흑과 백만 있는 것이 아니다. 중간 지대도 많다. 형사 사건도 마찬가지이다. 결론이 '유죄' 아니면 '무죄'이지 실제로는 진실이 무엇인지 알기 어려운 경우가 많다. 다시 말해 어떤 사건의 역사적 진실과 사법적 진실이 항상 일치하는 것은 아니다. 사법적 진실은 증거 조사를 통해서 확정된 인위적 진실이다. 역사적 진실은 안개 속에 갇힌 듯 모호한 경우가 많다. 역사적 진실이 사법적 진실보다 훨씬 폭이 넓고 다양하다.

그렇다면 무죄 추정의 원칙은 어떻게 작동해야 할까. 나는 모호한 중간 지대를 인정하는 데에서 출발해야 한다고 본다. 그리하여 유죄가 아닌 영역은 무죄 아니면 모호한 중간 지대이지만 사법적으로는 유죄가 아니기 때문에 '무죄'임을 이해하자는 것이다. "모호할 때는 피고인의 이익으로"라는 오랜 격언이 있고 어쩌면 그 격언이 지향하는 바가 중간 지대일지도 모르겠다. 그럴지라도 나는

'유죄'와 '무죄'를 '유죄'와 '그렇지 않은 것'으로 나누는 것이 더 낫다고 본다. '유죄'와 '무죄'라는 이분법적 사고는 판단의 유연성을 해칠 수 있지만 '유죄'와 '그렇지 않은 것'으로 보는 사고는 많은 유연성을 주어 사법적 진실이 역사적 진실에 더 가까워지도록 하지 않을까 싶다.

의뢰인 사건을 돌아보자. 제1심에서는 부장판사인 재판장과 2인의 배석판사가 의뢰인에게 유죄를 선고하였다. 항소심에서는 지방법원 부장판사급 이상의 판사들이 대등 재판부를 구성하여 무죄를 선고하였다. 판사들도 생각이 다르다. 그것은 무엇을 의미할까. 판사들조차도 의뢰인이 유죄라는 확신을 할 수 없다는 뜻이 아닌가. 의뢰인 사건을 유죄와 그렇지 않은 것으로 구분한다면 의뢰인 사건은 어느 영역에 있어야 맞는가. 나는 그렇지 않은 것에 들어가 있다고 본다. 형사 재판 어느 단계에서든 무죄가 한 번이라도 선고되었다면, 그 사건은 '유죄' 밖의 영역에 있는 건 아닐까. 예외가 있기는 하겠지만 예외는 말 그대로 예외여야 한다.

                                          파기 환송은 없다

공판 중심주의는 구현되고 있는가

공개된 법정에서 검사와 피고인이 판사 앞에서 공평하게 공격과 방어를 하게 하여 법관이 법정에서 심증을 형성하는 것이 바로 공판 중심주의이다. 어떤 사람이 피고인으로 기소되어 형사 재판을 받게 되었다. 수사 기관은 피고인을 상대로 이미 조서를 받아두었고, 다른 사람들로부터도 피고인에게 불리한 조서를 받아두었다. 이러한 조서들은 증거 능력을 부여받아야 유죄의 증거가 될 수 있다.

경찰이나 검사가 작성한 피의자신문조서는 피고인과 변호인이 그 내용을 부인하면 모두 증거 능력이 없으므로, 설사 수사 기관이 피의자를 압박하거나 회유하여 진술을 유도한 사실이 있더라도, 법정에서 유죄의 증거로 사용하지 못한다. 증인의 진술이 적힌 '진술조서'나 '진술서'는 다르다. 피고인과 변호인이 증거 사용에 동의하지 않더라도 증인이 법정에서 "모두 읽어보고 날인하였다"라고 증언하면 증거 능력이 부여되어 유죄의 증거가 될 수 있다.

여기에 문제가 있다. 진술조서는 검사나 수사관이 증인과 나눈 말을 글로 정리한 것이다. 과연, 검사나 수사관이 증인과 주고받은 대화가 그대로 글로 옮겨질 수 있을까. 검사나 수사관은 증인을 직접 압박하거나 회유하지 않더라도 어떤 의도를 가지고 그 방향으로 증인을 유도할 수 있다. 증인이 정확히 알지 못한 자료를 제시하여 증인의 생각을 일정한 방향으로 끌고 갈 수도 있다. 증인도 처음에는 잘 모른다고 하였다가 검사나 수사관이 보여준 자료를 보면서 생각이 달라질 수 있다.

이러한 과정이 조서에는 드러나지 않고 최종적인 결론만 문답 형태로 기술될 수 있다. 모든 질문과 대화가 조서에 그대로 반영되는 것은 아니다. 조서는 검사나 수사관이 원하는 방향으로 작성될 수밖에 없다. 증인이 전혀 모르는 일이라고 끝까지 부인하는 경우라면 이야기가 다르겠지만, 피고인에게 불리한 조서는 대개 검사나 수사관의 의도대로 작성되기 쉽다. 따라서 조서에 기술된 내용은 대체로 일관성을 유지하고 있다. 위축된 증인이 그런 조서의 영향력에서 벗어나지 못하면 조서가 증언을 대신하는 꼴이 된다.

피고인의 변호인이 증인을 상대로 반대 신문을 통해

   파기 환송은 없다

조서를 탄핵하는 것이 그렇게 쉬운 일은 아니다. 변호인이 반대 증거를 제시하여 증인으로부터 결정적인 잘못을 발견하면 다행이지만 그렇지 않은 경우가 많다. 더구나 수사 기관이 작성한 진술조서의 분량이 많을 때는 시간상의 제약 때문에 반대 신문이 더 어렵다.

판사는 증인이 이미 검사의 주신문에서 증언한 사항에 대한 변호인의 반대 신문이 시시콜콜하다고 타박할 수도 있다. 증인이 수사 기관에서 진술한 내용이 사실과 다르다고 해도 판사가 진술조서를 더 신뢰해버리면 변호인의 반대 신문은 무용지물이 되고 만다.

이상하지 않은가. 진술조서는 생생한 진술 내용을 그대로 기록하였다기보다는 수사 기관이 판사에게 보여주기 위하여 형식을 갖추어 작성한 것이다. 거기에 기술된 질문과 답변이 실제로 수사 기관에서 있었던 조사 과정을 그대로 반영하였다는 보장이 없다. 수사 기관과 증인이 짜고서 피고인에게 불리한 내용의 진술조서를 작성하였더라도 그 사실을 알 방법이 없다.

진술조서에는 수사 기관과 증인 사이에서 오간 질문과 답변이 그대로 옮겨져 있는 것이 아니라 몇 마디의 문장으로 정리되어 있을 뿐이다. 그것만으로는 실제 조사 과정이나 분위기를 전혀 알 수 없다. 그런데도 수사 기관이 작성한 진술조서가 증거로 인정되고, 증인이 그 진술조서에 의존하여 증언해버리면, 결과적으로 판사는 증언이 아니라 진술조서에 의하여 심증을 얻게 된다. 심지어 증인이 진술조서와 반대되는 증언을 하였더라도 판사가 진술조서에 일관성이 있다거나 진술조서를 작성할 때의 기억이 더 정확할 것이라는 이유 등으로 법정 증언을 배척할 수도 있다. 이러한 행태를 공판 중심주의라고 부를 수 있을까.

의뢰인 사건으로 돌아와보자. 검사가 제1심에서 43명을 증인으로 신청한 이유는, 그 사람들을 모두 참고인으로 조사하였기 때문이다. 당연히 의뢰인의 변호인들은 증거 사용에 동의하지 않았다. 그러자 검사들은 43명을 증인으로 신청하여 법정에서 증인 신문을 하게 되었다. 참고인들에 대한 진술조서를 중심으로 증인 신문이 진행될 수밖에 없었다. 그렇다면 재판의 중심이 어디에 있는가. 수사 기관이 작성한 조서에 있었다고 볼 수밖에 없다.

실질적인 공판 중심주의란 무엇일까. 나의 제언은 간단하다. 피고인과 변호인이 피의자신문조서든 진술조서든 증거로 사용하는 데 동의하지 않으면 처음부터 증거능력을 배제하여 증거로 사용할 수 없게 하면 된다. 증인은 법정에서 자신의 기억을 있는 그대로 진술하면 된다.

수사 기관에서 진술조서를 작성하였더라도 증인에게 그 내용을 제시하는 것을 금지하고 증인이 법정에서 생생하게 증언하게 하면 된다.

판사는 양쪽의 의견을 듣고 재량으로 증인의 수와 증인 신문 시간을 정할 수 있다. 지금은 수사 기관이 작성한 진술조서의 수와 분량에 따라 증인의 수와 증인 신문 시간이 정해지는데, 공판 중심주의만 제대로 실천되어도 판사는 여기에 구애받을 필요가 없다. 자연스럽게 불필요한 증인이나 중복 증인이 줄어들어 신속한 재판이 가능하고, 수사 기관이 불필요한 참고인을 마구잡이로 불러 조사하는 폐단도 막을 수 있을 것이다.

민사 재판에서는 판사가 당사자들의 이야기를 충분히 듣고 증명에 필요한 한도에서 증거를 조사하고 있는데, 형사 재판이라고 해서 본질이 다를 이유는 없다. 둘 다 당사자주의를 원칙으로 하고 있으므로, 민사 재판이든 형사 재판이든 진행 방식에 본질적인 차이를 둘 이유가 없다.

공판 중심주의가 제대로 구현되지 못하는 주된 이유는 판사와 검사의 태생이 같다는 데 있다.

판사가 혹시 이런 생각을 할 염려는 없을까. "검사가 일부러 죄가 없는 사람을 수사하고 기소했을 리가 없다. 피고인은 검사가 증거를 조작하거나 왜곡하였다고 주장하지만 검사가 그럴 리가 없다. 왠지 피고인의 말은 거짓말로 들린다. 변호인은 돈을 받고 일하는 사람이므로 검사와는 다르다. 검사의 주장과 일치하는 증언은 믿음이 가지만, 피고인의 주장과 일치하는 증언은 믿음이 가지 않는다. 검사의 실수는 단순한 실수이지만, 피고인의 실수는 의도적인 실수이다."

판사가 자신도 모르게 검사에 편향되는 사고를 하고 있다면 그것부터 버려야 한다. 태생이 같다는 과거가 한참 다른 길을 걸어온 현재를 규정할 수는 없다. 과거 양승태 대법원장 시절에 발생한 사건으로 많은 판사가 검찰청에 소환되어 조사를 받았다. 이 과정에서 판사들은 피의자신문조서와 진술조서가 어떻게 작성되는지 비로소 알게 되었다고 한다. 이 경험은 소중하다. 공판 중심주의를 실천할 수 있는 경험을 또 어디서 할 수 있겠는가.

판사들은 공판 중심주의를 실천하기 위하여 애쓰고 있다고 말한다. 그러나 변호사들은 법원이 여전히 과거의 행태를 그대로 답습하고 있다고 말한다. 증인의 증언보다는 검찰이 작성한 진술조서를 그대로 신뢰하는 판사들이 많다는 소리도 들린다. 증인이 위증죄를 감수하고 법정에서 증언한 내용보다는 밀실에서 작성된 진술조서에 더 신뢰가 가는 모양이다. 판사는 진술조서가 작성되는 과정을 목격한 사실이 없으면서 진술조서는 일관성이 있지만 증언에는 일관성이 없다는 등의 이유를 들기도 한다. 부디 그 생각을 버려야 한다. 판사는 자신의 법정을 믿어야만 한다. 판사가 믿지 않는 법정을 누가 믿겠는가.

공판 중심주의를 실현하기 위해서는 판사 개개인에게 모든 것을 맡기지 말고 판사들 사이에 차이가 발생하지 않도록 제도를 전반적으로 개선할 필요가 있다. 제도 개선의 첫걸음으로는 형사소송법령을 개선하여 공판 중심주의의 구체적인 내용을 알차게 채워서 판사들이 이를 준수하게 하는 것부터 시작하여야 한다. 법원은 상세한 재판 매뉴얼을 갖추어 판사들 사이에 재판 진행 방식이 차이가 나지 않도록 강제할 필요가 있다.

판사는 재판 독립을 내세우며 외로운 섬이 되어서는 안 된다. 다른 판사들은 물론 바깥 사회와 넓고 깊게 소통하여야 한다. 법원은 연수 시스템을 정비하여 수시로 판사들이 모여 서로의 생각을 교환하고, 바깥 사회와 소통하며 이해의 폭을 넓혀가게 해야 한다.

정부는 과감하게 예산을 편성해주어야 한다. 판사의 판결이 국민의 신체의 자유와 재산, 사회·경제적 지위에 직접적인 영향을 주는 만큼, 그런 비용 지출은 우리 국민의 권익을 지키기 위해서도 필요하다. 형사 재판의 첫걸음은 공판 중심주의가 박제되어 있지 않고, 현실의 법정에 굳건히 뿌리를 내리는 것이다.

사법권의 독립은 무엇을 말하는가

우리 헌법 제1조는 우리의 체제가 민주공화국이고, 주권이 국민에게 있으며 권력의 원천이 국민임을 선언하고 있다. "주권재민主權在民 권력유민權力由民"이다. 나는 대학에 다닐 때 '민주공화국'을 다음과 같이 익혔다. '민주'는 정체, '공화국'은 국체. 정치 제도로는 민주주의 체제를, 국가 체제로는 주권이 국민에게 있는 공화국을 채택하였다는 것이다. 그러나 공화국은 민주주의 요소를 본질로 할 수밖에 없으니 구태여 분리할 필요는 없다고 본다. 민주공화국의 원리는 주권재민 권력유민에 그대로 구현되어 있다. 사법부가 가진 사법권의 원천이 국민임은 누구도 의심하지 않는다.

헌법은 제101조에서 "사법권은 법관으로 구성된 법원에 속한다"라고 규정하고 있고, 제103조에서 "법관은 헌법과 법률에 의하여 그 양심에 따라 독립하여 심판한다"라고 규정하고 있다. 2025년 5월 1일 대법원 전원합의체 판결 선고 후부터 법원 개혁 논쟁이 계속되고 있다. 이런 논쟁이 발생하면 법원은 항상 첫머리에 사법부의 독립성을 내세운다. 헌법 제101조와 제103조에 뿌리를 둔, 타당한 목소리이다. 그러나 헌법 제1조로 돌아가면 이야기의 폭이 넓어진다.

사법권의 원래 주인은 국민이다. 사법부가 주장하는 독립은 국민이 부여한 것이다. 사법부에 내재한 가치가 아니라 주권자인 국민이 국민 주권과 민주주의, 그리고 인권 보장을 위하여 사법부에 부여한 특권이다. 역사적 연원을 찾아가면 권력 분립 원리에 닿아 있다. 국민 주권 원리와 불가분적 관계에 있는 민주주의 제도는 권력 분립과 법치주의를 중요한 장치로 두고 있다. 권력 분립은 권력 상호 간에 견제와 균형을 이루어 권력의 독점을 막기 위한 것이고, 법치주의는 권력의 행사를 주권자인 국민의 의사에 따라 제정된 법에 따르도록 하는 원리이다.

결론적으로 모두 권력의 남용을 막기 위한 제도적 원리이다. 권력 분립과 법치주의는 함께 발전해온 원리로서, 국민 주권과 민주주의의 실현을 위한 수단적 가치를 가지고 있다. 따라서 사법부의 독립은 국민 주권을 실현하기 위한 수단이다.

기왕 이야기가 나온 김에 법치주의의 심각한 오용 실태를 고발하고자 한다. 각종 뉴스에서 권력자들이 국민을 상대로 '법치주의' 운운하는 소리를 많이 듣는다. 주객이 바뀌었다. 법치주의는 국민이 권력자들에게 법이 정한 범위 안에서 권력을 행사하라는 명령이다. 그런데 무슨 영문인지 권력을 쥔 사람들이 법치주의를 부르짖는다. 심각한 오용이 아닐 수 없다. "우리에게는 법이 준 권한이 있고, 우리는 법과 원칙에 따라 법을 집행할 테니 국민은 우리 말을 들어야 해"라고 들리지 않는가.

다시 사법부의 독립 문제로 돌아가자. 사법부의 독립이 가장 직접적으로 표현된 헌법 규정은 제103조이다. 법관의 독립이 사법부의 독립으로 연결된다. 물론 여기에는 정파적 이해를 벗어난 중립성도 포함되어 있다. 법관의 독립성은 ① 헌법과 법률, ② 양심이라는 제약을 받는다. 양심은 법관이 직무상 가져야 하는 객관적 양심이지 법관 개인의 주관적 양심이 아니다. 대법원 청사에 있는 디케의 여신상이 바로 헌법 제103조의 상징물이다. 사법부의 독립은 헌법을 만든 국민이 부여한 특권이므로, 국민 주권과 민주주의, 그리고 인권 보장의 원리를 배신하는 순간 사법부는 독립을 주장할 수 없다.

우리 현대사가 온갖 질곡을 겪어온 만큼 사법부도 풍상을 겪어왔다. 사법부 스스로 독립성을 무너뜨리기도 하였다. 수많은 재심 사건이 그 사실을 증명한다. 사법 살인이라고 불리는 사건도 있었다. 사법부를 비난하는 목소리에 사법부는 늘 재판 독립을 내세워왔다. 피고인이 고문과 협박을 받았다고 주장해도 사법부는 그 주장을 거짓말로 판단하였고, 재판의 독립을 근거로 외부의 비판에 귀를 막았다. 그때의 사법부를 누가 인권의 최후 보루라고 불러주겠는가. 현대사를 하나의 흐름에서 보면, 사법부가 스스로 알을 깨고 나오지는 않았다.

민주주의를 열망한 국민의 희생과 헌신이 없었더라도 사법부가 바뀌었을까. 용기 있게 저항한 법관들의 사법 파동이 사법부를 더 나은 길로 이끌었지만, 그래도 국민의 희생과 헌신이 먼저였다. 1987년 민주화 항쟁을 거쳐 사법부는 과거보다 조금씩 나아졌다. 사법부의 독립성은 사법부가 올곧게 지켜온 것이 아니라, 국민이 가져다준 선물이었다. 그 독립성을 사법부의 특권으로 말할 수 있을까. 만약 사법부가 헌법의 정신과 가치를 배신한다면 어떻게 해야 하는가. 뚜렷한 방법이 없다. 그래서 사전에 제도를 잘 설계하는 것이 절실하다. 오늘날 격렬하게 논해지는 법원 개혁은 바로 여기에서 출발하여야 한다.

재판의 독립은 사법부의 성역인가

대법원이 의뢰인 사건을 처리한 프로세스를 두고 한동안 날이면 날마다 새로운 뉴스가 쏟아졌다. 그럴 때마다 대법원은 '재판의 독립'을 가장 중요한 명제로 주장하였다. 재판의 독립이 성역이 아니라는 것을 여러 번 강조하였다.

국민의 합리적 의혹을 해소할 필요가 있는 사안에 대하여 사법부가 재판의 독립을 들어 해명을 회피해서는 안 된다. 의뢰인 사건에 대한 전원합의체 심리 과정의 프로세스와 타임라인을 공개하라는 요구는 재판이 정상적인 절차로 진행되었는지를 알기 위한 것이다.

대법원은 적극적으로 그 의혹을 해소해주어야 한다. 재판의 내용을 공개하는 것이 아니라 고작 프로세스와 타임라인 정도를 밝히는 것이 그렇게 어려운 일인가. 대법원의 전례 없는 속도전을 도저히 이해할 수 없어서 그 의혹을 해소해달라는데, 공개하지 못할 이유는 무엇인가.

법원은 외부에서 제기하는 의혹에 대하여 어지간하면

재판의 독립이라는 이름으로 침묵한다. 그런 침묵은 국민의 신뢰를 떨어뜨린다. 재판의 독립이란 헌법과 법률, 그리고 직무적 양심에 따라 공정하게 재판하라는 주권자의 명령을 이행하기 위한 수단이다. 따라서 누군가의 잘못을 감추기 위하여 법관 전체의 공동 자산인 재판의 독립을 내세우는 것은 다른 법관들에 대한 결례이다. 사법부에 독립이라는 선물을 준 국민에 대한 더할 나위 없는 결례이다.

판결문에서 "누구의 주장이나 증언은 이례적이어서 믿을 수 없다"라는 표현을 자주 접한다. 의뢰인 사건의 처리 과정은 지금까지 전례가 없었다. 단 한 번도 없었던 '이례異例' 중의 '이례적'인 일이었다. 그러하니 대법원의 일반적인 해명으로는 누구도 설득할 수 없다.

윤석열 재판부는 2025년 3월 7일 법원 역사상 전례가 없었던 시간 계산법으로 구속 취소를 결정하였다. 체포적부심에 걸린 시간을 구속 기간에서 제외하지 않아 재판부가 도입한 시간 계산법에도 맞지 않았다. 사람들은 오로지 윤석열 1인만을 위한 시간 계산법이라고 비판한다. 대법원은 2025년 5월 1일 전례 없는 속도전으로 의뢰인 사건에 대한 전원합의체 판결을 선고하였다. 이 둘은 2025년은 물론 2026년에 들어서서도 여전히 사법부

전체를 비판하는 소재가 되고 있다.

그런 비판에 대해서는 분명한 해명이 있어야 한다고 생각한다. 국민의 합리적 의혹 제기가 어떻게 재판 독립을 훼손할 수 있다는 말인가. 사법부가 재판의 독립을 내세워 국민의 합리적인 의혹 제기에 침묵하거나 적절한 조치를 마련하지 않는다면 헌법을 존중하지 않는다는 비판을 자초하는 꼴이 될 수 있다.

재판의 독립은 사법부의 성역이 아니라 공정한 재판을 위한 헌법적 수단이다. 사법부는 공정한 재판을 위해서라도 국민의 합리적 의혹 제기에 언제든지 답할 수 있어야 한다. 지금의 사법부는 '무오류의 함정'에 빠져 있지 않은가. 사법부가 외부의 비판에 진심으로 귀 기울일 때, 해명할 일이 있으면 당당하게 해명할 때, 국민은 사법부를 더 사랑하고 존중할 것이다.

법원 개혁의 지향점

대법관 증원 문제, 내란 전담 재판부 설치 문제 등이 정치권과 사법부를 강타하였다. 나는 이 문제를 두 가지 관점에서 접근해야 한다고 본다. 첫 번째 관점은 당연히 '좋은 재판'이다. 두 번째 관점은 좋은 재판을 실천하기 위한 현실적 수단이다.

좋은 재판이란, 판사가 충분히 듣고 살피고 헤아리는 재판이다. 판사가 자신만의 관점에 갇히지 않고 열려 있는 마음으로 당사자들의 이야기를 듣고 증거를 세심하게 살피는 재판이다. 형사 재판에서 판사가 재판 독립을 내세우려면 검사에 대한 무비판적인 신뢰를 버려야 한다. 지금처럼 검사가 대등한 당사자 지위를 넘어 피고인보다 우위에 서는 것을 용인하는 상황에서는 좋은 재판은 가능하지 않다. 철저한 당사자주의와 공판 중심주의를 실천하는 재판이 좋은 재판이다.

판사가 좋은 재판을 하기 위해서는 공정한 중립성을 확보할 수 있는 제도를 갖추어야 한다. 형사 소송 절차를 대대적으로 개선하여 판사가 편견과 선입견에 빠질 가능성을 크게 줄여야 한다. 모든 주장과 증거가 오로지 법정에서만 조사된다면, 좋은 재판의 가능성이 높아질 것이라고 확신한다. 앞서 언급했듯이 검사가 진술조서를 증인에게 제시하여 증거 능력을 인정받은 다음, 그 내용을 간략하게 소개하는 것으로 증거 조사가 끝난다. 변호사들은 혹시라도 미운털이 박힐 것이 염려되어 상세한 증거 조사를 요구하지 못한다. 그 조서를 상세하게 다투려면 시간이 필요한데, 판사가 눈치를 주면 도리가 없다.

판사가 그 진술조서를 보고 심증을 형성하는 실태는 공판 중심주의가 아니라 '조서 재판'이라고 해도 할 말이 없다. 결론을 말하자면, 형사 소송 절차의 대대적인 개선만이 유효한 방법이다. 공판 중심주의 실현을 판사 개개인에게 맡겨두어선 안 된다고 앞에서도 거듭 강조하였다.

이에 더하여, 절대적으로 부족한 법관 수를 늘려야 한다. 지금 대법원은 대법원장을 포함한 대법관 수가 14명이다. 대법관 1명은 법원행정처장을 맡고 있으므로 대법원 재판에 관여하지 못한다.

최초로 법원조직법이 제정된 1949년 9월 26일 대법관 수는 9인 이내였다. 그 후 5·16쿠데타를 통해 박정희 군사 정권이 탄생하면서 1961년 8월 12일 대법원장을 포함한 대법원 판사[*] 정원은 9명이 되었다. 대법원장을 포함한 대법원 판사는 1963년 12월 13일 13명으로, 1969년 1월 20일에는 16명으로 늘어났다. 전두환 정부가 들어선 후인 1981년 1월 29일 13명으로 줄었는데, 아마도 전두환 군사 정권의 뜻을 따르지 않은 대법원 판사들이 치욕스럽게 강제로 사직을 당한 것과 무관하지 않을 것이다. 전두환이 1987년 6월 민주화 항쟁에 굴복한 후에 대통령 직선제로 헌법이 개정된 후 대법원 판사는 지금의 '대법관'이 되었고, 1987년 12월 4일 대법원장을 포함하여 대법관 수는 14명으로 굳어 지금까지 유지되고 있다.

오늘날 사건이 무척 복잡해지고 어려워졌다는 것은 어지간한 사람들이라면 알고 있는 상식이다. 사건의 난이도는 차치하고 대법관의 수와 법관 현원의 수를 비교해 보자. 해방 후 법관의 수는 총 300명을 넘지 않았다. 약간 차이가 있을 수 있지만, 1990년대 초에 일반 법관은

● 박정희, 전두환 집권 시절에는 '대법관' 대신 '대법원 판사'라는 호칭을 사용하였으나, 1987년 개정 헌법에서 '대법관'이라는 호칭이 다시 등장하였다. 아마도 대법원에 대한 존중의 표시였을 것이다. 그러나 재판을 담당한다는 본질은 다르지 않으므로, 대법관이나 일반 법관 모두 '판사'의 속성을 지니고 있다는 견해도 있다.

　　　　　　　　　　　파기 환송은 없다

1,000명을 조금 넘었다. 내가 법관으로 임용된 1995년에도 대법관을 제외하면 1,200명이 되지 않았다. 지금 법관 현원은 3,200명을 넘는다. 대법원장을 포함한 대법관 수는 거의 변동이 없다. 대법원은 하급심의 판결이나 결정의 잘못을 따지는 최고법원이다. 하급심을 담당하는 법관들의 수는 계속 증가하였는데 대법관의 수는 거의 그대로이다. 당연히 대법원에 접수되는 사건 수는 대폭 증가하였다.

사법연감에서 매년 재판 사무에 종사하는 법관(대법원장, 대법관, 판사)과 재판 사무에 종사하지 않는 법관(법원행정처장, 차장, 사법연수원장, 사법연수원 교수 등)의 수, 사건 수를 자세히 살펴볼 수 있다. 약 15년의 간격을 두고 그 수치를 표로 정리해보았다. 대법원의 역할은 달라지지 않았으나, 일반 법관(판사)의 증원 수준과 사건의 증가 규모를 전혀 따라가지 못하고 있다.

법원조직법을 보면 오랫동안 대법원의 역할이 달라지지 않았다는 사실을 알 수 있다. 1949년 9월 16일 제정된 법원조직법 제7조는 대법원의 심판권을 대법관 5인으로 구성된 합의부에 두고, 연합 심판을 할 필요가 있을 때는 대법관 전원으로 구성된 연합부에서 심판한다고 정하였다. 이 테두리 내에서 조항이 조금씩 수정되다가 1961년

8월 12일 개정된 법률에서 전원합의체 심판을 원칙으로 하였고, 1963년 12월 13일 개정된 법률에서 대법관 3인 이상의 소부 제도가 등장하였다. 이후로 대법원은 60년 이상 소부 중심으로 운영되었다. 따라서 대법관과 일반 법관(판사)의 비율, 대법원에 접수되는 사건의 증가 정도

사법연감 발간 연도	해당 연도	법관의 수		상고심 사건 수
		대법원[A]	대법원 포함 현원(정원)[B]	
1976	1962	9	341[C]	
	1975	15	517(533)	7,046
1991	1990	12[D]	1,027(1,137)	8,319(본안) 4,396(기타)
1996	1995	13	1,211(1,387)	11,985(본안) 2,345(기타)
2011	2010	14[E]	2,490(2,858)	36,418(본안) 8,669(본안 외)[F]
2025	2024	13[G]	3,219(3,228)	44,818(본안) 28,836(본안 외)

A   법원행정처장을 겸직하는 대법관은 재판에 관여하지 않으므로, 법관의 수에서 제외하는 것이 원칙이다.

B   정원은 법률이 정한 수, 현원은 실제 근무하는 사람의 수이다.

C   재판에 관여하는 대법원장, 대법관, 판사인 법관 모두를 포함한다.

D   이때는 대법관 한 사람이 비어 있었다.

E   이때는 법원행정처장이 없었다.

F   이 무렵에는 별도의 항목으로 분류한 사건도 약간 있었으나, 여기에서는 제외하였다.

G   2025년 사법연감은 법원행정처장을 대법관에 포함하고 있고, 한덕수 대통령 권한대행이 임명하지 않고 있던 마용주 대법관을 결원으로 처리하였다(마 대법관은 2025년 4월 8일 임명되었다).

가 대법관의 적정한 증원 규모에 영향을 미칠 수 있다는 생각이 든다.

1962년의 대법관과 일반 법관의 비율을 지금 그대로 적용하면 대법관의 수를 90명으로 증원하자는 의견이 나올 수 있다. 1975년 사건 수를 기준으로 하면 대법관의 수를 150명으로 증원하자는 의견도 나올 수 있다. 그러나 비율을 기계적으로 적용하는 것이 반드시 옳다고 볼 수는 없으니, 이 문제는 오로지 국민의 인권 보장과 권리 구제를 최우선 과제로 삼아 깊이 있는 공론화가 필요할 것이다.

대법원에서 단 네 줄에 불과한 판결문을 받아본 당사자와 변호사들은 절망한다. 민사 소송, 가사 소송, 행정 소송에 적용되는 '상고심 절차에 관한 특례법' 제4조는 상고 이유가 제1항에서 정한 6가지 사유를 포함하지 않는다고 인정하면 대법원은 더 심리하지 않고 상고를 기각하게 하고 있다.

문제는 변호사가 6가지 사유에 해당하는 주장을 하더라도 대법원이 심리불속행 판결을 선고해버리면 아무런 방법이 없다는 것이다. 심리불속행을 할 수 없는 사유에는 "원심 판결이 법률·명령·규칙 또는 처분에 대하여 대법원 판례와 상반되게 해석한 경우"가 포함되어 있다. 변호사들은 이를 근거로 항소심 판결이 대법원 판례를 잘못 해석하였다거나 잘못 적용하였다고 주장하는 경우가 많다. 그러나 이 경우에도 대법원이 더 심리하지 않겠다고 하면 그만이다.

소송의 규모가 커서 수천만 원을 인지대로 납부한 사건이라고 하여 다르지 않다. 대법원은 단 네 줄에 불과한 심리불속행 기각 판결문을 보내주고, 인지대의 절반을 돌려줄 뿐이다. 상고인과 변호사의 원망이 가득하다.

다행히 대법원이 심리를 하여 판결을 선고하더라도 항소심 판결의 요지를 간단히 적은 다음 "기록을 살펴보니 원심 판결에는 상고인이 주장하는 (…) 법리 오해의 잘못은 없다"라는 판결문이 대부분이다. 당사자의 법리 오해 주장을 배척하는 이유를 상세하게 설명해주지도 않고 당사자가 주장하는 법리 오해의 잘못은 없다는 결론만 있다. 변호사들은 그런 판결문을 받아볼 때 가장 허탈하다. 대법원이 상고를 기각한 이유를 모르기 때문이다.

형사 소송도 크게 다르지 않다. 형사 사건에서 상고인은 항소심이 대법원의 판례를 잘못 적용하였다거나 법률의 규정을 잘못 해석하였다는 점을 상고 이유로 주장한다. 그러나 대법원은 민사 소송과 비슷한 방법으로 상고를 기각하는 경우가 많다.

대법원이 상고 이유를 적극적으로 판단하는 경우는 극소수이다. 대법원은 그 근거를 '법률심'에서 찾는다. 그러나 우리 소송 체계에서 대법원이 담당하는 상고심은 항소심의 상급심이므로 권리 구제 기관의 성격을 띨 수밖에 없다. 헌법 제27조 제1항은 모든 국민은 헌법과 법률이 정한 법관에 의하여 '법률'에 따른 재판을 받을 권리를 가진다고 규정하고 있다. 대법관은 헌법과 법률이 정한 법관이다. 헌법 제27조 제1항은 대법원이 권리 구제 기관이라는 것을 분명히 한 것이다.

그렇다면 현재의 실정에서 대법원은 국민의 정당한 재판 청구권을 보장하고 있다고 자신할 수 있는가. 지금의 대법관 수와 사건 규모상 그것이 가능한가. 나는 여기에서 이 문제를 해결하는 단서를 찾을 수 있다고 본다.

대법관의 증원 이상으로 중요한 과제가 있다. 일반 법관의 정원과 현원을 대폭 늘려 지금보다 훨씬 많은 법관을 임용해서 하급심 재판에 충실화를 기하여야 한다. 개인적으로는 현재보다 3배 이상 늘려야 한다고 본다.

전 세계 어느 나라와 비교해도 우리나라 하급심 판사들이 담당하는 사건 수는 비정상적으로 많다. 내가 법관으로 임용된 1995년에도 마찬가지였다. 그때는 밤늦게까지 기록과 씨름하는 것이 다반사였다. 다른 판사들도 마찬가지였다. 때로는 판사실에서 날밤을 새우기도 하였다. 집에 기록을 들고 가는 경우도 적지 않았다. 그때는 그렇게 일하는 것이 별로 이상하지 않았다.

그러나 지금은 야간 근무를 하지 않는 판사들이 많아졌다고 한다. 세대와 문화의 변화 속에서 이 현상을 자연스럽게 받아들여야 한다. 사건이 복잡해짐에 따라 일주일에 2회 재판하는 재판부가 많고, 재판이 없는 날이면 기록과 씨름하며 판결문도 작성해야 하니, 야간 근무가 줄었더라도 노동 강도가 셀 수밖에 없다. 사건이 적체되지 않는다면 그것이 오히려 더 이상하다. 그런 한계 속에서 사건을 신속하게 처리하라는 것은 사실상 충실한 심리를 포기하라는 것과 같다.

해결책은 하급심을 담당하는 법관들을 대폭 증원하고 물적 시설을 늘리는 것밖에 없다. 따라서 대법관의 증원과 일반 법관의 증원은 함께 이루어져야 한다. 일반 법관은 하급심의 사건 수, 사건을 처리하는 데 걸리는 시간 등을 고려해서 증원 규모를 정하여 매년 임용 인원을 늘려야 할 것이다.

다양성 확보는 증원 이상으로 중요하다. 대법원을 구성하는 대법관들의 면면을 보면 대부분 서울대 법대 출신이다. 국정기획위원회에서 이 문제를 놓고 여러 사람

                                              파기 환송은 없다

과 토론한 적이 있었다. 지역, 학교, 성별, 직역 등을 고려한 안배가 필요하다고 본다.

과거에도 지금도 법원행정처 출신 법관들이 대법관이 되는 경우가 많다. 생각이 비슷한 사람들이 대법원을 구성하여 다양성을 해친다. 선배의 의견이 후배를 구속하기 쉽다. 출신 학교가 같아도 비슷한 문제가 발생한다. 법률 해석의 방법이 한 가지일 수만은 없다. 다양한 견해가 부딪치는 것이 좋다. 생각과 출신이 비슷한 사람들이 다수를 차지하면 소수의 목소리는 묻히고 만다. 사회 현상에 대한 법적 진단과 해결책이 온전할 수 없다.

대법관을 지역, 학교, 성별, 직역 등을 기준으로 다양하게 선발하는 제도를 제안한다. 대법원 구성의 다양성은 우리 사회의 온갖 법률 문제를 해결하는 데 분명히 도움을 줄 것이라고 확신한다. 하나의 관점에 치우치지 않고 계층과 직업이 다양한 국민 일반의 관점을 최대한 반영할 수 있으리라고 본다. 법률의 해석이란 사회 현상에 대한 규범적 해석이므로, 대법관이 다양할수록 복잡한 사회 현상을 더 넓고 깊게 진단할 수 있다.

어떤 사람들은 법률적 지식이 우수한 사람들이 대법관이 되어야 한다고 주장한다. 그러나 숙련된 지식과 경험을 쌓은 사람들이라면 대법관의 직무를 수행하는 것이 어렵지 않다. 대법관이 갖추어야 할 첫 번째 자질은 숙련된 지식과 경험이 아닌, 세상에 대한 넓은 이해와 관용, 겸손과 소통이라고 생각한다. 사건의 본질을 놓치지 않으려는 열의와 탐구 정신, 헌법 가치와 이념에 뿌리를 둔 판단력, 그리고 나의 판단보다 다른 사람의 판단이 더 현명할 수 있다고 생각하는 유연성 등이 더 중요하다. 이에 더해 설득할 수 있고 설득당할 수 있는 자질까지 있다면 더욱 좋겠다.

일반 법관으로 돌아가보자. 지금 법원의 주축을 담당하는 세대는 사법시험, 사법연수원 세대이다. 출신과 배경을 보면 속칭 좋은 대학 출신이 많다. 당연히 동료의식이 강하거나 생각이 비슷한 사람들이 많을 수밖에 없다. 현재의 로스쿨은 과거 사법연수원 세대와 같은 강한 유대감은 없겠지만 출신의 다양성은 여전히 부족하다. 최근에는 비슷한 부류, 비슷한 성향의 사람들이 더 많아졌다고 한다.

더 아쉬운 것은 로스쿨 교육이 변호사 시험에 함몰된 현상이다. 로스쿨 학생들이 변호사 시험에 몰두하느라고 법학의 기초와 뼈대를 세울 틈이 없다. 학원에서 시험 합격을 위한 강의를 듣는 것에 몰두하고 있으니 뜻 있는 사람들은 법학 교육이 무너졌다고 한탄한다. 그런 한탄을

　　　　　　　　　　　파기 환송은 없다

한 귀로 흘려듣기에는 법관의 자리가 너무 무겁다. 교육과 시험 제도가 개선되어야 하지만 당장 바꾸기 어렵다면 적어도 법관을 대폭 증원하는 김에 출신의 다양성을 확보해야 한다고 본다. 지역별, 학교별 다양성을 확보해야 한다. 그것이 지금 법원이 가진 한계를 조금이라도 극복하는 방향이 되지 않을까 한다.

덧붙이자면, 대법관 임명과 법관 임용, 배치에 주권자인 국민의 의사가 반드시 반영되어야 한다. 국민으로부터 사법권을 위임받은 법관의 인사에 국민 의사가 반영되지 않는다는 것은 국민 주권 원리에 반한다.

법관은 국민 전체에 대한 봉사자이면서도 재판 독립이라는 막중한 권한을 누리고 있다. 주권자인 국민이 법관에게 준 특권이다. 그러니 국민 의사가 법관 인사에 반영되어야 하는 것은 당연하지 않은가. 이를 위한 꼼꼼한 제도 설계가 필요하다. 사법부도 독립의 진정한 의미를 되새겨야 한다. 국민 주권의 원리 안에서 공정한 재판을 실현하기 위한 '절제된 독립'이라는 것을 잊어서는 안 된다.

우리 국민은 어느 권력에도 만능의 권한을 주지 않았다. 국민의 권익을 가장 앞에 두고 제도를 설계해가면 얽힌 실타래를 풀어갈 수 있다. 국민의 지지가 어떤 제도를 향할지는 어떤 제도가 국민의 권익을 지키는 데 더 유리한지에 달려 있을 뿐이다.

아직도 법원은 외부의 법관 평가에 회의적이다. 이제는 그런 시각을 버려야 한다. 법원은 국민의 지지가 있을 때 비로소 재판 독립을 이야기할 수 있다. 대법관을 포함한 법관 인사에 국민의 객관적 평가가 따르기를 기대한다.

대법관과 법관 증원, 다양성 확보, 법관의 임용 및 배치, 법관에 대한 평가 문제 등을 제도로 설계하는 것은 그리 간단한 문제가 아니다. 이 문제를 풀어가기 위해서는 당연히 전문가 집단인 사법부의 적극적이고 능동적인 참여가 필요하다. 국회는 물론, 사회 각계각층이 함께 참여하여 국민 의사를 슬기롭게 반영하는 최적의 방안을 찾아야 한다.

일반 법관의 증원에서 그칠 것이 아니라 일반 법관에 대한 처우도 대폭 개선해야 한다. 법관은 개개인이 헌법기관이다. 사법부의 독립이란 '법관의 독립'이다. 법관 개개인의 판단은 국민의 삶에 절대적인 영향을 미친다. 다른 기관과 달리 법관은 오로지 자신의 단독 책임으로 재판 사무를 처리한다. 다른 전문가들과 상의하거나 바깥 사회와 소통한다고 해도 최종 책임자는 오로지 자신이다. 보통은 일주일에 2회가량 법정에서 재판을 진행한다.

　　　　　　　　　　　　　　　파기 환송은 없다

하루 종일 증인을 신문하는 것이 다반사이다. 집중하지 않을 수 없다.

오늘날 사건은 더 복잡해지고 어려워졌다. 변호사들이 제출한 자료는 한없이 많아지고 서면은 한없이 두꺼워지고 있다. 민사, 형사, 행정, 가사 할 것 없이 당사자들의 분쟁은 갈수록 치열해지고 있다. 내가 법관으로 임용되었던 때와 비교하면 30년간 사건은 몇 배나 어려워졌다.

법관은 실력을 키워야 한다. 나이가 들어도 법정을 지켜야 한다. 기록에 파묻혀 살아야 한다. 다른 기관에서는 일정 기간 근무하면 하급자들의 보고를 받고 결재만 해도 되는데 법관에게는 그럴 일이 영영 없다.

우리 사회가 법관의 직무 수행 실태를 이해하고, 거기에 맞추어 충분히 보상해주기를 바란다. 변호사로서 상당한 실력과 경험을 갖춘 사람들이 법관으로 임용되는 것이 유익하다. 숙련도가 높은 법관들도 경제적 문제를 걱정하지 않고 재판 사무를 계속 수행할 수 있어야 한다. 법관들에게 사명감만 요구할 순 없다. 그들도 생활인이고 가족을 챙겨야 한다. 비슷한 나이대의 변호사들 보수에 비해 자신의 보수가 너무 낮으면 법원에 계속 남으려고 할까. 유능한 변호사가 법원에서 일하고 싶어도 과연 선뜻 법관을 지망할 수 있을까. 인간의 욕망을 배제한 정책은 결코 성공할 수 없다. 법관에 대한 처우를 개선하여 다양한 분야에서 우수한 사람들이 법원에 들어와 재판 사무에 전념할 수 있다면, 국민의 권익 보장 측면에서 비용 대비 편익의 효과가 더 좋아지리라고 생각한다.

끝으로, 형사 재판의 공정성을 실현하기 위한 전문성이 더 필요하다. 형사 재판 경험이 없는 법관이 바로 형사 재판을 담당하는 방식은 피하여야 한다. 형사 재판은 헌법과 형사소송법령에 대한 이해와 능숙한 절차 진행이 무엇보다 중요하다. '무죄 추정의 원칙' '공판 중심주의'에 대한 확고한 신념과 그 신념을 법정에서 충실하게 구현하는 용기와 지혜가 있어야 한다.

형사 재판은 국가 형벌권을 행사하는 재판이므로, 결정 하나하나가 피고인과 가족의 인생을 좌우한다. 그만큼 많은 공부와 소통이 필요하다. 법관들 사이에 재판 방식과 결과가 너무 다르면 국민의 신뢰를 얻기 어렵다. 형사 재판은 그 어떤 재판보다도 법관들 사이에 차이가 적어야 한다. 최대한 균형점을 찾아야 한다.

지방법원에서 형사 항소심을 맡았던 사법연수원 동기로부터 들은 이야기가 있다. 비슷한 종류의 사건이라도 제1심 단독 판사들이 선고한 형량 차이가 커서 어떻게 처리해야 할지 막막했다는 것이다. 특별한 사정 변경 없이는 항소심에서 양형을 변경할 수 없으므로, 각기 항소를 기각하다 보면 비슷한 범죄를 저질렀음에도 어떤 피고인에게는 징역 1년, 또 다른 피고인에게는 징역 2년이 선고되기도 하였다고 한다. 이런 차이는 줄여야 하지 않겠는가.

상당한 기간 경험을 쌓은 사람들이 형사 재판을 주재하고 법관들이 서로 소통하며 균형점을 찾아가야 한다. 재판 방식이 너무 다르면 그 결론을 수용하기 어렵고, 재판 결론이 너무 다르면 사법부는 통째로 불신당하기 쉽다.

IV.
법률가의
길

앞에서

법률가의
길

1. 법조 주류 엘리트는 어떻게 탄생하는가

한국 사회에 법조 엘리트 집단이 형성된 것은 아마도 일제 강점기 때부터이리라. 엄혹한 시대적 상황 속에서 일본이 주재한 '고등 문과시험 사법과'에 합격하여 전도유망한 법조인의 길을 걸을 수 있었던 사람들은 당시로서는 좋은 집안 출신이었다고 한다.

법조인이 되는 여러 경로에서 고등 문과시험 합격이 최고의 엘리트 코스였다. 조선인 출신 합격자들은 대부분 경성을 비롯한 국내 각지에서 판사나 검사 생활을 하였다. 그들이 해방 후에 자연스럽게 사법부와 검찰의 핵심이 되면서 법조 엘리트 집단이 탄생하였다. 그리고 시대에 따라 조금씩 모습을 달리하면서도 파워 엘리트의 자리를 탄탄하게 유지하고 있다.

이 나라에서 판사나 검사는 임관될 때부터 '영감'이었다. '대감'이 아니라서 그나마 다행이었다. 영감들끼리는 서로를 그렇게 불렀고 외부인들도 그런 호칭을 당연하게 여겼다. '20대 영감님'은 그렇게 탄생하여 1990년대까지 자연스럽게 불렸다.

1991년 서울중앙지방검찰청에서 시보를 하면서 여러 검사가 자리를 만들어 함께 점심을 한 적이 있었다. 식사 도중에 나이 지긋한 분이 우리가 자리하고 있던 방에 와 서는 '영감님들'이라고 부르며 깍듯하게 인사를 하더니 몹시 송구한 표정과 함께 자신이 밥값을 계산하였다고 말하였다. 젊은 검사들은 고개만 끄덕거렸다. 젊은 검사 들의 아버지뻘은 되었을 정도로 나이가 많아 보이는 분 이었다.

나중에 알고 보니 그는 전관이었다. 그때만 해도 전관 출신 변호사가 식당에서 우연히 현직들을 만나면 몰래 식사비를 계산하거나 아니면 인사를 하고 대신 계산하였 다고 말하는 경우가 많았다. 그런 경험은 법원이라고 해 서 크게 다르지 않았다. 그 시대에 현직 법조인들의 엘리 트 의식은 무척이나 강했다. 훌륭한 성품을 가졌거나 다 른 사람들에게 겸손한 언행을 한다는 법조인들도 마찬가 지였다.

남들보다 공부를 잘하여 좋은 학교에 진학해서 사법시 험(이름이 여러 번 바뀌었으나, 여기서는 마지막 이름인 '사법시 험'으로 통칭한다)에 합격하면 주변의 시선이 달라진다. 과 거의 관존민비官尊民卑 그대로이다. 부모들은 아이가 공

     파기 환송은 없다

부를 잘하여 사법시험에 붙기만 하면 판사나 검사가 되어 출세할 수 있고, 그 후광으로 정치도 할 수 있으며 변호사가 되어 크게 돈을 벌 수 있다고 생각하였다.

일제 강점기의 영향 탓인지 판사와 검사가 다른 고위 공직자보다 더 우대받는 분위기였다. 사법시험에 합격하여 현직에 나간 법조인들이 한국 사회의 주류 엘리트로 성장하기 쉬운 풍토였다.

그러다 보니, 알게 모르게 우월의식과 선민의식이 자라났고 순혈주의 비슷한 의식이 만들어졌다. 그것은 개개인의 품성과 관계없이 집단의식으로 형성되었으며 대한민국의 법질서는 그들의 손에 쥐어졌다. 국가의 최고 권력을 보위하고, 그 비위를 맞추어가며 부귀와 영화를 누리는 이들이 많아졌다.

그렇게 법조 엘리트 집단은 우리 사회를 움직이는 실존이 되었다. 법조 엘리트들은 양지의 권력에 충성하며 그 권력을 분배받았다. 우리 현대사를 돌아보면 박정희, 전두환 군사 정권 시절에 민주화 운동에 헌신하다가 옥고를 치르거나 모진 고문을 당한 법조인들도 적지 않다. 그러나 그들은 소수였고 다수는 양지의 엘리트들이었다.

법조인의 수는 엄청나게 늘어났지만, 주류 법조인들의 엘리트주의는 여전하다고 생각한다. 변호사 업계로 좁혀 보아도 그렇다. 변호사의 수가 기하급수적으로 늘어나 경쟁이 치열해지고 지금의 전관들이 과거보다 처지가 못한 것은 사실이지만 여전히 다른 변호사들보다는 나은 대우를 받는다.

과거나 지금이나 법조 엘리트들은 비슷한 부류를 가장 편하게 여긴다. 비슷한 사람들끼리 어울리니 세상을 보는 시야가 좁아지기 마련이다. 또한 개인의 품성과 무관하게 과거부터 내려온 엘리트주의에 자신도 모르게 침식된다. 리처드 도킨스가 말한 유전자 밈이다.

법조 주류 엘리트들은 정치인들을 야박하게 평가하는 경향이 있다. 정치인들을 부패하거나 싸움박질이나 하는 집단이라고 생각하는 경향이 있다. 부패한 정치인, 말이 거친 정치인이 있기는 해도 정치 세계를 그런 방식으로 일반화하기는 어렵다. 현실 정치는 서로 의견이 다른 정파가 공개적으로 다투며 국민의 지지를 획득하는 과정이다. 정치인들은 다투는 것이 일상이다. 법조 주류 엘리트들이 스스로를 '외롭고 고결한 섬'에 가두어놓고 현실의 정치 세계를 힐난하는 것은 유치하다.

법조 주류 엘리트들은 사회·경제적으로 성공한 사람들에게는 비교적 관대하고, 그렇지 못한 사람들에게는 상대적으로 엄격한 경향이 있다. 심지어 대형 로펌들이

파기 환송은 없다

변호사를 선발할 때 이른바 'SKY' 출신을 우대하는 것도 그런 경향성을 보여준다. 그 이유를 물어보면 SKY 출신들이 아무래도 더 낫지 않겠냐는 도돌이표 답이 돌아온다. 출신 학교가 그의 실력을 담보하지 않는다. 좋은 학교만 나온다고 장래 수십 년이 보장되는 나라가 얼마나 활력이 있을까.

한국 사회의 미래를 위해서는 우리 사회를 지배하였던 법조 기득권 엘리트주의를 걷어내야 한다고 생각한다. 새로운 가치와 문화를 가진 법조 엘리트들이 등장하길 간절히 바란다. 우리는 12·3 내란 사태의 중심에서 그동안 주류로 행세한 법조 엘리트들의 민낯을 보았다.

요즘에 법 기술자라는 말이 여기저기에서 쏟아진다. 법을 도구 삼아 그 이점을 최대한 이용하는 법률가를 일컫는다. 일반 국민이라면 꿈도 꾸지 못할 온갖 방법을 구사하여 일반 국민의 염장을 지르는 법률가를 말한다. 사유 없이 법률을 형식적·기계적으로 적용하는 법률가들이 여기에 해당한다.

과거 나치에 봉사한 독일의 판사, 검사는 전형적인 법 기술자들이었다. 오죽했으면 한나 아렌트가 그들의 무사유無思惟를 질타하며 나치에 봉사한 공직자 중에서 법률가들을 가장 크게 비난하였을까. 그들에 의하여 많은 사람이 법정에서 법률의 형식을 빌려 억울하게 희생되었기 때문이다.

오늘날 법 기술자 또는 '법비法匪'라는 조롱 섞인 표현에 대해서는 주류 엘리트를 자처한 법률가들의 책임이 가장 크다. 우리 공동체에도 책임이 있다. 오랫동안 지나치게 법률가들을 우대한 풍토가 그런 현상을 낳았다. 제도를 개선하고 문화를 바꾸다 보면 그런 사람도, 그런 표현도 차츰 사라질 것이라 믿는다.

이 글을 쓰는 동안에도 잘 들어주고 친절하게 재판을 진행하는 판사들을 많이 만났다. 그들은 과거와 달라진 환경 속에서도 묵묵히 주어진 일을 하고 있다. 몇몇 파격적인 사건 때문에 일반 법관들이 비난받아서는 안 되겠지만, 지금의 환경이 그리 녹록한 것은 아닌 것 같다. 법조 사회 전부가 홍역을 앓고 있는지도 모른다. 새롭고 변화된 제도와 모델을 찾으라는 계시로 읽힌다.

일반 법관들이 사유하는 법률가의 길을 걷기를 진심으로 바란다. 그것이 국민이 위임한 권한을 가장 현명하게 행사하는 길이고, 법관들 본인의 정체성과 자존감을 지키기 위해서도 바람직하다. 그 길이 과거와는 다른 차원에서 국민의 존중과 사랑을 받을 수 있는 길이다. 공동체의 일원으로서 받는 존중이 훨씬 값어치가 있지 않겠

　　　　　　　　　　　　　파기 환송은 없다

는가. 그렇게 되면, 법조 사회도 전반적으로 바뀔 것이다. 그런 날이 오리라고 믿고 싶다.

2. '윤석열 징계 소송'에 대한 회상

윤석열 총장은 '판사 성향 분석 문건 작성 및 배포' 및 '채널A 사건(한동훈 검사와 채널A 기자 사이의 검·언 유착 의혹 사건)에 대한 감찰 방해와 수사 방해' 등으로 2020년 11월 17일 문재인 대통령으로부터 정직 2월의 징계 처분을 받았다.

윤석열 총장은 서울행정법원에 법무부장관을 상대로 징계 취소 소송을 제기하였다. 법무부장관이 피고가 된 이유는 국가공무원법 제16조 제2항이 대통령의 처분에 관한 행정 소송의 피고를 소속 장관으로 정해두었기 때문이다.

소송을 맡고 있던 후배 이옥형 변호사의 부탁으로 내가 합류하게 되었다. 나는 무엇보다도 검찰총장이 판사들의 성향을 분석하여 활용한다는 사실을 보아 넘길 수 없었다. 이것이야말로 은밀하게 재판 독립을 침해할 수 있는 행위가 아니겠는가.

서울행정법원은 2021년 10월 14일 윤석열 총장의 청구를 기각하였다. 윤석열은 이미 검찰총장을 사직하고 야당의 대통령 후보자로 등극하고 있었다. 주류 언론은 '징계소송' 판결문보다는 의뢰인과의 관계에서 실체가 모호한 '대장동 의혹 사건'을 퍼 나르기에 바빴다. 판결이 확인해준 검찰총장의 권력 남용보다는 실체 없는 대장동이 더 요란했다. 심각한 불공정이었다.

윤석열은 곧바로 항소하였는데, 서울고등법원은 장기간 재판을 열지 않다가 대통령 선거일을 지나 윤석열이 제20대 대통령에 당선된 후인 2022년 4월 19일 처음으로 제1회 변론 준비 기일을 열었다. 제1심이 판결을 선고한 날이 2021년 10월 14일이므로, 무려 6개월 후이다. 법원의 신속한 재판은 당사자에 따라, 사건에 따라 달라지는가. 이번 사건과 비교해 보면 어떠한가.

당시에는 서울고등법원이 대통령 선거에 영향을 미치지 않도록 하려고 선거일 후로 기일을 지정하였다고 이해했고, 수용했다. 그러나 이번에 의뢰인 사건은 윤석열 징계 소송 사건과 정반대로 진행되었다. 두 사건을 모두 겪은 나로서는 법원의 상반된 태도에 당혹스럽지 않을 수 없다.

나는 제1회 변론 준비 기일에 출석하여 재판을 주재한 재판장에게 '법원의 특별대리인 선임'이 필요하다는 뜻

파기 환송은 없다

을 밝혔다. 원고와 피고의 지위가 이해 상반 관계에 있을 때 사용하는 제도이다. 재판장은 별다른 말이 없더니 대통령 임기가 개시된 후인 6월 7일로 제2회 변론 준비 기일을 정하였다. 제1심에서 모든 쟁점이 다루어졌는데, 항소심에서 다시 변론 준비 기일을 여는 것을 이해하기는 어려웠다.

제2회 변론 준비 기일을 앞두고 이상한 일이 발생하였다. 한동훈 장관을 정점으로 하는 새 법무부는 6월 3일 나와 이옥형 변호사와 상의하지 않고, 법원에 변론 준비 기일을 8월 16일로 변경해달라고 신청하였다. "대리인 변경을 검토하고 있다"는 것이 이유였다. 법무부 직원은 곧바로 이옥형 변호사에게 카카오톡으로 해임을 알렸다. 그런 중요한 일을 고작 카카오톡으로 알리다니, 얼마나 급했으면 그랬을까. 한편의 희극이다.

이옥형 변호사는 법무부에 정식 공문을 요청하여 법무부는 이옥형 변호사에게 해임 공문을 보냈다. 나는 가만히 있을 수 없어서 6월 7일 법원에 특별대리인 선임이 필요한 이유를 가득 설명한 의견서를 제출하였다.

이옥형 변호사는 수모를 참지 못하고 6월 8일 법원에 사임서를 제출하였다. 그리고 기다렸다는 듯이 법무부는 내가 상의 없이 법원에 특별대리인 선임에 관한 의견서를 제출하였다는 이유를 들어 나를 해임한다는 공문을 법원에 제출하였다.

나는 6월 10일 우편으로 법원에 해임이 부당하다는 의견서를 제출하였다. 변호사법 제2조에 따르면, 변호사는 공익을 위하여 독립적 지위에서 소송 사무를 수행할 수 있으니, 법무부의 해임은 부당하다고 판단했다.

법무부에도 항의성 의견서를 보냈으나 법무부의 '수취 거절'로 6월 16일 의견서가 사무실로 반송되었다. 바로 다음 날 의견서를 다시 보내, 법무부는 마지 못해 20일 의견서를 받았다. 법무부에 의견서를 보낸 것은 내 항의가 기록에 남아 있기를 바라는 마음에서였다. 나는 그 생각에 다른 곳도 아닌 법무부에 내용증명 우편으로 의견서를 보냈다. 변호사가 소송 문제로 법무부에 내용증명 우편을 보낼 일이 있을까 싶다.

서울고등법원은 변론 준비 기일을 변경하여주었고, 법무부가 관장하는 정부법무공단이 소송을 대리하였다. 그 후에 나온 '짜고 치는 소송'이라느니 하는 이야기는 굳이 보태지 않겠다. 그때 검찰 출신 대통령의 제어되지 않는 권력 남용을 예감하였고, 결국에는 그 예감이 들어맞았다는 정도는 이야기할 수 있겠다.

'의뢰인 사건'과 '윤석열 징계 소송 사건'을 대비하는

과정에서 묘한 감정을 느낀다. 의뢰인은 현직 대통령이
고, 상대방은 전직 대통령이다. 두 사건을 직접 겪어 법원
이 두 사건을 취급한 경과를 누구보다 잘 알고 있는 나의
감정은 양가적이다.

3. 1980년, 그리고 2025년

김대중 전 대통령은 1971년 대선 후보였다. 유신 시절에는 사선死線과 망명, 그리고 투옥의 연속이었다. 유력한 야권 정치인이었다. 유신의 아들인 전두환 신군부는 1979년 12·12 쿠데타와 이듬해 5월 광주 학살로 권력을 장악하였다. 나는 1980년 5월 광주에서 고등학교 1학년에 다니고 있었다. 며칠 동안 광주에 있다가 아버지의 손에 이끌려 시골집에 내려갔다. 지금도 광주의 5월이 어제 일처럼 뚜렷하다.

김대중 전 대통령은 1980년 5월 17일 끌려갔다. 광주에서 시민들이 공수부대의 폭압적인 진압에 항거한 것은 그 후였다. 그러나 감옥에 갇힌 김대중 전 대통령은 시공간을 넘어 배후 조종자가 되어 있었다. 그는 내란을 기획하고 반국가단체를 결성한 수괴가 되어 있었다. 신군부는 그를 제거하기 위하여 많은 사람을 고문하고 회유하여 삿된 증거를 만들어냈다.

김대중 전 대통령은 7월 4일 군법회의에 기소되었다.

군법회의의 재판은 재판이 아니었다. 신군부의 뜻을 받드는 죽음의 의례였다. 군법회의 제1심은 1980년 9월 17일 김대중 전 대통령에게 사형을 선고하고, 나머지 사람들에게도 중형을 선고하였다. 이 짧은 시간에 심리를 마치고 사형을 선고하다니. 군법회의 항소심은 더 없는 속도전을 벌여 11월 3일 항소를 기각하였다. 군법회의는 계엄사령부에 속해 있으니 그렇다고 치자. 대법원은 어떠했는가.

대법원은 불과 2개월 20일 후인 1981년 1월 23일 상고를 기각하여 김대중 전 대통령에 대한 사형을 확정하였다. 미국 등 국제 사회의 압력을 이기지 못한 전두환은 바로 그날 사형을 무기징역으로 감형하였다. 도대체 대법원은 무슨 노릇을 하였는가. 신군부의 폭압에 저항하지는 못하더라도 사람의 목숨을 끊는 사형을 그리 쉽게 확정하다니. 대법원이 1959년 2월 27일 조봉암 진보당 당수에게 사형을 선고한 사건의 데자뷔였다.

조봉암 당수도 대선 후보를 지냈다. 그는 1956년 대선에서 이승만 전 대통령을 크게 위협하는 불충을 저질렀다. 조봉암 당수는 대법원에 재심을 청구하였으나 대법원은 1959년 7월 30일 재심 청구를 기각하였다. 조국의 독립에 일생을 헌신한 죽산은 바로 다음 날 형장의 이슬

　　　　　　　　　　　　　　　파기 환송은 없다

로 사라졌다. 1975년 인혁당 재건위 조작 사건의 피해자들도 대법원의 사형 확정 다음 날 형장의 이슬로 사라졌다. 어찌하여 그 길목마다 대법원이 있는가. 나중에 모두 재심으로 무죄가 되었으나, 억울하게 스러진 목숨은 어찌할 것인가.

시간이 많이 지났다. 2025년의 대법원은 어떤 모습으로 남을까. 역사가 기억하고, 기록할 것이다. 지난 사건과 이번 사건을 관통하는 특징이 있다. 대선 후보인 유력 정치인이 피고인이었다는 점은 같다. 과거에는 생물학적 목숨까지 끊으려는 것이었고, 이번에는 정치적 생명을 끊으려 하였다는 점에 차이가 있다.

1980년은 전두환 신군부의 내란이 진행되고 있었고, 2025년부터 지금까지 윤석열 정권의 친위 쿠데타에 대한 단죄가 더디게 진행되고 있다. 혹자는 아직도 내란이 끝나지 않았다고 평가한다. 훗날 2024년 12월 3일부터 2025년까지 이 땅에서 벌어진 일은 역사가 될 것이다. 그때 대법원도 어떤 자리를 차지하고 있을 것이다. 사람은 사라져도 역사는 남는다.

맺음말

나는 의뢰인의 변호인이다. 2025년 5월 1일 대법원의 전원합의체 판결 선고를 듣고 나서 큰 혼란에 빠졌다. 이 책은 그 혼란으로부터 시작했다.

글을 쓰기 시작했을 때는 출간을 염두에 두지는 않았다. 초고를 다 쓰고 나서는 마음이 달라졌다. 더 많은 사람들에게 내 생각을 들려주고 싶은 욕심이 생겼다. 욕심만큼이나 독자들이 내 글을 어떻게 보아줄지 걱정도 컸다. 친구의 추천으로 김영사와 연이 닿았고 편집자의 격려를 받아 걱정을 용기로 바꾸었다.

2025년 5월 중순부터 11월 초까지 쓴 초고를 두고 12월부터 심성미 팀장과 의견을 주고받으며 고쳐나갔다. 보완한 것과 삭제한 것이 제법 된다. 평소 성격대로 고치다 보니 끝이 없었다. 어찌어찌 탈고는 했지만 책이 세상에 나왔을 때 어떤 반응이 있을지, 다시 걱정이 되었다. 재판이 끝나지 않았으니 출간을 신중하게 생각하자는 이야기를 듣기도 하였다. 워낙 이례적인 재판이었으니 기록을 남기는 것이 의미 있다는 이야기를 더 많이 들었다. 후자에 마음이 더 기울어, 걱정을 한 번 더 용기로 바꾸었다. 의견 주신 분들에게 감사함을 전한다.

재판 과정에서 도움을 주신 모든 분들에게도 진심으로 감사를 드린다. 공동 변호인단에게 특히 감사드린다. 모두 애를 많이 썼다. 조금이라도 유리한 판례가 있는지 찾아보았고, 검사들의 주장에 모순이 있으면 날카롭게 해부하였다. 여러 변호사가 나누어 의견서를 쓰면서도 주어진 시간 속에서 그 내용을 공유하고, 의견을 주고받았다. 어떤 내용은 줄이고, 어떤 내용은 첨가하는 등 공동 작업도 하였다. 집단지성은 크게 도움이 되었다.

아쉬운 점이 없지는 않다. 다른 변호사들이 쓴 의견서를 책에서 인용하지 않은 것이다. 인용했다면 재판 상황을 더 생생하게 보여줄 수 있었을 것이다. 의견서 분량부터가 많았고 법률 전문지식이 있어야만 읽을 수 있는 의견서도 있었다. 취사선택과 축약이 필요했다. 여러 변호

사 각자의 고유한 표현과 전개 방식을 내가 축약하는 건
쉽지 않았다. 그들의 훌륭한 의견서를 두고 내가 쓴 의견
서만 인용한 데에는 이런 사정이 있다.

재판을 수행하는 내내 정신없이 바쁜 시간을 보냈다.
가족들의 성원이 있어서 가능했다. 고마운 마음을 전하
고 싶다.

조금이라도 착오가 있다면 전적으로 내 잘못이다. 그
래도 독자들에게 얼마간 도움이 될 것이라고 기대한다.

파기 환송은
없다